U0362576

教师家庭教育
指导能力建设论

张竹林　著

华东师范大学出版社
·上海·

图书在版编目（CIP）数据

教师家庭教育指导能力建设论／张竹林著.—上海：
华东师范大学出版社,2021
ISBN 978 - 7 - 5760 - 1801 - 1

Ⅰ.①教… Ⅱ.①张… Ⅲ.①家庭教育 Ⅳ.①G78

中国版本图书馆 CIP 数据核字（2021）第 144902 号

教师家庭教育指导能力建设论

著　　者　张竹林
策划编辑　彭呈军
责任编辑　孙　娟
特约审读　洪昱珩
责任校对　周凤智　时东明
装帧设计　徐新雅

出版发行　华东师范大学出版社
社　　址　上海市中山北路 3663 号　邮编 200062
网　　址　www.ecnupress.com.cn
电　　话　021 - 60821666　行政传真 021 - 62572105
客服电话　021 - 62865537　门市（邮购）电话 021 - 62869887
地　　址　上海市中山北路 3663 号华东师范大学校内先锋路口
网　　店　http://hdsdcbs.tmall.com/

印 刷 者　浙江临安曙光印务有限公司
开　　本　787×1092　16 开
印　　张　19.25
字　　数　330 千字
版　　次　2021 年 8 月第 1 版
印　　次　2022 年 1 月第 2 次
书　　号　ISBN 978 - 7 - 5760 - 1801 - 1
定　　价　68.00 元

出版人　王　焰

本书系上海市教育科研规划课题、上海市教育综合改革学校德育实践项目和上海市家庭教育研究会支持项目成果

课题名称：区域教育治理视角下提升"家校社"教育合力的运行机制研究（C19016）

序：根植沃土

张竹林同志希望我为他的新著《教师家庭教育指导能力建设论》作序。我记得在 2020 年疫情刚转入常态防控期，我接受他的专访时，他就告诉我近年来他一直在关注教师家庭教育指导能力建设这个课题，打算出一本教师家庭教育指导能力建设论专著的想法。2020 年 9 月，我收到了他所著的《仰望教育星空》一书。如今，刚过去半年多时间，这个他当时只是提及的想法就要变为现实了，还真的打动了我。翻阅这本学术含量和探索性很强的书稿，我的脑海很自然地进出了一个关键词：根植沃土。我觉得这个词形容作者和这本书非常贴切，也是我的真实感受。这是一本凝聚着作者多年沉淀的教育智慧和心血的力作，没有一番苦战和孤寂的历练，是不可能写出来的。而且作者还承担着大量的日常教育管理事务，单是从钻研精神和专业追求角度看，就值得为之点赞。因此，我很乐意向读者推荐这本带着露珠、沾着泥土、冒着热气的新作。

这本书被同时列为上海市教育科研规划课题、上海市教委学校德育综合改革实践支持项目，直观的印象是要完成这样的课题项目必须兼具学术性和实操性。事实上，有时这是一个两难兼顾的话题，特别是对于长期从事区县教育专业管理的作者来说，出手快固然是一件好事，但能否支撑得住这两者的结合？带着这样的疑问，当然更多的是一种期待，我通读了书稿。我可以轻松地向读者说，这个问题作者已经比较有效地解决了，本书是兼具学术性、实践性、时代性于一体的融合探索。这是一本源自实践、看似普通但却根植沃土的用心之作；这是一本充满着泥土气息但又兼具学术严谨、理论探索气质的匠心之作。

首先，这个话题契合了时代。一个时代有一个时代的主题。在这个千年未有之变局的时代中，历史赋予时代"唯变不变"的鲜明特征。从国际上看，一场史无前例的疫情深刻影响和改变着世界格局，"逆全球化"的思潮在一些西方国家的主导下似乎有愈发明显之势。但构建人类"命运共同体"已经不可逆转地与世界上每个民族、每个国家和每个公民联系在一起。从中国国内看，在以习近平同志为核心的党中央的坚强领导下，不仅有效地控制了疫情，而且在各种复杂的环境中保持健康发展，正在向高质量发展的中国特色社会主义现代化道路上迈进。在这样一种大背景下，承载着传承创新使命的教育事业，尤其是列入民生之首，具有先导性、全局性影响的基础教育，如何实现"立德树人"本原目标，从党和国家领导人到广大有识之士，到千千万万个一线的教育工作者，无不在殚精竭虑地思考和探索。在这个过程中，尽管有多元的声音和价值判断，但有一条却是在时代的洗礼中凝练一致的，那就是实现教育高质量发展，需要构建"家庭、学校和社会协同育人体系"。从习近平总书记"三个注重"建设重要讲话和一系列关于教育的论述，到全国教育大会、各级各地的政策设计和学术界的探讨，都聚焦家校社合作育人；无论是各类学校还是广大教育工作者，对于推进家校社合作育人都充满了期待，也付诸了行动。事实上，家校社合作育人已经成为教育的时代命题，这个课题体现了教育哲学元素。

第二，这项研究彰显着智慧。进入"互联网+"时代，学校不再是一个独立的封闭系统，而是一个立体的开放系统。事实上，当下学校教育特别是一些学生成长中出现的"问题"，很多时候都是因家庭问题而起，因得不到有效的家庭教育引导而产生严重的后果。可谓"每一个问题孩子背后都有一个问题家长或问题家庭"。比如，学生在手机管理、网瘾等行为上出现的问题，很大程度就是家校协作不紧密而产生的，而且在真实的学校管理中，一些家长往往还会放任和庇护孩子；再者，由于欠缺有效的家校沟通，让本是命运共同体的家校关系受到了伤害，一些本可以避免的问题由于"无知"而引发，这样的案例屡见不鲜。这样一种现实的教育生态对家校协作特别是落实到每一位教师的家校沟通和家庭教育指导能力提出了前所未有的要求。在这种教育新生态中，如不及时作出调整和跟进，这种不适应感就会产生新问题、新矛盾。而作者和他的团队开展的这项研究就是基于教育实践和问题，围绕构建家校社合力育人新生态而进行的实践探索。作者鲜明地提出了"家教指导力，新时代教师的必备素养"命题，遵循学术研究规则，融合教育学、心理学、伦理学、社会学等相关理论知识，结合实际，提出了教师家教指导力的概念、内涵，解析了教师家教指导力的组成结构、运行机理和培养路径，搭建了教师家庭教育指导能力建设的基本理论框架，形成了教师专业能力建设又一个重要切口和学科专业分支。在这种理论探索过程中，我欣喜地看到，本书不是坐而论道，而是直面问题而去的，字里行间透露着许多鲜活的案例和真实的情景，既有中肯的分析，也形成了比较科学有效的解决方案，泥土草根中散发着育人智慧；也正是这种智慧，换来了丰硕的实践经验和理论成果。作者和他的团队成员扎根一线，推动家庭教育工作成为奉贤区学校德育的一张名片，领衔创建的奉贤区家庭教育研究与指导服务中心荣获了全国妇联、教育部授予的"全国家庭教育创新实践基地"和上海市文明委表彰的"上海市志愿服务先进集体"，秉承和体现了上海教育开风气之先、创海派格局的优良传统。

第三，这本成果提供了方案。家庭教育、教师教育、家校合作育人这是三个关联度强但又有着不同内涵和发展规律的话语体系。泛泛地讲一点不难，但要形成一个条分缕析的逻辑勾连，不仅要讲清楚道理，还要有具体的方法，转化为真正的能力，不是一件易事。事实上，在各种教育专题研究中，理论与实践脱节，钻进象牙塔式的孤芳自赏，并不鲜见。但看完本书，我认为作者努力克服这个难题，实现了有机融合。作者直面教育中的"痛点""难点"，用一线教育实践者的责任和教育研究者的情怀在实践中发现，在立足本土的实践中探求解决方案，进而总结经验与教训，形成可复制可推广模式，提炼上升到理论层面，遵循了"实践—理论—再实践"的实证循证研究方法。值得肯定的是，作者以自己所在的上海市奉贤区为样本，立足区情，深耕实践，六年如一日，在承担本职工作过程中当"有心人"，当"领头羊"，也是区域教育和学校德育工作的记录员和守护人。这种守望者精神，在本书"实践篇"中体现得十分具体生动。作者有过媒体从业经历，文笔和视角兼具历史感、时代感、写实感和代入感，从每篇"引子"和行文中能够读出文字背后的思考和启发。

我感到，当下的教育需要有更多的这种"敢想敢试"的探索精神和行动。无论是整个教育改革探索如何适应立德树人的时代要求，各个学校如何办"老百姓家门口的好学校"，如何建设一支名副其实的"四有好老师"队伍，还是教育工作者个人如何培育创新精神，如何在丰富的教育实践中用育人的成果书写出时代的好作品。实现这些目标，归根到底，要有一种精神，这种精神从哪里来？我看是源自对脚下大地的热爱，源自每一个教育人的育人之责，需要用这种根植沃土的行动去回答。正如诗人艾青先生一句诗所讲："为什么我的眼里常含泪水？因为我对这块土地爱得深沉。"借用这句话，与作者和广大一线教育同仁们共勉，也希望作者保持这种探究的精神，在研究和实践中不断汲取火热的教育实践养分，扬长避短，再创佳绩。是为序。

（作者系上海市教委原副主任、巡视员，

现任中国教育学会副会长、

上海教育学会会长、

教育部基础教育教学指导委员会副主任）

目 录

第二部分　策　略　篇

第三部分　实　践　篇

绪　论

家庭是社会的基本细胞，家庭同国家和民族的前途命运紧密相连。进入新时代，中国面临百年未有之大变局，党和国家高度重视"家庭"在整个社会变革体系中的重要价值和关键地位，特别是党的十八大以来，习近平总书记发表了"注重家庭、注重家教、注重家风"建设的重要讲话，为新时代家庭建设和家庭教育指明了方向。"家庭教育"历史地成为新时代教育体系建构的重要命题。

学校教育、家庭教育和社会教育是人的成长和教育的三个场域，三者既有职责区别，又紧密相连。用杨雄的观点讲，学校教育是训练学生遵循生活"规定"，社会教育是训练未来公民遵守社会"规则"，家庭教育则是培养孩子学会做人"规矩"。①其中，家庭教育是早于学校教育产生的教育范畴，二者从诞生之日起便是如影相伴、密不可分的教育范畴。学校是阶级社会产生、社会分层衍生的教育制度化的产物，学校教育具有家庭教育无法比拟的专业化、体系化的育人优势。这种"职责"和"优势"伴随着时代的进步、家校合作的发展，逐渐催生了家校合作中"指导家长"的教师专业能力，也就是"教师家庭教育指导能力"。

古今中外关于教师专业有着十分丰富而多元的论述。从古希腊哲学家柏拉图、苏格拉底和亚里士多德论教师专业能力的构成基础到中国的思想家孔子关于教育者专业素养和能力的论述可以看出，作为专业的教育者的教师，其能力结构除了指向对于学生善好素养培育之外，还包括对于学生所处的教育环境优化和关照。考察西方英美国家和日本对于教师素养结构的要求以及中国古代、近代、现代著名教育家对于教师专业能力的论述，都能够明显地感受到，对于教师专业能

---

① 杨雄. 让家庭教育回归生活，新时代家庭教育研究［M］. 上海：上海社会科学出版社，2020：9.

力的要求与时代同频共振。家庭教育作为学校教育的有力支持，家长在教育中的价值逐渐被社会认可和接受，相应地培养家长的"家庭教育素养和能力"的议题逐渐从"幕后"走向"台前"，让"指导家长"成为亟待关注的教育议题。

习近平"三个注重"建设的重要思想提出，开启了新时代家庭教育的新征程。实践也清晰地告诉人们，实现育人的目标需要"家校社"三方合力，最关键的一个"枢纽点"就是教师。2015 年 10 月，教育部颁发《关于加强家庭教育工作的指导意见》，强调要充分发挥学校在家庭教育中的重要作用，强化学校家庭教育工作指导。2019 年 6 月，中共中央、国务院颁布《关于深化教育教学改革全面提高义务教育质量的意见》首次提出强化教师"家庭教育指导能力"建设，将指导家长开展家庭教育的责任赋予教师，具有风向标和里程碑的意义。2019 年 10 月，十九届四中全会强调新时代"要构建覆盖城乡的家庭教育指导服务体系"，突出强调家庭教育指导工作的时代价值。2020 年 10 月，全国人大常委会审议通过的《中华人民共和国未成年人保护法》六次提到"家庭教育指导"，主张学校对未成年学生的父母或者其他监护人给予必要的家庭教育指导，未成年人的父母或者其他监护人应当接受家庭教育指导。2020 年 11 月，十九届五中全会再次强调指出"要贯彻新发展理念，构建家校社协同育人体系"。2021 年 3 月，《习近平关于注重家庭家教家风建设论述摘编》公开发行，为家庭教育建设、研究提供了科学指南和根本遵循。加强"家庭教育指导"成为新时代重点议题，推进"家庭教育指导"专业化是新时代家庭教育服务体系的重要任务，培养教师的家庭教育指导能力成为新时代教育命题。

"教师家庭教育指导能力"简称为"教师家教指导力"，是根据现时期家庭教育的迫切需要，并结合社会各种教育力量参与家庭教育的可能性提出的教育范畴。笔者以为："教师家庭教育指导能力是指教师通过多种学科的教育理念、手段、技术和方法，对实施家庭教育的家长从理论、方法、内容和技术等方面进行指导，帮助家长提高科学育儿素养、提升家庭教育水平的一种能力"[①]。这种能力是一种具有跨学科视野的专业能力，是教师专业能力体系中的一种重要能力要素。

---

① 张竹林. 教师家庭教育指导能力的结构要素[J]. 江苏教育研究，2020(Z1)：38－42.

　　笔者在近年来的研究实践中逐步形成了教师家教指导力建设的理念和思路，概括起来有这样一些：家教指导力是教师"心"的智慧，是教师专业能力体系中的有机组成，是新时代教师的必备素养；如果将教师的专业体系比作一座庭院，那么家教指导力是通过专业的规划和调整能力对这座庭院进行优化重组；如果将教师的专业体系比作一个有机体和反应堆，那么家教指导力是微量元素和催化剂，数量虽少但能量不可忽视；倡导和培养教师提高家教指导力，是建设和培养"四有好老师"的重要抓手和举措，是家校社合力育人的"入口"和"钥匙"，等等。此外，教师家教指导力的提出，是立足于家校合作育人成为新时代育人改革必然趋势的时代背景，为了化解教师本体专业负担沉重的痼疾；培养教师家教指导力是让教师指导家长更好地开展家庭教育，以家长家庭教育素养和能力的提高带动家庭教育提质增效，让教师育人工作达到"事半功倍"的效果。因此，从专业视角看，教师家教指导力是教师教育的范畴，它本质上是为了帮助教师培养家校共育意识，提高育人能力。

　　笔者认为，提出"教师家庭教育指导能力"并非加重教师专业负担，而是将教师专业能力结构中的潜在能力显性化、碎片知识系统化、专业自发走向自觉化，使其更好适应新时代家校合作育人大格局中教师角色的新定位。事实上，家长的家庭教育能力或素养不足是阻碍家校合作育人成效提高的"瓶颈"，而且真实的家校合作过程中将学校和教师作为家校共育"甲方"的现象屡见不鲜。换言之，无论是家长还是教师，对于"家校合作"的教育事项知而不行、行而不多、多而无效的现象并不少见，由此带来的直接结果就是家校合作实践与研究功利化、碎片化严重。教师家教指导力的提出就是立足"协同育人"的角度，充分发挥作为"施教者"的教师的专业优势，以教师指导家长开展家庭教育实现真正的"家校协同"。

　　党的十九大以来，从中共中央国务院发布的一系列教育改革意见和方案为代表的政策文本，可以深切感受到时代对于完善家庭教育国家战略的期待。作为教育研究者，如何将国家教育战略与基层一线教育发展实践进行有机的融合，在高位的政策与火热的真实以及还有许多困惑的现实之间，找到育人的有效途径，找到矛盾的化解点，找到一个破解理想与现实之间"大峡谷"的铁索，为铺设一座教育新长征之路的"铁索桥"作一点绵薄之力，这也是本研究的本源与动力所在。

按照学界公认的观点,任何一个专业的成立一般要求具备两个维度:一是要具备专业伦理;二是要求具备这一专业应有的、区别于其他专业的专业知识和技能①。本研究的基本内核是,作为一种专业育人能力的教师家教指导力分为五种主要能力:认知能力、沟通能力、情感能力、协作能力和管理能力。这五大能力要素既相互区别,又内在联系,彼此交融、相辅相成构成教师家庭教育指导能力的育人能力的体系与结构。在研究过程中,本研究应用社会学的社会运行论、教育学的关于人的全面发展理论、心理学中的情感认知理论、生理学中的生物有机系统运行理论、脑科学中的人的认知发展等学科的专业理论,围绕"教师教育"的专业范畴进行理论探索与探讨。其中,"情感"是教师家庭教育指导能力的内核,"情感能力"是教师家庭教育指导能力结构的"分水岭",是否具有情感能力是判断教师家庭教育指导能力水平与品质的关键。分析教师家庭教育指导能力的过程借鉴了许多学者的重要教育思想观点,联系家庭教育的实际和大量的案例实证,对其内涵外延和实践路径进行了相关分析探索,逐步形成了基本的体例。

这本专论试图回答五个基本问题:一是教师家教指导力从哪里来?二是教师家教指导力究竟是一种什么能力?三是为什么在新时代要强调教师家教指导力建设?四是如何从不同的维度培养教师家教指导力?五是教师家教指导力的区域实践呈现一种什么样态?围绕这些问题的分析与解决,基本上将教师家教指导力涉及能力建设的相关教育要素进行论述和诠释。与此同时,本着"有多少证据说多少话"的实证研究立场,扎根上海市奉贤区这片教育沃土,吸收奉贤区教育学院多年领衔的国家级、市级、区级课题的调研数据与实践案例支撑本研究的论证过程。另外,笔者高度关注其普适性和循证性,立足更为广阔的实践空间,吸纳了广东、江苏、浙江、湖北、云南、四川、青海、西藏、贵州等地的调研数据与案例。按照"理论探源—策略分析—区域实践"的逻辑框架形成三篇共十章的内容,概述如下。

第一部分是"理论篇",一方面侧重于对"教师家教指导力"从"哪里来"的理论探讨,主要是从教师家教指导力的"外部"分析这一教育范畴产生的时代

---

① 檀传宝.教师德育专业化:一个时代的新命题[J].中国德育,2021(1):44-48.

背景、衍生的历史过程、存在的教育语境以及彰显的时代价值。另一方面侧重于对"教师家教指导力"到底"是什么"的理论探讨，也是本研究的核心思想和主要成果体现。主要是从教师家教指导力的"内部"分析这一教育范畴的概念属性、结构组成、运行机理以及培育路径。

第二部分是"策略篇"。围绕教师家教指导力的"五大能力"展开分述，从内涵的深化、建设途径到建设策略，贯穿源于实践的鲜活案例，深度剖析五大能力建设的本源和方向，提出基于区域整体、学校群体和教师个体的建设性方案。

第三部分是"实践篇"。本研究是植根于区县教育实践的探索产物，南上海奉贤——一个有着深厚传统文化底蕴和现代城市文明气质的区域，在长期的教育实践中，因势利导，在家校合作育人大格局中，探索教师家教指导力建设的区域实践。这一部分通过展现上海市奉贤区开展教师家教指导力建设的实践，为认识、复制、推广"奉贤经验"提供平台与机会，为其他地区开展教师家教指导力建设提供"奉贤方案"和"奉贤智慧"。同时直面现实问题和各种挑战，提出了战略思考和学术展望，以期在浩瀚的教育星空中增加一抹亮色。

此外，本研究还关注了一个现实，"学校"是一个公共领域，"家庭"是一个私人领域，当公共领域的教师介入私人领域指导家长开展家庭教育，存在着来自多个主体多个方面的"阻力"。从理论到实践都需要智慧处理，达到化阻力为动力的效果。

总之，"教师家教指导力"是一个内容丰富、结构复杂、崭新起步的教育范畴，这本专论仅仅只是进行一些初步地探讨，笔者以无知无畏的拓荒者自勉撰写此专论，希望能够抛砖引玉，引起学界对此议题更多的关注、重视、探索与研究。学术研究永无止境，由于学识所限，本专论势必存在这样或那样的问题，笔者愿以学习者的心态，希望在同行的批评指正中不断完善。

/第一部分/

理论篇

引子：历史的呼唤，时代的号角

历史总是惊人地相似。人类总是以其独特的文明文化在不同时期演绎着相似的经历和命运。

公元前565年，印度阿育王时期，释迦族诞生了王子乔达摩·悉达多，他成年后寻师访道，相传菩提树下悟道，被后世称为释迦牟尼佛祖。就在随后不久的公元前551年，在中国黄河流域齐鲁大地上（彼时还是周天子封地），诞生了孔子（孔丘）。他成年后周游列国，一生颠沛流离。他的论政、论仁、论学被后世称为儒学，尊称"至圣先师"。

尽管这两个人生活的物理空间都是在地球的东方，但却相隔数千公里，以当时的科技和交通水平，抛开各种天灾人祸，假设一路平安，需要若干年的行走才能相遇。就是这样两个处于完全彼此并不知晓状态下的人，都在为天地立心，为生民立命，为往圣继绝学，建立佛教和儒家文化。他们的济世思想，以各自的方式，影响了人类两千多年，至今还流淌在绵亘的文化河流上。

以上是东方的例子，西方同样有经典案例。1616年4月23日，在地球的西半球，欧洲的西班牙，《堂吉诃德》作者塞万提斯，在贫病交加中离世，直到两百多年后，才被他的国家所记起，今天的西班牙首都马德里耸立着他的雕像。也就是1616年4月23日的同一天，在英伦岛上的一个偏僻的小镇上，在伦敦遭受了种种诽谤和不理解的莎士比亚，在自己的故乡沉默多年后，以拒绝在遗嘱上签字的方式离开了人世。但他在离世前问身边的亲人，今天是几号，听到回答后，他以微笑的方式离开了。因为这一天，正好也是他的生日。而就是这一天"4月23日"，在西方这两位文化巨匠去世的几百年后，被联合国设立为"世界读书日"。

更为神奇的是，1616年7月29日，在遥远的东方中国，江西抚州，被誉为中国戏剧大师、《牡丹亭》的作者汤显祖，也去世了。这个与莎士比亚生前毫无交集的大师，与莎士比亚一样，以各自的方式影响着地球两端各自古老国家的文化。

2019 年 8 月，笔者在英国参访了莎士比亚故居，在那座英国乡间随处可见的普通庭院中，看到了由中国江西省抚州市赠送的汤显祖雕像安放在莎翁故居。时隔 400 年，这两位生前素昧平生的东西方文化巨匠以另一种方式进行交流。

就是这样一些巧合，却在世界的很多时候在发生。

再将目光投放到人类发展中经历的大事件。其中，人类总是与疫病相伴，要与疫病等灾难斗争。

1333—1369 年，黑死病横扫欧洲；1816 年，西班牙大流感，夺去了成千上万的生命；在古老的中国大地上，不同的年代也不时经历着刻骨铭心的疫病挑战……

进入 21 世纪，人们常常称为是互联网时代，是人工智能时代，但疫病并没有因为科技发达了，手段高明了，物质丰富了，就停止对人类的挑战和考验。

公元 2020 年，中国俗称庚子年。一场新冠肺炎疫情席卷全球，给世界和全人类带来了重大挑战，"人类命运共同体"再一次非常真实、具体地摆到了人类面前。

事实上，人类历史上的每一次瘟疫都在让人类反思究竟该如何处理与自然、社会以及他者的关系。可是，随着互联网时代的来临，科技创新推动着人类文明的不断进步，颠覆性的创新创造让人类产生超越时代的构想。人类一次次挑战太空的历史壮举，似乎昭示着人类可以战胜自然、可以主宰未知的世界，然而 2020 年新冠疫情全球大流行，再一次让人类看到生命的脆弱，意识到人类在大自然面前的局限性。

面对新冠疫情，中国无疑是一个有效控制疫病的经典案例。回顾这样一个过程，科技、制度显然是关键要素，让中国在"抗疫"过程中很快占据主动权。

事实上，中国科技的发展、制度的优越、人们的团结在这场战役中有目共睹。同时，有一个最基本最原始但却被证明是最有效的战斗堡垒，那就是"家庭"。

"家庭"这个一直代表着温暖温情的名词，让我们不禁用更多的目光注视。居家隔离，居家防疫，守望相助，"家庭"这个曾经非常熟悉但又有些熟视无睹的单元，让我们不能不关注其无数的表情，不能不重新审视其彰显的价值。

社会一度因为快速的城市化和人口流动性，导致由熟人社会变成陌生人的群落组成。多种因素交叠影响下，真正与我们关联重大的家中至亲，反而成了最熟悉的陌生人。正如 P.L. 伯杰在《无家意识：现代化与意识》里写道：现代化有助于个人摆脱家庭、家属、部落的控制，但现代化也导致了"无家"意识带来的绝望感、挫败感和社会失范的滋生。

也正是经历了类似疫情和一些重大变故，人们才更加注重重塑家庭价值。人们已经逐渐意识到，对家庭关系的思考，也是对自己未来的规划。也正是"家庭"这个最基本的文明单元，才让我们安全从容地走向群体，走向社会，走向世界……

第一章 教师家教指导力的理论溯源

历史会记住这一时刻。2015 年春节团拜会上，习近平总书记作了"注重家庭、注重家教、注重家风"建设的重要讲话。总书记的号召唤起了全社会对家庭教育的全新认识和关注。2018 年 9 月，习近平总书记在全国教育大会上指出："家庭是人生的第一所学校，家长是孩子的第一任老师，要给孩子讲好'人生第一课'，帮助扣好'人生第一粒扣子'。""三个注重""四个第一"等重要论述，鲜明地凸显了新时代家庭教育的重要地位，也标志着中国教育进入了家校合作育人的新时代。

进入新时代，落实"教书育人""立德树人"的教育任务不能单方面依靠学校，需要发挥家庭和社会的教育力量，尤其是要引导家长与教师紧密协作形成教育合力促成育人目标的达成。但从现实看，一些家庭的育人观念不新，家长育人责任不强、能力不足、素养不够，无法满足当前家校合作育人的教育需要，成了许多家庭建设和家校合作育人之"痛"。因此，提高家长的家庭教育素养和能力成为一道亟待破解的时代命题。

人民教育家于漪先生讲过："作为一名教师，应该具有相当程度的职业敏感，要紧跟着时代奋力前进。"[①]教师是社会知识分子的代表，作为一种教育的符号和文化的载体存在于社会共同体之中，特殊的角色定位和能力结构决定了要承担指导家长进行有序、良好、科学的家庭教育的责任。教师要在提高家长家庭教育能力的同时实现自身专业能力的提高。通过教师家教指导力建设，引导教师从学习自觉走向专业自觉，它既是教师个人发展的现实需求，也是时代进步对于教师职业的现实需要。可以说，教师家教指导力建设，是新时代又一

① 于漪. 于漪全集：教师成长卷[M]. 上海：上海教育出版社，2018：89.

个教育命题。

第一节　教师教育视野下的教师家教指导力

百年大计，教育为本；教育大计，教师为本。没有好的教师，难有好的教育，教师是决定教育发展水平的因素之一，是决定育人水平的关键要素，是影响一个国家未来发展命运走向不可忽视的关键力量。现代教育兴起于西方，中西方之间由于文化等多方面的差异，在教育发展过程中教师教育的重心有所差别。明晰中西方语境中教师专业能力结构等要素，对于深度理解和推动教师家教指导力建设十分重要。

一、教师教育中的教师专业能力

无论西方还是中国，教师都被视作一种职业，"教师"成为社会对老师身份的统称，因其教书育人的工作特性而常常被冠以高标准的专业能力与素养要求。其中，家庭教育是与学校教育相伴相生的教育范畴，理解家庭教育指导离不开对家庭教育指导发展脉络的诠释，而教师作为能够承担家庭教育指导责任的主体之一，探讨教师家教指导力需要以此为基础分析教师教育中的教师专业能力。

（一）西方语境中的教师专业能力

古希腊"三杰"的教育思想是世界各国教师教育研究的基础性论点。其中，苏格拉底的教育思想核心在于对智慧、正义、勇敢、节制等美德的追求，其教育目的就是通过采用问答、交谈、争辩的教育方法使人获得知识，成为智慧的人、美德的人[①]。柏拉图承续了苏格拉底的思想，把世界分为现象世界和理念世界两种，试图通过教育来实现理想国，即由正义、智慧、勇敢、节制四种美德构成的伦理框架，并提出教育的根本任务是训练人的心灵和培养人的理性[②]。亚里士多德教育思想的人性论基础是灵魂论，主要表现为从灵魂论和遵循自然原理出发，

---

① 余咏梅. 古希腊教育思想简论[J]. 琼州学院学报，2007(4)：92 - 94.
② 冯晓莉. 论"轴心时代"中西方教育的异同——以孔子和三杰为例[J]. 飞天，2012(2)：11 - 13.

注重德、智、体的全面发展上①。古希腊"三杰"的教育理念是以培养"美德"即"理性"为目的，是以启发人的心智，发展人的品德为方法，奠定了现代西方教师教育的重要基础，为现代教师的专业能力建设提供雏形样板和推进参照。

将教师作为一种"专业化"概念确定下来，学术界一致认为始于 20 世纪 60 年代，1966 年国际劳工组织和联合国教科文组织在法国巴黎召开的"教师地位之政府问题特别会议"上通过的《关于教师地位的建议》，首次以官方文件的形式对教师的工作性质作了界定：应把教育工作视专门的职业，这种职业要求教师经过严格的、持续的学习，获得并保持专门的知识和特别的技术②。在美国教师教育领域最有影响的无疑是 1996 年"美国教学与未来全国委员会"发表的报告《什么最重要：为美国未来而教》，这份著名报告的立论观点就是："教师知道什么和能够做什么在学生能学到什么方面具有至关重要的影响。"现代美国教师教育学院协会与 21 世纪技能合作伙伴合作研制的《教师的 21 世纪知识与技能》多次提及教师应具备灵活性、适应性与判断力的技术、策略与方法，并且主张教师的专业知识和专业情感及其教育理念融合，如具备儿童和青少年的发展知识以及终身学习的理念等，这是倡导一种技能取向的教师素养框架③。与此同时，英国教师教育标准中关于教师专业素养能力结构的内容分为三种：专业品性、专业知识及专业技能。其中，教师的专业品性是一名合格教师所应具备的专业理想、道德情操和价值取向等特质；教师的专业知识是教师在专业知识方面的素质，既包括教师的一般文化知识，又包括学科知识、教学法知识和个人实践知识；教师的专业技能包括一般能力和与教学有关的特殊能力④。日本教育职员培养审议会的审议报告对于日本的教师专业能力结构提出要求，报告提出：在今后特别需要的教师素质能力中，教师要具有"立足于地球视野而行动的素质能力""生存于变革时代的社会所应有的素质能力""教师职业所必然要求的素质能力"，并且特别强调今后需要有特长、个性丰富的教师人才的要求。这些对教师专业能力的要求是制定日本教师专业标准的基点，也是教师教育课程乃至教师教育的其他各个

---

① 余咏梅. 古希腊教育思想简论[J]. 琼州学院学报，2007（4）：92-94.
② 教育部师范司. 教师专业化的理论与实践（第 2 版）[M]. 北京：人民教育出版社，2003：3.
③ 张光陆. 教师核心素养内涵与框架的比较研究[J]. 宁波大学学报（教育科学版），2018（5）：101-106.
④ 孙珂，马健生. 促进教师的专业发展：英国教师教育标准述评[J]. 比较教育研究，2011（8）：30-34.

环节构想新的课程方案的出发点①。

西方语境中教育发达国家对教师专业素养的观点，虽然各有特色，但也存在着一定的共性，都将教师的专业素养分为教师的专业知识、专业技能和教师的情感与价值观，即专业品性。同时，西方的研究主要立足与本国国情，贴合本国实际需求，是对本国教育境况的一种在教师教育领域的展现，由此都注重教师适应社会发展所需的素质能力。再者，西方的教育政策中对教师核心素养的强调根植于知识社会和终身学习与全方位（生活中的）学习，经济结构的调整对技术需求的影响，文化的多元主义和生活方式的多样性。而且，强调教师应具有学会学习、适应变化、具有批判意识、自主性和自我反思这些信息时代所需要的高级技能和态度、具有交际与团队合作技能以及灵活性、开放性和问题解决与责任担当等核心素养②。

（二）中国语境中的教师专业能力

追根溯源，中国文化语境中"教师"的概念初见于《礼记·文王世子》中"师也者，教之以事而喻诸德也"，教师就是教人"修己善行""进德修业"的人，以育人向善、求美、崇真、尚理作为自身专业本源性的任务坚守。中华民族自古就有尊师重教、崇智尚学的优良传统，中国语境中的教师教育具有深厚的底蕴和悠久的传统。从古至今，历代教育名家对于教师的素养能力结构提出诸多经典论述，指引中国教师教育改革发展方向。

在古代，孔子作为儒家学派代表人物，主张教师要培养学生为国效力，"学以致用"是儒家思想精髓的直接体现③，并且在教育方法上教师要根据学生不同的个性特点"因材施教""启发诱导""有教无类"。④孔子的"无私""无隐"的思想对当今教师的专业成长有很高的借鉴价值。⑤荀子提出君师并重是因为教师是礼的化身，是传播礼、实施礼的代表，"无礼何以正身，无师吾安知礼之为是也。"对于教师的要求至少包括了教师的形象、教师的年龄、教师的知识以及教

① 祁营. 教师专业素养：日本的经验及对我国的启示[J]. 现代教育科学，2011(11)：63－66.
② 张光陆. 教师核心素养内涵与框架的比较研究[J]. 宁波大学学报（教育科学版），2018(5)：101－106.
③ 周哲光. 简论孔子的教育教学思想[J]. 吉首大学学报（社会科学版），2015(S1)：209－210.
④ 刘萍. 试比较孔子与柏拉图的教育观[J]. 解放军外语学院学报，1998(6)：88－92.
⑤ 孙德玉. "无私""无隐"师之道[J]. 人民教育，2015(17)：75.

师的教育教学能力等方面①。董仲舒重视言传身教，主张适时、适度、适量教学，并且采用次第相传的教学方式。在教师治学方面，董仲舒强调勤勉努力、专心致志和多连博贯。教师修身方面，董仲舒认为应该通过扬善抑恶、仁智结合和积渐聚微等方法提高教师思想道德水平②。韩愈的《师说》总结了教师职业的任务，"师者，所以传道、受业、解惑也"。柳宗元认为太学立儒官，传儒业，"宜求专而通、新而一者以为胄子师"。要求教师精通儒家的经典，还要触类旁通，了解其他的知识，既要有所创新，还不能够违背儒家之道。王充一主张教师要通古今，"温故知新，可以为师；古今不知，称师如何？"③朱熹是我国封建社会后期著名的教育家，是孔子之后儒学集大成者。朱熹关于家庭教育的主张：重视早教，先入为主；取便于童，循序渐进；易子而教，督促教诲。④如此等等，不一而足。

在近代，蔡元培作为近代教育改革的先行者，注重教师专业能力建设，他认为一般教师完成教育本职工作要具备四种基本的素质：一是高深的理论修养。这是研究型教师必备的素质。二是对学问有浓厚的研究兴趣和较强的研究能力。三是学术创新精神。四是较强的指导学生研究学问的能力⑤。叶圣陶提出，教师要对民族和国家，对教育事业有思想和精神的"自觉"，肩负起"兴国"重任，就要自觉地以"育人"为本。⑥教师要不断加强师德修养，做到为人师表，做到以身作则。教师要引导学生自学，实现教是为了不教，⑦陈鹤琴认为，作为教师，"广博厚实的专业知识"是第一位的，而且还要具备扎实过硬的专业技能和献身教育事业的专业情意⑧，胡适认为，一个人要胜任教师岗位，称职地履行"传道、授业、解惑"的任务，促进学生的身心发展，培养学生成长为可用之材，唯有刻苦勤奋，努力加强研修，不断地在专业知识、教学方法、民主意识、自觉使命等方面提高为师任师的学识与才能。一是不断扩充专业知识；二是潜心改进教

---

① 施克灿. 传统教师观的历史沿革及意义[J]. 教师发展研究，2018(2)：88 - 92.

② 曹迎春，董丽君. 论董仲舒的教师观[J]. 衡水学院学报，2007(3)：36 - 38.

③ 施克灿. 传统教师观的历史沿革及意义[J]. 教师发展研究，2018(2)：88 - 92.

④ 柳倩. 重温古典教育思想——朱熹的家庭教育思想及其启示[J]. 小说评论，2013(S2)：265 - 267.

⑤ 刘黎明. 论蔡元培的研究型教师观[J]. 教师教育研究，2006(1)：55 - 59.

⑥ 任苏民. 叶圣陶教育思想的文化底蕴和当代价值[J]. 教育研究，2012(3)：130 - 134.

⑦ 任苏民. 叶圣陶教育思想与当代中国教师发展[J]. 人民教育，2014(19)：59 - 61.

⑧ 严碧芳. 陈鹤琴幼儿教师教育思想述略[J]. 中华女子学院学报，2009(6)：86 - 90.

学方法；三是切实增强民主素养；四是致力弘扬民族文化①。

在现代，林崇德认为，一个教师应具备如下的专业素养：其一，要切实体现教师这一职业的特殊性，反映教师的独特本质。其二，对于教师素养的理解，要有深刻的理论背景，不能由研究者根据个人爱好凭空设计。其三，教学活动是教师工作的中心任务，教师素养的定义必须着眼于教学活动本身。其四，反对元素主义的教师素养观，应将教师素养看成是一个系统的结构，其内部包含着复杂的成分。其五，教师的素养是结构和过程的统一，动态性是其精髓。其六，教师素养的定义既能为教育实践和教师培训工作提供理论指导，又具有可操作性。②叶澜认为，对于教师的专业能力和素养，要提出三点要求：首先，未来教师应该具有与时代精神相通的教育理念，并以此作为自己专业行为的基本理性支点。其次，未来教师的专业素养在知识结构上强调多层复合的结构特征。最后，教师要胜任就需要新的能力，包括理解他人和与他人交往的能力、管理能力和教育研究能力。③陈柏华等认为从教师专业素养的视角构建发展性教师评价体系，可以从专业态度、专业意识、专业知识和专业能力这四个方面来考虑，只有这样才能为学校开展这方面的研究提供参考。④

（三）新世纪以来中国教师专业标准

2012年2月，教育部颁布《幼儿园教师专业标准（试行）》《小学教师专业标准（试行）》和《中学教师专业标准（试行）》（以下简称"标准"），强调专业标准是国家对幼儿园、小学和中学合格教师专业素质的基本要求，是教师实施教育教学行为的基本规范，是引领教师专业发展的基本准则，是教师培养、准入、培训、考核等工作的重要依据。标准从基本理念、基本内容和实施建议等方面，分别从专业理念与师德、专业知识、专业能力等方面提出了具体化的规定和建议，是新时代教师专业建设的基本遵循。而且随着时代的发展，对教师的专业要求还在不断的变化。2018年以来，中共中央国务院和教育部先后下发了一系列的文

---

① 涂怀京. 论胡适的教师观[J]. 山西大同大学学报（社会科学版），2013（1）：95-99.
② 胡瑞峰. 中学教师专业素养之探讨[D]. 上海：华东师范大学，2002：27.
③ 叶澜. 新世纪教师专业素养初探[J]. 教育研究与实验，1998（1）：41-46+72.
④ 陈柏华，徐冰鸥. 发展性教师评价体系的构建——教师专业素养的视角[J]. 教育理论与实践，2006（9）：50-53.

件，其中对于教师的专业标准提出了新的要求。比较代表性的有：《中共中央关于全面深化新时代教师队伍建设改革的意见》《新时代中小学教师职业行为十项准则》《中小学教师违反职业道德行为处理办法（2018 年修订）》等。2021 年 4 月，教育部办公厅印发《中学教育专业师范生教师职业能力标准（试行）》等五个文件，对于师范生的职业能力提出明确限定，要求师范生要具备师德践行能力、教学实践能力、综合育人能力和自主发展能力。师范生是未来的教师，对于师范生职业能力的要求反映了国家对于教师职业能力的要求。其中，教师家教指导力与师范生的师德践行能力、综合育人能力和自主发展能力之间具有属性上的内在一致，又一次印证教师家教指导力的提出与国家政策对于教师能力要求十分契合。

概而言之，中西方教育语境中的教师专业能力展现出不同历史时期、文化背景中对于教师能力的期待和要求。教师家庭教育指导能力是教师的一种能力素养，培养和提高教师家庭教育指导能力是教师教育的范畴。

二、家庭教育指导发展脉络

中国传统社会中，家庭教育能够基本实现教育的一切。学校教育、社会教育等尚未完备或形成，家庭教育处于人的教育的主体地位，能够实现教育的几乎所有功能，作为"教育之教育"的"家庭教育指导"必然也就只需要在家庭和家族内部便可实现。此时，"家庭教育指导"更多是作为家庭事务而存在的。根据家庭教育在整个教育体系中的地位，家庭教育的发展分为三个阶段：主体性家庭教育、依附性家庭教育和互动性家庭教育①。在经过漫长的历史变迁和时代发展后，家庭、教育参与者和教育主体都参与到家庭教育"网络"之中。

回顾历史，中国有着重视家庭教育的悠久历史传统的，《礼记·大学》讲到"修齐治平"，"齐家"就道出了我们的先人们不仅注重家庭教育，而且已经研究家庭教育了。但由于受封建制度和多种历史因素的影响，真正重视开展家庭教育指导，尤其是系统地进行科学研究和实践则是近代以来的事情。近代以来，一些

---

① 张敬培. 历史视角中家庭教育指导的变革[J]. 辽宁教育行政学院学报，2010(5)：42-45.

具有中西文化交融眼界的有识之士，从人的全面发展和民族未来的视角重视对家长的家庭教育指导和研究，其中涌现了一些代表性的人物。鲁迅先生 1919 年发表了《我们怎样做父亲》等家庭教育改革的文章，提出了兴办"父范学堂"，主张对家长进行专门培训。胡适在 1908 年发表了《家庭教育论》。1916 年朱庆澜写了《家庭教育》并且指导老百姓开展家庭教育。中国共产党的优秀儿女、革命先驱恽代英从大学时代起就一直重视家庭教育的研究，1930 年发表了《家庭教育论》，主要谈儿童早期家庭教育问题，这也是中国第一篇用马克思主义的辩证唯物主义观点来分析研究家庭教育的文章。学贯中西、历经新旧两个时代的著名教育家陈鹤琴堪称家庭教育指导和研究的杰出代表，他在其代表作《家庭教育》一书中讲道："我们常常看到许多做父母的，都有这样一个错误的观念，以为只要把孩子送进了学校，管教问题都可由学校解决，自己只要负部分养的责任。固然，在学校方面是不能推诿其责任的，但不与家长取得密切联系与合理的配合，恐怕还是不能称职的，要不然，并非我特意要强调，但事实上有许多孩子的坏习惯多少还是在家庭里有意无意中养成的。"[1]当然，真正形成家庭教育指导服务体系是在新中国成立之后，历经几十年的艰难摸索，进入新时代才有了更加系统科学的发展。

从本质上讲，家庭教育指导既具有教育工作性，又具有社会工具性。家庭教育指导服务体系是指一个国家或一个地区进行家庭教育知识普及、理论学习、方法指导和资源服务的整体系统，是家校协同育人重要的组织机构和实施载体[2]。当时代发展到今天，我们国家已经十分注重从政策层面关注和设计家庭教育指导工作。概述如下：

《中华人民共和国未成年人保护法》规定："有关国家机关和社会组织应当为未成年人的父母或者其他监护人提供家庭教育指导。"《中华人民共和国教育法》规定："学校教师可以对学生的家长提供家庭教育指导。"《全国家庭教育工作"十五"计划》认为家庭教育指导对象主要为 0—18 岁儿童的家长，同时强调构建家庭教育指导工作体系和家庭教育网络，拓展社会家庭教育指导工作渠道；加大新闻媒体对家庭教育知识的宣传力度，建议在县级以上报刊应开设家庭教育

① 陈鹤琴. 家庭教育[M]. 上海：华东师范大学出版社，2013：208.
② 高书国. 覆盖城乡的家庭教育指导服务体系构建策略[J]. 教育研究，2021(1)：19 – 22.

专栏，县级以上电台、电视台应开辟家庭教育专题节目，有条件的地方应开设家庭教育咨询热线电话；要在构建终身教育体系的进程中，充分发挥社会力量的作用，拓展社会家庭教育指导工作渠道①。

《全国家庭教育工作"十一五"计划》提出要完善家庭教育服务体系。在巩固和发展各级各类家长学校，大力发展家庭教育指导中心的同时，积极探索家庭教育指导和服务社会化、市场化运作新模式。鼓励非政府和个人参与创办家庭教育指导服务机构，为家庭提供高质量、专业化、有成效的服务，满足广大儿童和家长的需求②。

《关于指导推进家庭教育的五年规划(2011—2015年)》和《关于指导推进家庭教育的五年规划(2016—2020年)》均对拓展家庭教育指导服务阵地有明确的要求。2015年，教育部印发的《关于加强家庭教育工作的指导意见》指出："中小学幼儿园要结合实际制定推进家庭教育工作的具体方案，做到责任到人，措施到生。"

2018年出台的《关于加强家庭教育工作的指导意见》(简称《意见》)是又一个重要的政策文件。《意见》充分认识加强家庭教育工作的重要意义，深入贯彻了习近平总书记关于家庭教育系列重要讲话精神，同时进一步明确家长在家庭教育中的主体责任和加快形成家庭教育社会支持网络的迫切需求。其中，在"充分发挥学校在家庭教育中的重要作用"中提出强化学校家庭教育工作指导、丰富学校指导服务内容、发挥好家长委员会作用、共同办好家长学校等意见③。

2019年6月23日，中共中央、国务院颁布《关于深化教育教学改革全面提高义务教育质量的意见》中"按照'四有好老师'标准，建设高素质专业化教师队伍"这一部分内容，明确提出要"强化师德教育和教学基本功训练，不断提高教师育德、课堂教学、作业与考试命题设计、实验操作和家庭教育指导等能力"④。首次提出"家庭教育指导能力"是教师专业能力的组成，具有风向标作

---

① 全国家庭教育工作"十五"计划[EB/OL]. (2002 - 05 - 20). http://www.moe.gov.cn/s78/A06/jcys_left/moe_705/s3326/201001/t20100128_82003.html.

② 全国家庭教育工作"十一五"计划[EB/OL]. (2012 - 05 - 04). http://www.wenming.cn/ziliao/wenjian/jigou/qita/201205/t20120504_642046_1.shtml.

③ 胡白云. 让教师成为家庭教育的指导者——家校共育的突破口[J]. 中国德育，2018(23)：21 - 25.

④ 中共中央 国务院. 关于深化教育教学改革全面提高义务教育质量的意见[EB/OL]. (2019 - 06 - 23). http://www.gov.cn/xinwen/2019 - 07/08/content_5407361.htm.

用。2019年10月31日，党的十九届四中全会强调，"构建覆盖城乡的家庭教育指导服务体系"，突出强调要重视新时代家庭教育指导工作的重要性和价值。

2020年10月31日，党的十九届五中全会再次强调指出，要"健全学校家庭社会协同育人机制"。2020年11月，教育部在上海召开全国中小学德育工作会议，会议正式发布了《家庭教育指导手册》，分为学校卷和家长卷两个版本，其中家长卷按照学段进行了细分，提供了有针对性的指导方案。《家庭教育指导手册》丰富了家庭教育指导理论"宝库"，为万千教师更有效、更针对地根据学生身心特点、家庭教育特点进行家庭教育指导提供了理论依据和指导路径。

与此同时，全国各地正在逐步制订家庭教育地方性法规，推进家庭教育立法步伐。其中，深圳市于2008年通过了《深圳市家庭教育条例》；2016年5月27日，重庆市人大常委会表决通过了《重庆市家庭教育促进条例》，这是地方第一部关于家庭教育的专门法规。2017年8月3日，贵州省第十二届人民代表大会常务委员会第二十九次会议通过了《贵州省未成年人家庭教育促进条例》。2018年5月31日，山西省第十三届人民代表大会常务委员会第三次会议通过了《山西省家庭教育促进条例》。全国人大正在开展家庭教育法的制订相关准备工作，2020年《家庭教育法》（草案）正式形成，在全国各层面广泛征求完善意见。可以预见，不久的将来，《家庭教育法》出台，对于家庭教育和家庭教育指导都将从国家法律制度层面给予新的界定。

三、教师承担家庭教育指导责任

完善教师专业体系、提高教师专业能力、优化教师专业结构是教育发展史上的重要命题，相伴而生的对于教师职业的特性和教师作用的追问成为一个常谈常新的教育命题。2018年3月8日，笔者提出"教师家教指导力"这一学术概念，并且强调"家教指导力是提高新时代教师素养的'调节器'，普惠性家庭教育公共服务需求是新形势下教育供给侧改革的重要内容。重视和开展中小学校教师家教指导力建设，是教育供给侧改革的重要体现和有效途径"[①]。由此，笔者带领

[①]　张竹林. 家教指导力——教师的必备素养[N]. 中国教育报，2018-03-08(009).

团队成员一道，从实践层面的探索进入到了教师家教指导力建设的理论探讨。

对于谁来开展家庭教育指导学界其说不一，如今至少形成两方面论说：一方面，家庭教育指导以班主任教师为主体。班主任是连接学校和家庭的桥梁，是形成学校教育和家庭教育合力的纽带，可以说班主任是对家长进行家庭教育指导的第一主体。另一方面，开展家庭教育指导的多主体参与。比如，我国学者王金素等人构建"立体多维"家庭教育指导服务体系模型，体系上层是优质"菜单"，即指家庭教育理念和家庭教育指导服务内容；底层是"顾客"，即指具有不同需求的家庭教育指导服务对象；中间层有四个主要载体，分别是政府、社区、学校和社会组织①。如何将上层的"菜单"内容传达给下层的"顾客"，正是通过中间多个主体起到的"纽带"作用，这些作用可以体现在资源共享、多方参与协作、体制机制联动等方面。

教师进行家庭教育指导的首要任务是"授人以渔"，让家长得到成长和发展，从而做好家庭教育并与学校教育形成合力②。比如，笔者建议将教师家教指导力建设纳入教师素养提升工程并作为教师入职必备条件，建立科学的教师家教指导力评价机制，将教师家庭教育指导力作为中小学校发展和校长业绩考核的重要内容。③梁雅等人认为，家庭教育指导要与学校德育工作有机结合、要纳入学校科研项目、同时要做好家庭教育指导研究的建档工作。④朱乐怡建议构建家庭教育指导的社会化体系，为参与者搭设问题交流讨论平台，建立以家庭教育为基础、以学校教育为主体和以社会教育为依托的"三位一体"联动体系。⑤马爱兵从教师层面、学校层面、家长层面和教育内容层面提出改进策略：教师要接受培训、更新教育理念，提升家庭教育指导能力；学校要建立家委会，发挥家委会的作用；要办好家长学校，提升家长素质；要丰富家庭教育内容。⑥

正如吴康宁所言："在这个社会中，谁最应当有能耐把爱落实为具体的合理

①　王金素，魏晨明．"立体多维"家庭教育指导服务体系模型构建［J］．潍坊学院学报，2019（4）：86 - 89．
②　胡白云．让教师成为家庭教育的指导者——家校共育的突破口［J］．中国德育，2018（23）：21 - 25．
③　张竹林，家庭教育指导力应成为新时代教师的必备素养［J］．上海教育，2018（9）：1．
④　梁雅，张静宜．探索家庭教育指导的实效策略与长效机制［J］．教育导刊，2007（5）：60 - 61．
⑤　朱乐怡．初中学校"家庭教育指导"的现状调查与管理对策思考［D］．上海：华东师范大学，2010：59 - 61．
⑥　马爱兵．中小学家庭教育指导存在的问题及改进策略［J］．教育理论与实践，2019（5）：21 - 23．

的工作目标与行动方案呢？谁最应当有能耐把慈母与严父很好地结合起来，从而促进学生的所有方面、整个人的成长与发展呢？只能是教师。"①笔者在研究和实践中看到，当下主要面临的现实境遇是，当下的年轻教师大多为"85后""90后"，很快就有"00"后，几乎是名副其实的"独一代"，多数教师不仅没有接受过相关专业培训，甚至连基本的家庭教育经验也没有②。当今社会，一方面是家长获取科学家庭教育知识和教育方法的意识和需求越来越强烈，另一方面却是优质家庭教育资源严重短缺。面对这些问题，有必要将家庭教育的指导与服务纳入政府基本公共服务；强化学校指导服务作用；探索政府购买服务方式；充分发挥互联网的优势③。

事实上，纵观改革开放以来，一些教育有志之士，无不关注家校合作育人和家庭教育指导工作。当代教育改革家魏书生，在教育改革实践中，一直关注家庭教育，认为一名优秀的班主任一定是一个出色的家庭教育指导者。人民教育家于漪一辈子从事教育，她的座右铭就是"一辈子做老师""一辈子学做教师"。她的教育思想十分丰富，其中关于教师的职业和家庭教育有着十分丰富的理解。她讲道，儿童和教师的关系，每个教师都要思考，最重要的是教师对孩子有仁爱之心。仁爱之心，就是大爱。教师之爱，就是超越血缘关系的大爱和仁爱之心。每个孩子都是家庭的宝贝，都是国家的宝贝④。她又讲道，学校教育、家庭教育、社会教育三者最好要形成合力，但现在很多是形成分力的。现在几乎每个家长都希望孩子成龙成凤，而不顾及他们的具体情况。家庭教育本来着重在教育孩子的品德、习惯，这是学做人最重要、最基础也是最核心的。但现在这部分是缺失的，反而是专门在打造一些解题的技能、技巧⑤。

当代教育家、人大附中原校长、中央文史馆研究馆员刘彭芝对于教师开展家校合作育人也有自己的见解。她指出，家庭教育作为第一课堂具有不可替代的作用，对孩子的影响贯穿始终。家庭教育从教育家长开始，合格的、优秀的家长不是天然形成的，也需要为他们提供合适的教育。学校、政府、社会应形成合力，

---

① 吴康宁. 重新发现教师［M］. 南京：南京师范大学出版社，2017：5.
② 张竹林. 家教指导力——教师的必备素养［N］. 中国教育报，2018－03－08（009）.
③ 新灵. 积极探索多元化家庭教育指导和服务方式［J］. 北京教育（普教版），2018（05）：79.
④ 于漪. 于漪全集·教师成长卷［M］. 上海：上海教育出版社，2018：342.
⑤ 同上注，260页.

为每一个家庭提供家庭教育的相关知识和技能，这对当今的中国社会尤为重要[1]。她也是很早就呼吁国家出台《家庭教育法》的学者之一。

影响教师开展家庭教育指导的因素有很多。比如，思想认识上，社会、学校、家长、学生对家庭教育的思想认识程度不够，思想不统一；指导内容上，家庭教育指导内容没有系统化、缺少科学性；指导与被指导主体的多样性；家庭教育指导的主体，既可以是班主任、学科老师，也可以是社区、学校、机构，如何明确各主体之间的职责，发挥出"1+1＞2"的价值成为亟待解决的问题。再比如，学校及教师不能正确认识和处理学校教育与家庭教育的关系，过于功利化等现实因素阻碍了教育实践的有效实施，而且教师熟悉学校教育教学工作，但并不完全具备系统的家庭教育知识和较强的家庭教育指导的能力[2]。另外，家庭教育指导的对象，按学段分小学家庭、中学家庭、大学家庭；按类型分普通家庭、富裕家庭、农村家庭等；按特殊性分正常家庭、特殊家庭、离异家庭等。对象的多样性给家庭教育指导有效性、针对性带来较大的挑战。

第二节　家庭教育视野下的教师家教指导力

笔者以为，家庭教育指导能力，是教师的又一种教育智慧[3]，理解教师家教指导力有多个维度，前面是从教师教育的视角，在此基础上，还必须深刻把握家庭教育这个支撑教师又一种专业能力的内容特点、运行规律和目标指向等视角进行。"教师家教指导力"蕴藏的基本概念有三个：家庭教育、家教指导和家教指导力，对于三者的具体分析是建构本研究的核心概念"教师家教指导力"的理论基石。

一、家庭教育

家庭作为人类文化孕育的摇篮，又是个体成长最早的学校，也产生了家庭教

---

① 刘彭芝. 教书育人100句[M]. 北京：人民出版社，2020：159.
② 马爱兵. 中小学家庭教育指导存在的问题及改进策略[J]. 教育理论与实践，2019(5)：21-23.
③ 赵冬冬，张竹林. 疫情考验后的暑假，学生家长再次进入居家模式，教师家教指导需把握四重点[EB/OL]. (2020-08-12). https：//www.shobserver.com/news/detail? id=278855.

育这个最直观的教育命题。"家庭教育"是一个并不复杂的概念，广义上讲，家长对于孩子的教育都能称得上是家庭教育，狭义上讲，发生在家庭的教育都是家庭教育。无论概念分歧何在，其指向发起于父母对于孩子教育的义理不会改变，家庭是家庭教育主要场所的观点也得到公认。一般讲来，家庭教育的目的是以家长为教育者，利用家庭的相关资源和活动，把孩子培养成社会和国家需要的人才。

相对而言，家庭教育是一个儿童最重要的人生开启阶段，家长与孩子建立在亲子血缘和亲缘关系基础上产生的人与人之间天然的亲密性，父母的言传身教、音容笑貌、喜怒哀乐等，都会对孩子产生强烈的感染和影响。"杂交水稻之父""共和国勋章"获得者袁隆平院士，生前多次说过，他一生受母亲的影响最大。得益于母亲的启蒙，从未出国留过学的袁隆平有了扎实的英语基础，是母亲的教导培养了他独立思考的品格，树立了"当代神农"的梦想，走进了农业科学的大门。不仅是袁隆平，事实上，我们每个人的成长，无不是深受家庭的影响，打上了家庭教育的烙印。

通常，随着儿童年龄的增长，心智发育逐渐成熟，认知能力也在不断提高，家庭教育过程中孩子对父母的言行很大程度上可以做到心领神会，家长以情通情、以身示范，让孩子知晓人之为人的言行规范。而且，日常的社会生活中，家长在处理周边发生的人与事之间关系和问题的时候，孩子对家长所持有的态度很容易引起孩子的共鸣，孩子在家长的引导下能够在不觉间改善自身言行。望子成龙、盼女成凤的心理使得父母利用一切可利用的教育资源教育孩子，助推孩子成为一个对国家、对社会、对家庭、对自己"有用"的人。

认识家庭教育必须要理解家庭教育的内涵，"首先要理解家庭教育不仅仅是对孩子的教育，更是对家长的教育，家长和孩子共同成长才是家庭教育的特征；其次要明白家庭教育不仅仅是家庭内部的事，更是一个巨大的系统工程。要明确家庭教育有教育专门性公共事务的属性，需要突出政府部门和学校支持家庭履行教育功能的政策设计"①。正如学者许建国所讲，"家庭教育体系有三个特性：第一是第一阶段教育；第二是基础性，即源头教育；第三是起步性即人生的出发

---

① 倪闽景. 构建新时代家庭教育工作大格局的四个建议[J]. 中国教师，2019(6)：5-6.

点、教育的出发点、成长的出发点和创业的出发点"。①历史证明："无论是中国传统文化还是西方现代文化，人才培养很多都是在家庭教育领域完成的，并没有因为时代的改变而改变"②。国学大师南怀瑾先生说："教育从家教开始，学校不过是帮忙一下。"国外对于家庭教育的研究和实践也比较重视，如夸美纽斯的《母育学校》、卢梭的《爱弥儿》、马卡连柯的《父母必读》、苏霍姆林斯基的《家长教育学》等。有研究表明，成功的学生拥有来自家庭成员强有力的学业支持和参与，其中最有名的就是美国约翰·霍普金斯大学研究报告《科尔曼报告》，认为家庭教育的环境、家长社会阶层和家长参与，对孩子的学业和发展的影响远远大于学校教育本身。再一个比较有代表性的是美国长期研究家庭教育的学者乔伊丝·爱普斯坦（Joice Epstein）。她认为，一般来讲，家庭教育是在有意和无意、计划和无计划、自觉和不自觉之中进行的，不管是以什么方式、在什么时间进行教育，都是家长以其自身的言行随时随地地教育影响着子女。这种教育对孩子的生活习惯、道德品行、谈吐举止等都在不停地给予影响和示范，其潜移默化的作用相当大，伴随着人的一生，可以说是活到老学到老，所以有些教育家又把家长称为终身教师。家庭教育是伴随一生的教育。这方面，也有不少专家学者和一线教育工作者进行了比较系统地归纳，学者鹿永建的观点比较典型，他认为，家庭教育有五大任务，分别是：生命与爱的教育，奠定人生价值感、消解价值迷茫；品格与道德的教育，赋予人道德力量；良好习惯的教育，以习惯养成助力生活能力和学习能力；人际关系的教育，以良好家庭关系生发健康社会关系；婚姻与家庭的教育，尊重婚姻、保护家庭，营造活力未来。③

　　从现实情况看，当前我国的学生家长对于家庭教育的主体责任存在缺失的现象比较严重。2016年，上海市社会科学研究院发布的《上海民生民意民情系列调查报告》显示，家长对于教育出现了前所未有的关注，家庭教育投入超过全年家庭总收入的15%。同时也不能回避的是，当前我国的学生家长对于家庭教育的主体责任存在缺失的现象比较严重，《全国家庭教育状况调查报告（2018）》指出，有70%以上的家长并不清楚自身在教育孩子中的重要作用。由此众多家长产

---

① 许建国. 家庭教育的十大原则：家长学校建设理论与实践［M］. 北京：学苑出版社. 2013：44.
② 杨咏梅，整理. 新中国70年家庭教育经验与反思［N］. 中国教育报，2019－06－27(010).
③ 鹿永建. 家庭教育岂可扬短弃长［N］. 中国教育报，2021－02－25(004).

生对于子女教育无计可施的教育焦虑。2019 年，上海市教育科学研究院普通教育研究所发布的《缓解社会焦虑对策研究》显示，家长对于子女的教育问题普遍存在焦虑，考试和升学是家长首要焦虑来源。这种"焦虑"长时期存在的根源之一是家长在家庭教育中缺少必要的素养和智慧。全国妇联、教育部 2020 年 8 月印发的《家长家庭教育基本行为规范》对家长的家庭教育责任和行为进一步提出了具体指导性要求。这些都提醒全社会，为家长提供家庭教育指导已经成为必须关注的教育课题。

二、家教指导力

家庭教育的开展重点在于家长，家长推进家庭教育的素养和能力直接决定孩子受教育的过程性效果和最终发展性结果。家庭教育开展过程中由家长教育孩子，可是"谁来教育家长"是一个自然衍生的教育命题。进入新时代，家庭教育的社会地位和教育价值被提至历史新高度，开展家教指导成为教育的时代命题。2019 年 5 月，全国妇联、教育部等九部门关于印发《全国家庭教育指导大纲（修订）》指出："家庭教育指导是指相关机构和人员为提高家长教育子女能力而提供的专业性支持服务和引导。"[1] "在新时期大背景下，家庭教育指导工作的目标是通过学校和社会对家长的指导和帮助提高家长的教育孩子的能力和素质，通过学校和社会的指导创设'家长—子女'协同发展模式，为孩子的家庭教育创造良好的环境和条件，从而真正实现家庭教育、学校教育、社会教育三位一体的教育目标。"[2]笔者以为，开展家教指导的关键点有三个：一是确定谁有能力、谁愿意来指导家长；二是如何指导家长开展家庭教育；三是家长是否接受指导，或者说，如何让家长接受指导。对于这三个命题的审思是理解家教指导的关键。其中，"家庭教育指导者是开展家庭教育指导和培训的主要力量，其素质水平直接关系到家庭教育质量"[3]。于此背景下，指向"家教指导"的"家教指导力"成为必须要探讨的范畴。

---

① 全国妇联，等. 全国家庭教育指导大纲（修订）[Z]. 2019 - 05 - 14.
② 黄娅. 家庭教育指导服务体系的立体化构建[J]. 教育理论与实践，2018（14）：18 - 21.
③ 曹艳彬. 我国家庭教育指导者的专业化及制度实现策略研究[D]. 无锡：江南大学，2017：2.

　　词源上讲，"力"是一种"力量"，也是一种"能力"，最初产生于人类对自然界难以名状、无法表达事物的一种玄想。现代社会提起"力"这个语汇，首先要表达的更多的是"能力"，指向个体在人身处在生活领域之内具有的一种"能力"或者"素养"，这种"能力"或者"素养"是人在特定场域内安身立命的根基。"指导力"是一个合成词，由"指导"和"力"构成，"指导"具有一般的含义，即"指示教导""指点引导"。比如"囚人不胜痛，则饰妄辞以示之；吏治者利其然，则指导以明之"（《汉纪·宣帝纪一》）；"苦于不自知，又无师友指导之耳"（《蕙风词话》）。"指导力"简单讲就是"指导的能力"，这种能力是人类独有的一种带有意识倾向、目标指向和行动指向的综合性的能力，可是它一般不具有专有的指向，可以是指导"他者"，也可以是指导"己身"，通过人的"指示"和"引导"，实现一种有意识的"结果"。"力"的发生和具体效果受到多重因素的影响，比如，指导者个人的素质、倾向和特定时间段个人的心理状态；指导发生处在的社会环境的干扰和特定人群的干预；指导对象的素质与接受指导的心理意愿，如此等等，不一而足。

　　"力"还是一个物理学名词，它是使物体改变运动状态或形变的根本原因。在动力学中它等于物体的质量与加速度的乘积。力是物体对物体的作用，力不能脱离物体而单独存在，力的作用是相互的。显见的是，"家教指导力"与"家教"有关，这里的"家教"指的是"家庭教育"。家教指导力是指导家庭教育更好地开展的一种能力，是指导家长开展家庭教育，在家教指导下让家长养成教育子女的能力和素养。与家庭教育对应的教育范畴是学校教育和社区教育，家长是家庭教育的教育者，教师是学校教育的教育者，伴随着家校合作育人的深入推进，家长和教师成为密切关联的教育群体。按照共生教育理论观点，家庭教育的开展离不开学校教育指引，学校教育的开展更离不开家庭教育的帮辅，家庭教育和学校教育已经成为共存共生、目标一致且育人愿景大致相同的教育合作伙伴。

　　家教指导力是一种指导家长开展家庭教育的能力，这种能力的属有主体可能是教育机构的教育者，比如，家长学校的培训师，也可能是家庭教育行业领域的专家学者，也可能是高校里面的研究者，还可能是一线中小学校的教师。显然，家教指导力的属有群体不同，则家庭教育指导的内容方式方法也不尽相同，教育的对象也不一样，以指导家长为核心产生的教育效果更是迥异。要从帮助树立家庭教育指导正确理念、厘清家庭教育指导对象、创新指导方式、丰富指导内容等多个维度,实现各个主体需求的满足是家教指导力建构要关注的重点。

三、教师家教指导力

家长的家庭教育素养和能力培育的指导甚至教育,现实地成为教育理念和行为变革的重要一环。正如洪明所说:"并不是所有家长凭借着自己的经验就能够胜任家庭教育工作,家长是否能够胜任'老师'是有条件的。家长需要教育,学校要家长配合。家长教育既是家庭教育的重大课题,也是合育的重要内容。"①"家长需要教育"的实用层面理解,就是家长开展家庭教育需要指导。

教师是决定教育发展水平和育人水平的关键要素。时下家校合作成为学校教育的常规模式,教师与家长围绕学生教育的沟通合作成为教育常态。教师利用与家长接触机会较多以及自身具备专业的育人理论与实践的优势,培养自身的家教指导力来帮助家长提高家庭教育能力和素养,是时代发展的一种教育需要。笔者综合相关知识,联系研究的实践,提出了教师家教指导力的概念。教师家教指导力是指:教师通过多种学科的教育理念、手段、技术和方法,对实施家庭教育的家长从理论、方法、内容和技术等方面进行指导,帮助家长转变家庭教育理念、提高科学育儿素养、提升家庭教育水平的一种能力。其中,这里的"家教"既不同于传统意义上人的家庭教养,也不同于类似大学生从事课外兼职的"家教"工作,它专指"家庭教育"。新时代教师的家教指导力是教师的一种具有时代使命感、责任感和新鲜感的新能力,也是一种提升教师专业修养、职业素养和能力结构的新视阈。

笔者撰文指出:"家教指导力是提高新时代教师素养的'调节器',普惠性家庭教育公共服务需求是新形势下教育供给侧改革的重要内容。"②教师的指导家长的判断与选择是其自身的知识(knowledge)、技能(skills)与情感(emotion)相互作用的结果,这其中教师会受到其自身及外在因素的影响③。对于一个具体的

①　洪明. 合育论——学校家庭社会合作共育的理论与实践[M]. 合肥:安徽教育出版社, 2017:167.
②　张竹林. 家教指导力——教师的必备素养[N]. 中国教育报, 2018-03-08(009).
③　Newman, L.. Making the hard decisions:Student teachers moving towards ethical judgment[J]. Journal of Early Childhood Teacher Education, 2002, 23(1):19-26.

日常教育事件，教师通常会对决策事件从整体上进行理解，理清事件发生的前因后果、来龙去脉，找到事件的主导者与承受者，探明特定事件业已造成的伤害或者隐性后果，而这个过程内隐性地映现教师在日常教育教学管理过程中思维的认知向度。教师家教指导力成为一种紧扣时代需要、直面现实需求的教师核心素养的关键构成，是让家长在教师的指引和协作下，自觉反思自身开展家庭教育的言行举止、音容笑貌，自觉修正自身的教育理念和教育实践，将自己变成孩子成长的重要教育者，不仅承担起为人父母的责任，更是兼具"父母""朋友""审美欣赏者"和"教育者"多重角色，密切亲子关系，让孩子在宽松、愉悦的氛围中成长、成才。

事实上，教师家庭教育指导能力作为教师专业素养结构中的重要范畴，一直存在于家庭教育和教师教育之中。19 世纪开始，学校与家庭之间进行有效的联动合作教育在美国、英国、法国、新加坡等国家进行实践并取得良效，而它进入学界视野受到各国政府和研究者的重视则肇始于 20 世纪中后期。中国传统教育一直注重家庭教育在人的教养中的价值，从"孟母三迁"到"孔融让梨""岳母刺字"等典故就可见一斑，《三字经》《颜氏家训》《钱氏家训》《朱子家训》等都可看出中国家庭教育的深厚传统和渊源。但是历史和现实证明，仅靠家庭教育子女是不够的。随着工业革命的开展推动教育变革的发生让社会真正意识到对于孩子教育的重要性，尤其是随着现代学校制度的确立和深化，家庭教育与学校教育的合作使得教师逐渐成为家长教育的指导者。

1985 年 12 月，上海市长治中学思想政治道德教育实验小组发表题为《学校指导家庭教育问题初探》的文章，预示着中国教育界已经正式关注到学校作为专业的教育力量对于家庭这一非专业教育群体开展指导的价值和意义，一定程度上揭开了当代中国教育语境中家庭教育指导研究的序章。2011 年 7 月，吉林机电工程学校孙玉杰撰文《提高教师家庭教育指导能力的研究与实践》关注到中等职业学校家庭教育的缺位或失误严重影响了学校德育工作的实效性，这是首次明确提出"教师家庭教育指导能力"概念的文章，可是却没有对其进行详细论述。2018 年 3 月 8 日，笔者在《中国教育报》撰文提出"教师家教指导力"这一学术概念，此后带领团队开展了对于教师家庭教育指导能力建设的专项理论探讨。比如，2019 年《上海教育》杂志以专题的形式刊发上海市奉贤区教育学院关于"教师家教指导力"的一组文章，进一步论证教师家庭教育指导能力在现时代育人系统完善和教师专业发展过程中的重要价值。2020 年，笔者分别在《江苏教育研究》发表《教师家教指导力的组成结构》《教师家教指导力的运行机理》等学术论文，比较系统地从学理层面对教师家教指导力进行剖析，开启了笔者和团队对于这一"新概念""新能力"深入研究之路。

2020 年 11 月，教育部在上海召开了全国中小学德育工作会议，颁布了《家庭教育指导手册》，分学校卷、家长卷。学校卷按照"理念与认识—原则与要求—策略与方法"的逻辑结构编写，家长卷按照学段（分学段各一册）编写，围绕"品质培养""学习指导""身心发展""安全教育""媒介素养""父母成长"等八个专题进行，成为了家庭教育指导的"国家标准"，为家庭教育指导服务和研究铺设了新台阶。我们欣喜地看到，在新思想引领下，在一些教育学院、师范大学教育学院、教育科学研究院和社科院等一批学者的努力下，教师家庭教育指导能力研究已经进入蓬勃发展的新时期。

第三节　教育变革视野下的教师家教指导力

进入新时代，育人方式已经逐渐发生变化，社会资源不断涌入育人场域，逐渐打破传统的育人结构。再者，中国传统家庭的结构已经发生变化，由此带来了传统家庭教育的范型也随之发生改变，这种改变对于新时代家长的育人素养和能力提出更高的要求和更大的期待。聚焦教师家教指导力建设这一教育论题提出，是在育人方式改革背景下推动教育之治优化的必要选择。

一、育人方式改革呼唤提高教师专业能力

西学东渐以来，随着近代西方教育思想的传入，中国传统的教育模式遭受到了前所未有的冲击，中西方文化的交流融合紧随时代的发展而不断深入，越来越多的教育工作者（主要是教师，同时也不排除家长的存在）乃至社会大众都看到了传统教育的弊端，积极探寻教育变革的适宜路径，实现特定历史时期的教育愿景。步入新时代，改变传统的教育模式，创造出一种新型的适应时代发展需要的

育人模式是一代又一代教育者不懈求索的重要教育命题。在此背景下，中国教育语境中教育改革，尤其是基础教育改革、新课程改革等全面推进，这种带有巨变性质的教育改革凸显迅速而又彻底。人们对传统的育人理念的转型作出了种种探索，对教育回归育人本质的呼声从来没有停止过。在这样的背景下，育人方式改革呼唤提高教师专业能力。

（一）作为理论基础之一的教师专业发展阶段理论

教师专业发展阶段理论是建立在教师职业生涯发展研究与理论成果之上的，它以成人发展理论为基础理论，吸取了心理学、生理学、社会学等多学科领域的研究成果，涵盖教师在经历职前、入职和在职以及离职的整个生涯过程中所呈现的一种阶段性发展规律。其中，1969 年，美国德克萨斯大学学者富勒（Fuller）提出教师专业发展阶段理论，主要从教师在职业生涯不同的阶段关注的不同的重点来划分教师的生涯阶段，即教学前关注阶段、早期生存关注阶段、教学情景关注阶段、关注学生阶段。与此相似，20 世纪 70 年代末，美国俄亥俄州立大学的伯顿（Burden）等学者归纳提出了教师专业发展的三个阶段：生存阶段、调整阶段和成熟阶段[①]。

严格意义上讲，教师家教指导力是富勒提出的教学情景关注阶段、关注学生阶段，以及伯顿提出的调整阶段甚至成熟阶段包含的教育范畴。即当教师在不同的职业生涯发生阶段，要根据社会环境（特别是政治环境）、教育变革需求、教师专业成长水平等不断扩充作为育人者的专业能力结构，进而适应教育大环境对于教师职业的专业期待。为此，教师家教指导力的提出与建设需要将教师专业发展阶段理论作为理论基础之一。

张中行曾说过，一个社会，诸种建设之中，育人应该是首要的[②]，而育人事业的完成与质量的保证取决于教育场域中的教师，由此使得教师的价值倾向和职业行为规范作为带有普遍性的课题，引起人们越来越深入的反思[③]。进入新时代，家庭教育与学校教育联合推进家校合作育人是中国教育改革的趋向，教师处

---

① 刘娜. 基于教师专业发展阶段的教师培训研究［D］. 石家庄：河北师范大学，2009：6.
② 张中行. 顺生论［M］. 北京：中华书局，2006：121.
③ 陈桂生. 学校教育原理（增订版）［M］. 上海：华东师范大学出版社，2012：342.

在家庭与学校之间，担负二者交流"纽带"的责任，勾连家校合作。因此，教师指导家长开展家庭教育指导既是学校教育的必需要件，也是家庭教育有效开展必要的专业支持力量。教师家教指导力是教师教育的范畴，属于教师专业素养和能力的一种。因此，立足于教师教育的理论前沿，扎根当前育人方式改革呼吁家校合作育人的现实，建设教师家教指导力是一项具有理论探索的教育变革选择。

（二）新时代教师教育思想呼唤教师多元建构育人能力

新时代教师教育建设要以习近平新时代教育思想为引领，结合学校教育改革发展与教师自身专业发展的切实需求而展开的。在这样的理论与社会背景下，提出教师家教指导力是在习近平新时代教育思想引领下产生的教育范畴，适应学校系统改革发展的内部需求和教师专业能力发展的现实需要，而"以中小学教师为主体，加强对教师有关家庭教育知识、能力与指导方法的培养培训，将家庭教育意识和能力作为新教师准入和在职教师考核的重要内容，努力让中小学教师成为一支具有学校教育和家庭教育'双重能力'的优秀教育人才队伍"是新时代构建家庭教育指导服务体系的必要选择①。

习近平总书记指出，教师要当好铺路人和引路人，自己首先要做行路人，身体力行、躬身实践，用自身坚定的理想信念去引领学生的思想、用自身广博的学识去开启学生的智慧、用自身高尚的道德情操和仁爱之心去浇开学生美丽的心灵之花②。2014年同北师大师生代表座谈时，习近平总书记说："要加强教师教育体系建设，加大对师范院校的支持力度。"2018年5月2日，习近平总书记在北京大学师生座谈会上的讲话指出："建设政治素质过硬、业务能力精湛、育人水平高超的高素质教师队伍是大学建设的基础性工作。"2018年9月10日，习近平总书记在全国教育工作大会上指出："办好教育事业，家庭、学校、政府、社会都有责任。"要推进教育现代化、建设教育强国、办好人民满意的教育，有赖于家庭、学校、社会携手合作，共同助力学生的全面发展。这些重要论述为新时代教师教育指明了发展方向，将家校合作育人的重要使命历史地落到了教育人身上。这也意味着家庭教育服务能力已经上升到国家治理体系和治理能力现代化的

① 高书国. 覆盖城乡的家庭教育指导服务体系构建策略[J]. 教育研究, 2021(1): 19-22.
② 何绍芬, 钱波. 习近平教师观及其实践路径研究[J]. 曲靖师范学院学报, 2019(1): 31-36.

重要组成的高度。

同样，这些重要论述和文件精神，是新时代开展家庭教育和家校合作育人的重要指南和基本遵循，也是教育系统开展家校合作育人尤其是培养广大教师必须具备家教指导能力的立论基石和行动航标。

（三）适应育人情境变化的教师专业能力发展的现实需要

21世纪全球教师教育改革风起云涌，教师教育研究不仅仅需要关注数量与模式，更应关注情绪情感、态度、价值观、精神等人的内在世界，关注教师情感表达是师德研究中从线性思维转向关系性思维的视角和方法论的转变[①]。教师是学校系统的构成主体，教师"教"的质量决定学校的教育质量，教师育人的品质决定学校教育的品质。教师的情感——人文素质是教育素质的支撑性品质，它不仅从内部保证教师的教育信念、教育热情，而且在技艺层面上保证教师的教育、教学效率[②]。作为学校系统改革的主体，教师家教指导力作为教师的一种专业素养和能力，在家校合作育人成为现时代重要教育范畴的大背景下，教师指导家长开展家庭教育的能力建设是学校系统改革发展的内部需求。其中，情感是个体与环境内在文明结构中的活性因子，情感的文明化作为一种教育性愿景，呼唤有情感人文素质的教师热心于沉浸在整合的职场生活和微观的人际交往中学习关怀与理解，从中反思自我、自主改变[③]。教师家教指导力是教师的一种专业能力，是浸润在教师情感之中的一种教师教育范畴，它受到现时期教师教育制度规范的影响。而且，教师家教指导力建设受到来自教育系统内部与外部多方面因素影响，究其根本，在家校合作育人成为教育发展潮流和趋势的大背景下，教师家教指导力建设成为教师专业能力发展的现实需要。

2020年，一场史无前例、世无前例的新冠肺炎疫情，对育人环境带来了巨大的挑战。经济合作与发展组织联合全球98个国家的330名教育政策制定者和知名教育智库人员，开展了一项大调研，83.9%的受访者表示，如何确保疫情期间学生学业的连续性以及向缺乏学习自主能力的学生提供支持是各国教育体系首要

[①]　王慧，朱小蔓. 论当下教师情感表达的三个主要误区[J]. 教育科学研究，2018(1)：50－52.

[②]　朱小蔓，丁锦宏. 情感教育的理论发展与实践历程——朱小蔓教授专访[J]. 苏州大学学报(教育科学版)，2015(4)：70－80.

[③]　王坤，朱小蔓. 情感文明：教师育人素养的关键价值尺度[J]. 中国教育学刊，2019(5)：75－79.

关注的议题，关心疫情和危机期间学生的情感及价值观教育是受访者认为教育体系需要优先考虑的议题。需要高度关注学生的情感和心理健康，尤其是对家庭条件不利的孩子，在家无法得到父母的悉心照料且没有舒适的学习环境，那么教师应密切与学生家长沟通，向有困难的学生提供个别化的支持与指导①。

"与家长进行有效沟通合作"成为每位教师必备的专业能力之一。家校合作的方式和内容十分丰富，如果以在合作活动中发挥主导作用的主体划分，可以分为两大类：一类活动的主体是家长，即家长参与学校教育；另一类活动的主体是学校，即学校或教师进行的家庭教育指导。家庭教育指导是由学校等家庭外的社会组织、机构或个人，以儿童家长为主要对象，以提高家长的教育素质、唤醒家长的家庭教育意识、改善其教育行为为目标，从而努力形成家校教育合力，以促进儿童身心健康成长为目的的教育过程。学校和教师开展家庭教育指导的方式有多种，按照发挥主导作用者的不同，可以分为：以学校为主导的方式，如家长学校、家庭教育讲座、家长指导手册、家庭教育咨询等；以家长为主导的方式，如家长经验报告、家长沙龙等。既然家庭教育指导能力成为新时代每位教师必备的专业能力之一，那么每位教师就需要具备运用上述方法、组织上述活动的能力。

二、育人环境改变驱动家校合作育人形成

教育发展史已经验证，"家庭教育是人生教育的第一课，是学校教育、社会教育的基础，也是一个人的世界观、人生观、价值观形成的重要基础，在人一生的成长过程中、在社会风气和社会文明的形成发展中都具有强本铸魂的奠基作用"②。正如孙云晓所说，"让教师成为家庭教育的指导者，既是家校共育的突破口，也是国家重视家庭教育指导工作的必然要求"③ "要全面提高广大教师的家庭教育指导能力，培养足够多的家庭教育指导师，充分满足在校生家庭教育指导的需求"④。面对新形势下育人环境的改变，建设教师家教指导力是推动家校合作育人的必要选择，这种选择是建基于现时代家庭结构变化、教育观念转型和社

---

① 徐瑾劼. 全球教育如何跨越数字鸿沟[N]. 中国教育报，2020 - 05 - 15(005).
② 翟博. 树立新时代的家庭教育价值观[J]. 教育研究，2016(3)：92 - 98.
③ 胡白云. 让教师成为家庭教育的指导者——家校共育的突破口[J]. 中国德育，2018(23)：21 - 25.
④ 倪闽景. 构建新时代家庭教育工作大格局的四个建议[J]. 中国教师，2019(6)：5 - 6.

会环境驱使背景下应时而生的教育范畴。

（一）家庭结构的变化

随着"二胎""三胎"政策的落地，多孩家庭的比例会逐渐增大。与之相随的是，家庭成员结构的变化，家庭核心成员观念的变化，家庭教育理念的变化等等。面对家庭情况日趋复杂、班中学生有兄弟或姐妹这样的情况，本身却作为独生子女成长起来的"独一代"教师，如何去指导多孩类型的家庭教育，如何了解多孩家庭教育的特点和规律，如何具有同理心去指导这样类型的家庭成为亟待解决的问题。基于此，笔者逐渐将研究视角从家长转向教师，认为教师家教指导力是教师开展家庭教育指导的素养或能力，它是新时代教师的一种具有时代使命感、责任感和新鲜感的新能力，也是一种丰构教师专业修养、职业素养和能力结构的新视阈。简言之，是新时代教师的必备素养[1]。当教师具备家庭教育指导能力，就可以正确指导家长如何运用科学的方法、科学的理念对孩子因材施教；与此同时，教师能将其应用于自己的家庭教育，可谓一举两得。

再者，随着当今"二胎""三胎"政策的推行，对于家庭来讲，孩子数量的增长不仅意味着家庭人口结构改变，这种改变的背后是一种社会文化的改变。社会的发展对于未来生活在社会中的人提出了更多的期待和要求，尤其是对于孩子成长的要求，比如，公共教育资源需求量增大、制度化的学校教育或者非制度化的教育机构的需要体量扩增、家庭教育资源供给的增长量也在扩大。2018年全国"两会"期间，全国妇联报告了家庭教育状况的调查结果，"50%的家长不知道用什么方法教育孩子"，完善家庭教育指导服务迫在眉睫[2]。"目前家庭教育主要存在三方面问题。一是对家庭教育的社会支持不够，家庭教育还处在家庭的自发状态，缺乏系统性的指导和推进。二是家长普遍缺乏家庭教育的知识和能力。三是家庭教育缺乏法律保障，各级政府没有真正从制度层面去落实，也无法追究因家庭教育缺失所造成的责任后果。"[3]这些问题的发生很大程度上是中国传统家庭结构发生变化导致，并且这种变化还带来一些新生的家庭受教育群体。

---

[1] 张竹林. 教师家教指导力建设正当时[J]. 上海教育，2018(10)：28.
[2] 程香晖. 我国社区家庭教育指导研究述评[J]. 江苏教育研究，2018(25)：12－16.
[3] 倪闽景. 构建新时代家庭教育工作大格局的四个建议[J]. 中国教师，2019(6)：5－6.

留守儿童是中国城市化进程中的一个特殊的社会现象，庞大的留守儿童群体对于中国教育生态和个体的影响十分巨大。对于留守儿童来讲，家庭教育缺失是一种让人遗憾的教育事实，无论是"显性"的留守儿童还是"隐性"的留守儿童，由于缺乏陪伴产生的"影子父母"和由祖辈陪护的隔代教育等现象普遍存在。父母没有时间教育孩子(也存在没有能力教育孩子的现象)、祖父母或外祖父母没有能力教育孩子，是留守儿童家庭教育缺失的一大症结。另外，留守儿童是当前非理性消费群体的重要组成部分。这些少年长期离开父母，但是一部分人可以拿到丰厚的金钱作为生活保障。这些钱足以让其生活富足有余，不受干预的消费让青少年可以从父辈那里索得想要的一切。其中，亲情缺失的青少年能够在消费中寻求存在感去弥补精神的虚空。据多个调研显示，未成年人沉迷网络游戏、网瘾低龄化成为比较突出的青少年社会问题。而这些孩子中，很大的比例是家庭中缺乏良好的亲子关系。这些留守孩子的家庭教育处在缺失的状态，家庭教育的缺位导致其人格发展处在一种不完整的境遇之中。与此同时，对于部分流动儿童来讲，随着父母远离家乡，来到一个陌生的地方求学，不仅要适应当地的风俗文化，更要融入迁入地的教育文化环境。一般讲，文化适应性差是流动儿童受教育过程中面临的一大困境，这一困境的有效化解同样需要家庭教育的帮助。

如上所述，当前中国传统的家庭结构已经发生变化，二孩和多孩家庭、留守儿童家庭、随迁子女家庭等带来了一系列的家庭教育问题，这些问题不仅仅是孩子的学业问题，更包括孩子的心理问题。这些问题的克服或者解决，单靠学校教育已经无法完成，必须依赖家庭教育的力量。由此，家校合作成为应对当前家庭结构变化而带来的孩子教育问题的必然选择。可是，发挥家校合作育人的合力不能绕开一个艰难的教育问题，即家长的育人素质不足以让其成为一位称职的家庭教育者，然而，这并不意味着家长无法成为一位称职的家庭教育者。在此背景下，让教师担当家长教育的任务，引导和帮助家长提高其育人素养和能力成为应对当前家庭结构变化的一种必然之策。

(二) 教育观念的转型

改革开放四十年多来中国的经济状况发生巨大改善，经济发展的成果惠及千家万户，带来的直接成果是很多家庭可支配收入的增长。同时，20 世纪 80 年代初的"计划生育"政策替代了建国之初"鼓励生育"政策，由此带来的是"独生子女"家庭的增多。时至新世纪 20 年代，随着"人口红利"减弱、人口增长减缓和老龄化时代的到来，我国人口政策正在向放开"二胎""三胎"的方向转变。这个过程中，一个不容忽视的事实是，家庭经济条件的改善提高了家庭对于孩子投入的期待，相伴相生的是对于孩子的"宠溺"增多，其中重要的表现是满足孩子的"一切需要"。其中，"隔代亲"是中国传统家庭的一大特点，祖孙之间的隔代教养更容易滋生"宠溺"，这种"宠溺"易于让孩子的行为不受约束而导致失范。

回溯中国家庭教育观念的发展历程，"传统家庭教育在教育目标上，重视做人教育；在教育内容上，重视伦理道德教育；在教育方法上，重视言传身教"①。可是，"现实中，家长的教育素养参差不齐，很多家长或缺少理论性的教育知识，或缺少实践的教育方法，因而难以充分发挥家庭的教育意义。作为专门从事教育工作的学校和长期与不同个性孩子接触的教育工作者，无论在教育理论知识的学习，还是实践经验的积累方面，都比家长的教育素养更丰富"②。"在教育体系全面发展的新时期，家长群体应由传统的固定教育指导模式转向帮助青少年树立正确的人生观、价值观和世界观，引导其养成良好的为人处事的行为习惯，扮演青少年培养的引路人角色，教授其知识技能、思考解决问题的方式以及处理问题的办法，以期全面促进青少年发展。"③

正如德国哲学家雅思贝尔斯（Jaspers，K. T.）所言："教育活动关注的是，人的潜力如何最大限度地调动起来并加以实现。"④比如，现时期社会中出现"许多'直升机父母'——父母 24 小时无死角地陪伴，家庭生活的重心几乎都在孩子身上。无论是孩子的身体状况还是学习情况，哪怕有一丁点风吹草动，都会导致全家紧张甚至焦虑"⑤。许多家庭在教育上缺失了定力，产生的直接后果和弊端就是孩子的内力不足。有些家长盲目"抢跑"，为了追求所谓的"不输在起跑

①　张良才. 中国家庭教育的传统、现实与对策[J]. 中国教育学刊，2006(6)：36 - 39.

②　谢东晴. 学校如何引领家庭教育[J]. 中国德育，2019(1)：10 - 11.

③　黄娅. 家庭教育指导服务体系的立体化构建[J]. 教育理论与实践，2018(14)：18 - 21.

④　[德] 雅思贝尔斯. 什么是教育[M]. 邹进，译. 上海：生活·读书·新知三联书店，1991：4.

⑤　曹永鸣. 栽培自己是教育的王道[N]. 中国教师报，2018 - 07 - 18(010).

线上"，使孩子的好奇心、想象力、专注力、内在秩序感等生命成长中最宝贵的内力消耗、匮乏，甚至枯竭①。传统的"学而优则仕""万般皆下品，唯有读书高"等价值取向在家长心中根深蒂固，学习成为子女改变现状、成龙成凤、出人头地的捷径，从而将学生成长的关注视角集中在应试求学的学业成绩之上，教育目标设立功利化，重智轻德意识严重。家长对于孩子专制、放任抑或溺爱皆以孩子智力成长为基点，部分家长沉迷于"成绩决定未来"的思想误区，以自我主观意愿为出发，安排孩子的学习、生活的所有，对孩子缺乏尊重，未将孩子视为独立的个体，导致其丧失个性，成为学习的工具，这种保守固化的教育理念对于孩子心理健康发展产生重大的消极影响②。

　　当代中国的教育改革已经步入深水区，社会的教育观念正在发生深刻转型，这种转型不仅体现在学校教育层面，更体现在家庭教育层面，社会教育观念的变化带来了家长教育子女观念的变化，为了适应未来人才培养的需求，家长的家庭教育观念会随着社会教育观念、学校教育观念的变化改变。教师作为社会知识分子的代表，其承载着引领社会进步的教育责任，为社会贡献教育发展的智慧资源是教师职业和专业责任的应有之义。其中教师的教育观念是教育改革的"风向标"，社会教育观念、学校教育观念以教师的教育观念展现，教育改革从教师的言行中体现。前已述及，当前很多家长的教育观念的确定缺少一种"主见"，缺少一种对于子女教育明确的认知、理解和定位，"人云亦云"现象非常严重，"随大流"式的教育方式在一定程度上已经为子女的教育带来很大的负担，更有甚者将子女接受教育的热情湮没而使其陷入平庸的成长境地。此外，社会和学校教育观念的改变决定了家庭教育的观念要发生相应的改变。事实上，家长的教育行为是家庭教育观念的展现。家长因自身学识、修养和能力的限制，很难在短时期内改变既有的且具有历史基础的教育观念。由此，让教师介入家长教育，引导家长建构适应新时代对于家庭教育新需求的教育观念是一种必要的教育选择，这种选择顺应了当前教育观念转型的需要。

①　曹永鸣. 栽培自己是教育的王道[N]. 中国教师报，2018 - 07 - 18(010).
②　Stanley, S. F.. Family education to enhance the moral atmosphere of the family and the moral development of adolescents[J]. Journal of Counseling Psychology，1978，25(2)：110 - 118.

(三) 社会环境的驱使

当今社会一度盛传一些观点,"这是一个'拼爹'的社会""家庭就是孩子的起跑线""一些人的起跑线就是另一些人的天花板"。类似的说法层出不穷、花样百出,归置起来即传递出当下社会信奉的某种价值观:对于孩子来讲家庭是其决定命运走向的关键场域,也折射出了教育焦虑。在这种背景下,孩子的家庭财富占有越多就越能够享受优质的教育资源,未来的发展也就存有更多的可能。但是另一方面,家庭中家长的教育观念也起到重要作用。一个家庭,家长具有理性的教育观念、理性的教育行为,并且对于孩子的教育能够尽心尽力,那么无论金钱的占有量或多或少,对于孩子未来的成长产生的正向作用将使其受益终身。因此,现时代的社会环境下要更加注重对于家长的教育,通过家长教育素质与能力的提高带动家庭教育的提质增效。

值得关注的是,随着中国改革开放的纵深推进,各行各业与国际接轨成为趋势。在这样的背景下,国际学校作为民办学校的一种应运而生,已经成为中国教育改革的重要办学力量组成。同样,家校合作研究离不开对于国际学校的关注。为此,笔者曾到上海华二昆山国际学校、上海枫叶国际学校等学校进行深度调研发现,国际学校的家长绝大多数是中产阶级,具有较丰富的国际从业或教育背景,很舍得进行教育投资,家长对于子女的培养有着有比较高的教育诉求。做好家校合作工作,对于教师的专业能力有较高期待,要求教师在推进家校合作育人过程中具备一种多元的能力应对家长和学生对于学校教育的期许。此外,建设学习型社会需要家长教育素养和能力的提高。只有家长具有较好的教育素养和能力,家庭教育才能发挥其应有的、在整个社会大教育系统中的教育价值。因此,"学做家长"成为学习型社会建设必须关注的教育课题。

同时,推进教育均衡发展,实现教育公平是新时代教育发展要解决的重要工程。"城乡一体深度融合,人人共享优质教育"[1]是新时代教育改革的必然趋势,实现义务教育均衡发展,落实对于教育公平实现的追求是当前社会对于教育提出的新要求。2010 年 7 月,《国家中长期教育改革和发展规划纲要(2010—2020

---

[1] 张竹林. 城乡一体深度融合,人人共享优质教育[N]. 解放日报, 2017 – 08 – 15(007).

年》明确指出要"把促进公平作为国家基本教育政策",首次将教育公平视作国家"基本"教育政策议题来对待;十九大报告提到"推进教育公平,努力让每个孩子都能享有公平而有质量的教育",进一步强调实现教育公平在新时代中国改革与发展中的战略地位。放眼当下,义务教育均衡发展是实现教育公平的重要议题。具体表现在要缩小区域间、城乡间、校际间、群体间的差距,追求教育发展中的公平与均衡,使每一个学生都能够得到符合自身实际发展的机会。其中,城市教育发展已经很成熟,相对偏远地区、外来务工人员随迁子女流入区教育发展相对滞后,已经成为当前教育改革攻坚克难的重要领域。需要注意的是,这些对象的家庭教育开展情况更是不理想,家长参与家庭教育的情况不乐观。因此,为了实现教育公平,加大对于这些地区家长开展家庭教育的支持力度,让教师介入提高家长和家庭的教育水准,是现时代教育发展的一种必要选择。所以说,提高教师家教指导力是实现教育公平的力量和支撑。

教师家教指导力建设是一种契合时代需要的创新性教育范畴,至少在当今国家宏观教育政策倡导强化教师的"家庭教育指导能力"建设的大背景下,这一议题会成为被广泛关注的社会教育热点。可现实的情况是,不是所有的教师都有能力指导家长,不是所有的家长都愿意接受教师指导,更不是所有的地区都有能力开展让教师指导家长开展家庭教育工作。当前以教师家教指导力建设为聚焦点的育人工作的开展还存在合作育人之难、教育改革之难、法制环境之难。课题组成员在国内不同地区开展调研的结果显示,当下对于教师的家庭教育指导能力建设具有很强的需求,但是这种需求并未得到满足,不同地区都有反映。

调研一:云南省文山州。某县教育发展相对滞后,家长的教育观念比较保守,调研组赴Q县教育局调研,教育局长介绍这样一个现象:Q县属于国家级贫困县,无论是州领导还县领导,都非常关心县域内孩子的入学问题,非常重视教育的发展。为此,投入了大量的师资、经费和其它保障性物资。然而,州、县政府和学校层面的重视并没有得到家长的理解。受到地区经济发展条件的影响,加上父母受教育水平有限,对于教育的重视程度严重不足,导致既不配合学校教育工作,也不鼓励让孩子入学,甚至一些家长对于教师的家访都保持一种情绪化的态度,对于教师苦口婆心地讲述现时代教育对于孩子未来成长和发展的重要性无动于衷。由此，家校合作处在一种"名存实亡"的境地。县教育局领导、学校教师渴望去改变家长的这种不重视教育的态度，可是苦无良策，没有办法去改变家长的非理性行为。即便《义务教育法》明确规定家长对于孩子的教育责任，但是这种法的执法范围仅局限在学校领域，对于家长缺少法律约束力，法治环境的缺失纵容了家长无视《义务教育法》的行为。于此背景下，州级和县级教育局都非常渴望能够有一套教育方案，去提高家长对于教育的理性认识，希望家长能够从家庭教育入手，为学校教育分担压力，发挥家校合作育人的功用，提高育人效果，由此带动整个区域的教育生态的改善。

调研二：四川省 M 市。在教育局座谈会上，某学校教师提到这样一个案例：现在自身所在学校的很多孩子都是随迁子女，平时父母非常繁忙，下午 3:30 或者 4:30 放学之后，孩子没有人管，在学校学习的内容无法及时得到巩固。而且，家长文化层次相对较低，多数没有意识到家庭教育的重要性，即便知晓家庭教育是重要的，但是因为工作的原因不能抽出时间去开展有针对性的家庭教育。其中，有时间的家长很多没有能力去帮助孩子学习，不知道应该怎么做才能教育好自己的孩子，即便有强烈的配合学校教育工作的意愿，却没能找到具体的教育方案。最后，只能把教育孩子的责任都归于学校和教师，自身成为教育的"旁观者"和"局外人"。作为教师，非常希望家长能够配合学校去做好家庭教育工作，非常渴望把自己对于孩子教育的理解和行动转化成家长教育孩子的理念和行动，发挥出"5+2>7"的效果，杜绝"5+2=0"的尴尬。这边的教师目前还没有这种指导教师开展家庭教育的能力，即便自身渴望去指导家长开展家庭教育，却也只能是"有心无力"，迫切需要学习已有的、现成的、比较成熟的培养教师指导家长开展家庭教育指导的行动方案和实践经验。

调研三：广东省 Z 市。调研座谈会上，一位教育局领导"吐槽"：现在的孩子很难管，单靠学校教育很难培养孩子良好的行为，让教师单方面的去"立德树人"很难做到。现时期每一个孩子的教育都需要家长的配合和帮助。当今市里的学校基本上都设有家委会，无论是教育局还是学校都意识到家庭教育对于学生成长的关键价值，已经创造条件发挥家长的家庭教育力量去协助学校教育的开展。现在面临的最棘手的问题是虽然钱不再是家庭里面教育孩子的大问题，可是一些家长不重视孩子的教育，仅仅知道赚钱而忽视对于孩子的家庭教育。其实，这些孩子的家长很多都受过良好在教育，理论上具备教育孩子的素养和能力。源于对金钱的追逐，让孩子的家庭教育处在缺位的状态。现如今一些孩子辍学，家长的家庭教育缺位或者非理性教育言行要负有很大责任。当前，迫切需要改变家长的教育态度和教育方式。但是，因为尚未对"谁来教育家长"这个话题有深入的思考，未能形成良好的家庭教育指导体系，更没有指导家长开展家庭教育的经验，所以即便想去改变家长、指导家长、培养家长良好的家庭教育素养和能力，也仅是停留在"想"的层面。

这些是常态的调研，一些特殊时期的调研更显示出这方面"短板"的存在。2020 年的疫情，长时间的居家防疫，让很多家长家庭教育能力"力不从心"的情况表现得更加直接。这方面的案例笔者会在本文后面部分进行专门分析。总的来说，无论是教育发达地区还是教育欠发达地区，至少教育主管部门已经意识到开展关于家长的家庭教育指导的重要价值，可是由于这一模块起步晚、底子薄，没有系统的方案去指导家长，因此指导家长开展良好的家庭教育的工作推进迟缓。再者，也有不少家长愿意开展好家庭教育，只是没有这方面的素养和能力，如若可以得到这一部分的指导和教育，家长很愿意接受。开展教师家教指导力建设，为解决当前家校合作育人中家长的家庭教育缺位问题提供了一种可以借鉴的视角、内容和思路。

三、教师家教指导力推动教育之治的优化

教育治理是指国家机关、社会组织、利益群体和公民个体，通过一定的制度安排进行合作互动，共同管理教育公共事务的过程，育人任务的完成最重要的桥梁和纽带就是教师家教指导力的提升，它推动家校合作育人走向教育之治①。可以说，重视和培养教师家教指导力，是抓住了家校社合力育人的"牛鼻子"。

---

① 赵冬冬，张竹林. 疫情考验后的暑假，学生家长再次进入居家模式，教师家教指导力需把握四重点 [EB/OL]. (2020－08－12). https：//www. shobserver. com/news/detail? id＝278855.

（一）推进家庭教育学科建设

进入新时代，家庭教育实践发出的最为强烈的呼声之一，就是家庭教育指导需要专业化，而专业化需要学科建设为学术支撑[①]。教师家教指导力是教育的重要范畴，是教师核心素养重要构成部分，是家庭教育学科建设需要重点关注的教育要素。回顾新中国成立以来我国家庭教育的发展历程可以知悉："新中国成立以来，我国家庭教育发展可分为三个阶段：第一阶段是文化大革命以前，特点是学校教师主动与家长联系，通过家访对家长进行指导；第二阶段是 80 年代初到 90 年代中期，各地开办了大量的家长学校，成立了以学校为单位的家长委员会，建立了以家庭教育研究和普及为宗旨的群众性学术团体——家庭教育研究会；第三阶段是 90 年代中期以后至今，是家庭教育研究发展的新阶段，主要研究我国家庭教育面临的新情况、新问题及解决这些问题的对策"[②]。三个阶段的发展历程曲折艰难，凝聚一代又一代家庭教育学人的努力和奉献。这种努力和奉献既有家庭教育新思想的提出，又有对于原有教育实践在新概念上的提纯，而教师的家教指导力即是新时代我国家庭教育学科建设与发展注入的"新鲜血液"，符合家庭教育学科建设的现实。

家庭教育学科建设走向专业化的发展路向是其存在和发展的一种趋势。家庭教育学科建设离不开家长的参与，家长育人能力的提高不仅事关其自身减轻教育负担任务，更是一种自身素养和能力的提升，甚至说是一种家长个人学识境界的提升。这些家庭教育愿景的实现，离不开指导家长开展家庭教育的教师，教师介入家庭教育指导家长开展良性、有序的育人工作满足了当前家长育儿"走投无路""苦心焦虑""无所适从"的教育尴尬。在这种背景下，教师家教指导力的提出为家长的专业育人能力的提高提供了一种发展性的可能，为理解和丰富家庭教育学科建设内容提供了一种视角，顺应了家庭教育学科建设的趋向。

客观讲，立足当下教育的事实与事理，家庭教育学科的完善需要教师建设其家庭教育指导能力，以教师家教指导力带动家长群体家庭教育素质与能力的提

① 孙云晓. 家教指导专业化 教师群体需优先［N］. 中国教育报，2018 - 03 - 24（003）.
② 厉育纲，赵忠心. "加强家庭教育学科建设"学术研讨会综述［J］. 教育研究，2001（7）：80.

高，能够让家庭教育开展更具实效性和针对性，能够让家庭教育各个环节更加契合时代新人的培养。更重要的是，巩固家庭教育在整个教育体系之中的基础性地位、丰富并不断完善家校合作在育人体系的实践方式、引入专业力量提高家长参与家庭教育的素养和能力，这三者的完善契合家庭教育学科建设的完善，在一定程度上能够引领家庭教育学科的持续向前发展。

（二）助力家校合作育人达成

传统观念中和现实实践里，学生教育的责任多归属学校，家长则扮演着随从者的角色，是学校教育的一种陪衬。现时代的家校合作育人的实施意在摒弃旧观念的同时发挥家庭在学生教育中的建立在亲子情感基础之上的教育优势，将学生置于家庭教育和学校教育的共同的理性关照之下以促进学生发展[1]。当今学校的群体性教育、疏离分散式教学致使学生彼此之间发展水平参差不齐，单方面依靠学校教育的力量顺利完成教育任务表面上易于完成实则难以产生实效，家长的有效参与为学生提供情感、心理、精神层面的支持，使学生受到积极的文化氛围的熏陶，让学生感受到与自身最为亲密的两个群体关注着其成长，从而形成理想化、规范化、理性化的社会认知和评判水平，进而提升教育在人的培养中的现实效果。

要关注的是，受教育水平限制，父母对孩子的教育往往局限于言传身教的层面，有很强的随意性，实效性有限[2]。中国教育科学研究院课题组 2020 年 6—7 月对全国 29 个省份开展家校共家校合作育人的调研显示，家长教育能力不适应孩子居家学习需求。51% 的家长认为自己"指导不了孩子的学习和作业"。对于线上学习的教育，教师普遍否认家长配合得好。实施让教师引导家长从思想层面完善家长教育理念、教育方式，提升家长自身素质，借以弥补家庭教育的缺陷，提高家庭育人水平。首先，在教育理念层面，家校合作教育的实施，学校为家长提供教育知识的学习和教学技能的培训，帮助家长了解学生身心发展特点和教育规律，亲子之间搭建平等、和谐、友爱、民主的家庭关系，为学生心理健康成长

---

① Deavyrunner, I., Decelles, R.. Family Education Model：Meeting the Student Retention Challenge[J]. Journal of American Indian Education, 2002, 41(2)：29 - 37.

② Dixon, L., Lucksted, A., Stewart, B., et al. Outcomes of the peer-taught 12-week family-to-family education program for severe mental illness[J]. Acta Psychiatr Scand, 2010, 109(3)：207 - 215.

创造良好宽松的环境。其次，在教育方式层面，传统的家庭教育中，父母是教育的权威，视分数为学生品行优劣的评断准则，在家校联动教育背景下，学校可以对家庭进行疏导式指引，使家长明晰学生成长的实质意蕴，尊重学生成长自由，从而改压迫式、紧逼式为宽松式、包容式的教育方法。最后，在家长素质层面，家长素质决定家庭教育的质量。家校联动为家长提供学习的机会，在与教师接触过程中，先进的教育理念、教育思路、教育方式对于家长产生"润物细无声"的效果，潜移默化中家长主动参与学校教育意识得以提高，从而成为孩子的父母兼教育者。

必须指出的是，家庭教育和学校教育存在一定的边界，教育内容的侧重点有所不同。家庭是学生成长生活的主要场域，家长参与学校教育是提振学生教育实效不可或缺的力量。家庭蕴含丰富的教育资源，对于孩子家庭表现、心理特点有更为清晰的了解，家长有高度的教育热忱，有为孩子教育尽力尽责的心理意愿，家庭参与学生教育，与学校进行沟通、交往，为学生全面发展建言献策，从而提振学校教育的水准与能力[①]。当前，家长比较关注学校的教育理念与方式，他们通过教育热线和网络工具等信息交流载体表达自己对学校的教育内容、教学质量、教学评价、考核办法的认知与态度，这将驱使教师、不断地提高业务水平，检视自我的教学理念、教学态度、教学行为，从而改进教育教学。

进一步完善当下的家校合作育人体系，教师的家教指导力建设是其中的重要一环。教师家教指导力建设是破除教育焦虑困局的重要之维，这种能力的培育除了教师自身要从主体因素出发，适时做出一定的思想和行为层面调整之外，还需要一定的外在于教师主体的教师教育课程等专业资源的匹配和辅助。

（三）实现对于人的全面培养

教育与人的关系问题是教育领域一个关键的基础性议题，教育改革将人的全面发展置于改革的中心位置。"人的全面发展"是马克思主义基本原理之一，也是我国教育方针的理论基石，从新中国成立以来一直是我国教育改革与发展的指导思想。

---

① Heavyrunner, I., Decelles, R.. Family Education Model：Meeting the Student Retention Challenge［J］. Journal of American Indian Education, 2002, 41(2)：29-37.

中国教育语境中，对于人的全面发展的论述具有鲜明的政治导向。党的十八大明确提出，教育是民族振兴和社会进步的基石。"要坚持教育优先发展，全面贯彻党的教育方针，坚持教育为社会主义现代化建设服务、为人民服务，把立德树人作为教育的根本任务，培养德智体美全面发展的社会主义建设者和接班人"。党的十九大重申了优先发展教育事业，提出"要全面贯彻党的教育方针，落实立德树人根本任务，发展素质教育，推进教育公平，培养德智体美劳全面发展的社会主义建设者和接班人"。中国特色社会主义进入新时代，培养人才，根本要依靠教育，教育就是要培养中国特色社会主义事业的建设者和接班人，而不是旁观者和反对派[1]。在不断变化的全球格局中，教师和其他教育工作者的作用对于培养全面发展的人至关重要。这不仅关涉到人获取生存技能，还涉及尊重生命和人格尊严的价值观，而这是在多样化的世界中实现社会和谐发展的必要条件。

对于家校合作育人实现人的全面发展而言，现时期学校家长会、教师家访是家校之间沟通合作的主渠道，更高层次的"以沟通为媒介、家长参与学校教育"的制度尚未实质性建构。比如，在家校沟通方面，存在学校单方面向家长传达学生近况的误区，鲜有主动听取或者采纳家长的意见；错误地认为家校沟通即班主任将学生近期不良表现通知家长，学习问题远多于品行审视，有些班主任虽主观上认为综合素质培养问题的重要性高于学业成绩的优劣，但在实际的家校沟通中缺少对学生身心成长发展方面的关注，家校沟通流于形式，逐渐发展为教师向家长传达学生在校学业表现的"传达会"，有的甚至异化为"批斗会"。这种单一的居高临下的沟通方式使家长陷于被动接受的境况，易引发家长对于学校的不理解，有损家长助推学校教育的热情与积极性，制约家庭教育资源在辅衬学校教育、培养学生全面发展方面的积极作用的发挥。

面对未来教育的大趋势，教师教育必须做出积极的应对，对教师专业教育体系、专业教育模式和课程、专业教育标准等进行系统性改革。要充分认识现时期的家校合作育人已经进入一个良性的发展轨道，学校借助家庭教育的力量提高其育人的针对性和全面性，教师帮助家庭提高育人能力和素养，助力家庭教育提质

---

① 石中英."培养什么人"问题的 70 年探索[J]. 中国教育学刊，2019(1)：51-57.

增效。由此，为了培养全面发展的人，必须引导教师介入家庭教育，指导家长有序、良性地开展家庭教育工作，从而为实现儿童的全面发展奠定基础。

（四）兴办让人民满意的教育

教育是一个复杂的系统，既包括制度化的学校教育，也包括非制度化的家庭教育，二者是整个教育大系统下不可分割的组成要素，教育的发展不能缺少学校教育，同样不能缺少家庭教育。2010 年 2 月，我国多部委联合发布了《全国家庭教育指导大纲》，科学、全面、系统地论述了当代中国家庭教育的重点以及未来中国家庭教育的攻坚方向，由此成为家庭教育的权威指导性文件。这份《指导大纲》的颁布标志着中国式的家庭教育逐渐摆脱"杂乱无序"、"无足轻重"的状态，转而成为整个国民教育体系的关键构成。《指导大纲》阐明了家庭教育服务国民经济社会发展的重要价值和独特属性。

当教育发展到今天，关注家庭教育和家校社合力育人，就是教育发展到现阶段的一种理念"回归"和"提升"。在这里，"回归"，就是回归育人本质，而这个"人"绝大多数是未成年人，是家庭的第一位任务，是教育的根本目标，是社会的希望所在，三者的目标是完全一致的。其实教育发展的千年来，尤其是现代教育格局形成以来，这种认识已经广为接受，只是由于多种原因，做得不够好，有时还念歪了经。今天我们重提这种理念和要求，不是标新立异，其实只是回归"初心"。"提升"，是指今天所倡导和关注家庭教育、家校社合作育人和教师家教指导力提升，不是对过去的理念和行为方式的一种简单重复，更不是对传统方法的单向度照搬，而是适应新形势，从理念到行为到范式重构，是一种真正意义上的"再出发"。显然，教师家教指导力建设是办人民满意的教育的重要路径和关键尝试。

总之，家教指导力是新时代教师必备的一种专业能力和素养，无论是理念引领还是行动规范抑或是育人智慧培养，教师的这种能力和素养都是在指导和培养家长的育儿能力和素养，家长的这些能力和素养的培塑帮助家长更好地履行作为家庭教育者育儿向善成才的职责。关注和推进教师家教指导力建设，是教育生态的营造、教育生态的优化和教育生态效应的再促进，是教育供给侧改革的重要体现，加强优质供给，减少无效供给，扩大有效供给，从而推动教育新生态的构建。

第二章　教师家教指导力的理论解析

中国教育发展已经进入了家校合作育人的时代。如果将已经走过的改革开放四十多年比作教育改革"上半场"，那么影响甚至决定着中国教育改革"下半场"的主要因素就是家校合作育人的水平和成效。教师家庭教育指导能力是一种生成性的实践能力和智慧，它与一般的学科教学能力区别在于，它不是一种专注于知识和技能的传授，更多的是依赖于成熟的生活经验与实践，是一种引导人回归生活本原，"教人成人"的教育。从本质上讲，印证了"家庭教育是生活教育"。新时代教师家教指导力是教师的一种具有时代使命感、责任感、新鲜感和探索感的新能力，也是一种丰富教师专业修养、职业素养和能力结构的新视阈。笔者和研究组经过几年的实践与研究，围绕教师家教指导力的基本内涵、结构组成、运行机理和培养路径进行了初步探索。

第一节　教师家教指导力的基本内涵

教师作为社会"教育者"的文化符号，在与家长群体合作实现共同育人的过程中，帮助家长提高家庭教育素养和能力，是一种对于家庭教育体系的完善，是弥补家庭教育的短板，发挥家庭教育的教育功效的一种基于教育专业能力建构的教育素养，这个过程也包括教师向学生和家长学习、提高教师自身的教育素养的过程。

教师家教指导力是一种教师专业素养，其内容包括理念引领、行动规范、育人智慧培养等多层次、多角度提高家长的家庭教育能力和素养，即以指导家长理性有效开展家庭教育为核心焦点，助推家长育儿实践的提质增效。教师开展家庭教育指导的重心是将教师对于家庭教育的认知和理解，以课程、家访、家长会、线上沟通和活动等多种形式传递给家长，在教育理论与育人实践交相融汇的基础上生成切实可行且富寓教育性的育人方案，以方案的落实、总结和调整为契机提高家长的育人智慧。

一、教师家教指导力的基本理念

理念是行动的指南。家庭教育能否取得成效，家长的家庭教育理念正确与否是先导，家庭教育的理念决定家庭教育的走向。教师家教指导力的一项重要内容维度指向在理念层面引导家长转变传统的育儿观念，帮助家长养成适应时代需求的育儿思想。与此同时，行动是理念的显现，教师家教指导力注重在行动层面帮助家长改善传统的育儿方法，矫正不合时宜的育儿行为，引导家长明晰育儿过程中的矛盾与误区，使其在"知其然"的基础上"知其所以然"，进而能够更好地推进家庭教育。在这个过程中，与家长一起总结经验，共同研究学生成长规律，交流育人经验，提高教育质量。

以家庭为单位。家庭是家庭教育的实践场域，承载家庭育人功能实现的基本资源供给。家庭的存在，确定了父母与子女间的血缘关系、抚养关系、情感关系，子女在伦理道德和物质生活的需求方面对父母长辈有很大的依赖性和互动性，孩子在家庭中既是受教育者，同时又是成长发展的主体，和父母之间相互依存。家庭成员的根本利益的一致性，决定了父母对子女有较大的制约作用。整体来讲，既包括作为教育者的家长的"师者"供给，也包括作为教育对象的孩子的"学生"供给，这其中家庭物质资源和环境资源的供给充当一种"保障"的角色，为家庭教育的展开提供资源基础和环境保障。

以学生为根本。"学生"是教育中的社会角色定位，"孩子"是自然化的家庭中的幼儿的角色定位，涉及家庭教育层面，教育者关注的是作为孩子的"学生"。真实的教育现场，学生健康、快乐地成长是家长和教师共同的教育愿景，也是教育目标制定关照的重要范畴。没有健康的身体保持、快乐的学习过程，无论教育如何进行，学生难有成长的结果。对于亲子关系融洽的家庭而言，家长与孩子朝夕相处，对他们的情况十分了解，孩子身上稍有什么变化，即使是一个眼神、一个微笑都能使父母心领神会。作为父母，通过孩子的一举一动、一言一行能及时掌握此时此刻他们的心理状态，发现孩子身上存在的问题，及时教育，及时纠偏，不让问题过夜，使不良行为习惯消灭在萌芽状态之中。家庭教育和学校教育是一对不可分割的教育范畴，二者的聚合点是"学生"，聚焦学生健康成长、全面发展。

以合作为基础。合作就是个人与个人、群体与群体之间为达到共同目的，彼此相互配合的一种联合行动方式。"闭门造车""单打独斗"已经成为过去式，教育的发展要求各主体充分发挥自身优势，以一种合作思维，共同完成育人工作。从教师与他人的关系而言，教育活动的有序展开离不开教师与学生、教师与教师、甚至教师与家长之间的言语交流、情感沟通以及相互协作①。教师家教指导力建立在家校合作的基础之上，"合作"是家校合力育人的重要立足点，教师家教指导力建设要以合作为基础，由教师指导家长如何更加理性地开展家庭教育，家长配合教师开展指导工作，二者以合作为基础，形成一种教育合力，共同完成育人工作。

以发展为目标。改革开放四十多年来，"发展才是硬道理"已经被社会各界广泛接受并认真履行，对于发展的崇尚渴求是进步社会的一种重要特征。家庭教育的过程，是父母长辈在家庭中对孩子进行个别教育的行为，相比之下，比学校教育要及时、更具体。"家庭教育作为综合教育体系中的重要环节，涉及到教育社会学与思想道德模式中的多个领域，因其具有灵活度高、联系性强等特点，与学校教育系统形成了相互促进、协调发展的发展模式，由原有单一的父母对子女的直接批评指导到当前全面关注子女的终身教育，家庭教育体系逐渐演变成社会分工的重要发展模式。"②聚焦到教育领域，教师家教指导力的建构是一个带有发展性的教育范畴，这种"发展"不仅是教师教育的发展，更是建立在教师教育发展的基础上推进家庭教育的发展，"发展"是教育家教指导力建设的重要目标。要以学生的健康全面发展为一切教育工作的出发点和基础，教师家教指导力建设同样如此。

---

① 王光明，张永健，吴立宝. 教师核心能力的内涵、构成要素及其培养[J]. 教育科学，2018（4）：47－54.
② 黄娅. 家庭教育指导服务体系的立体化构建[J]. 教育理论与实践，2018（14）：18－21.

二、教师家教指导力的基本属性

整体上讲，教师的行为不仅代表其个人观点，更多的是因其职业归属学校而传递出学校教育的职责定位和追求，表现出学校教育育人的价值指向。"在封闭式教育转型为开放式教育的背景下，教师要由知识的输出者转变为学生自主学习的引导者。"①教师家教指导力是教师的一种专业素养，这种素养关照的对象不同于以往学校场域内的学生，它直指整个社会大场域内的学生家长，意在指导家长更好地推进家庭教育，是一种帮助家长优化家庭教育的综合能力。

其一，教师家教指导力是新时代教师的一种育德能力。教育的对象是人，教师的工作是育人，这种"人"性立场决定了教师在教育教学与学生管理的专业工作中的决策选择注重对伦理道德的关注。教师的育人能力高低直接关系到学生能否健康成长成才，育德是教师专业工作的主要构成要素，指向教师育人职责的落实。教师家教指导力作为教师的育德能力通过指导家长更好地实施和推进家庭教育，培养学生崇真、向善、尚美的人格与情怀来显现其育德取向，是新时代家校合作育人成为主流教育共识背景下教师育德能力的一种。教师的根本任务是教书育人，培养和提升教师的教育教学能力，应该以育人能力为核心，主动参与并领会教育场景传递的道德蕴意。坎普贝尔（Campbell, E.）曾言道："所有的教师都是道德教育者，也能够理解他们角色的道德和伦理的复杂性。教师拥有一定水平的专业技能来理解他们自身的行为和辨识某一行为对学生的影响，因此，在他们的专业责任的场景之中，教师在试图使自己的行为符合伦理。"②作为人类社会知识传递的承载者，教师肩负着传播人类文明、育人成长成才的文化使命，职业与专业的特殊性要求其对于自身决策生成根植于心的伦理自觉③，这种"自觉"既是教师日常决策的具象延续，又是教师对于学生德性和德行进行"言传身教"示范性教育的实践选择④。

① 霍力岩. 教育的转型与教师角色的转换[J]. 教育研究, 2001(3)：70-71.
② ［加］伊丽莎白·坎普贝尔. 伦理型教师[M]. 王凯, 杜芳芳, 译. 上海：华东师范大学出版社, 2011：56.
③ 赵冬冬. 小学教师伦理决策研究[D]. 上海：华东师范大学, 2018：26.
④ Fuller, F.. Information and communication technologies in teacher education：a planning guide [J]. Technology Pedagogy & Education, 2002, 335(335 Suppl)：239-46.

其二,教师家教指导力是新时代教师的一种育己能力。育人是教师的专业工作和职业本心,感知(sensing)同样是教师专业伦理建设中亟待关注的维度①,教师家教指导力建设需要有意识地感知教育生活中的育人细节,思维直觉需要与育人判断和行动保持适当的张力空间。教师专业发展的核心维度是教师育人能力的提升。其中,与"育人"对应的范畴是"育己",教师专业发展是在"育人"中反思自身的教育理念、教育实践,不断调整育人过程,从而在反思性和动态性的专业发展过程中,提高自身的专业素养。这是教师"育己"能力的一种显著表征。教师开展家庭教育指导也是育己的重要途径,无论是与家长日常沟通还是参与家长培训辅导,教师对于家长如何有效地推进家庭教育的言语说教与行为示范体现教师的育人智慧,即教师指导家长的同时也在潜移默化中反省、改进自身的教育理念与行为。

其三,教师家教指导力是新时代教师的一种通识能力。挖掘学科育人价值是新时代教育改革的一种趋势,任何学科在育人中都具有独特的教育价值,任何学科教师都具有不可推卸的教育责任,培养一种多学科教师共有的教师专业能力成为新时代对于教师专业能力建设的需要。其中,"教师"是多重角色的专业复合体,因自身职责的多样性和多变性以及教育情境和教育对象的不确定性,使得教师的专业能力很多是通识能力。而且,一线教师多是具有专业学科背景与要求的教师,教育生活中无论是与家长还是学生沟通会存在着自生于其学科专业的素养局限。而教师家教指导力是教师的一种"通识素养",这种能力虽然直接作用于家长,但是都是围绕学生的成长而进行的,只是形式上是通过家长实现对于学生的教育,它不分学科、不分学段、不分职位、不分级别,一线教师都应该具备这样的一种能力,这种能力成为教师素养结构的构成要素。

其四,教师家教指导力是新时代教师的一种生活能力。不可否认,身为教师,其工作和生活是相互影响的:工作做得风生水起,生活也容易过得顺风顺水;生活幸福快乐,工作也会平添顺利。反之亦然。广义上说,人的工作也是生活的一部分,终极目的还是为着幸福生活。因此,想拥有美好的教育人生,也要自己活得丰富。"家长"是教师的自然角色,"教师"是教师的社会角色,教师家

---

① Edling, S., Frelin, A.. Sensing as an ethical dimension of teacher professionality [J]. Journal of Moral Education, 2016, 45(1): 46-58.

教指导力的构成基础离不开教师的生活经验，它是教师生活经验和专业能力兼容并包、通化融汇的一种独特的专业素养，确切地讲是一种建基于教师专业素养之上的生活能力，不仅惠泽家长，也惠泽自身的家庭教育。

三、教师家教指导力的基本特质

教师家教指导力既是教师的一种生活能力，又是教师的一种专业素养。进入新时代，家校合作育人成为公认的教育范式，家庭和学校没有育人成长、成才的局外人和旁观者，家长必须在其中发挥关键的作用，这其中教师作为家长的合作者，不能置身事外，需要发挥自身的专业优势，对于家长进行必要的教育指导，帮助和引导家长提高育人的素养和能力。

时代的变化使人对于特定育人范畴的理解发生变化，教师家教指导力是一种具有很强的对于教育现实灵活适应的一种教师专业能力。教师作为人类社会知识传递的承载者，肩负着传播人类文明的教育使命，职业与专业的特殊性要求教师对于自身及其教育事业生成根植于心的自觉意识，这种自觉蕴含教师作为教育工作者自生的教育信仰[1]。"教师的教育信仰是教师在对自己所从事职业有了一定认识的基础上形成的、对教育活动促进个体和社会发展价值的极度尊重和信服，并以之为教育行为准则的一种终极价值追求，是教育活动中教师对人自身和对教育的信仰统一。"[2]

顾明远提出，"任何职业都要求创造性，但教师不同，更需要有创造性，并且还要有灵活性"[3]，教师作为社会知识分子的"形象代言人"对知识有着自生的追崇，需要在现有知识的基础上进行灵活而有效的创新，创生"新"知识与研究能力以应对未知的挑战。与此同时，教师的本然属性是一般社会人，具有一般社会人所具有的社会特征和行为特点[4]，教师家教指导力的形成离不开教师的生活经验，教师家教指导力扎根于教育实践过程，嵌融在教师的教育与生活之中，

① 赵冬冬. 小学教师伦理决策研究[D]. 上海：华东师范大学，2018：26.
② 陈永平. 新时代需要什么样的教师[J]. 人民教育，2018(5)：39-41.
③ 顾明远. 教师的职业特点与教师专业化[J]. 教师教育研究，2004(6)：3-6.
④ Hatton, N., Smith, D.. Reflection in teacher education：Towards definition and implementation[J]. Teaching & Teacher Education, 1995, 11(1)：33-49.

需要教师群体保持对教育工作的使命感和责任心，不断构建个人化的实践智慧，从而在促进教师专业化发展过程中走向专业能力的成熟。

教师家教指导力是一种综合性能力，因教师扮演角色的不同而衍生出不同的能力样态。比如，它既可以用来教育家长，也可以用来教育学生，还可以用来教育自己，甚至影响周围的同事教师与社会人。教师家教指导力不是对教师专业负担的加重，而是让教师更好地适应现时代家校合作育人大格局中教师角色的新定位。进入新时代，教师的专业工作职责范围在扩大，由"学校"走向"社会"，由"学生"扩展至"家长"，密切家校合作关系，使教师和家长能够充分发挥自身显在能力和潜在能力，二者同心同向同力，更好地发挥育人作用，提高育人的针对性和有效性。

四、教师家教指导力的基本价值

其一，是对家教历史传统文化传承的教育实现。众所周知，中国有着悠久的重视家庭教育传统，从"孟母三迁"到"岳母刺字"，就可见一斑。汉代刘向在《说苑·杂言》中说"孔子家儿不知骂，曾子家儿不知怒"，充分说明家风传承中"父母正"的重要。《三字经》《颜氏家训》《钱氏家训》《朱子家训》等，都可看出中国家庭教育的深厚传统和渊源，这样的经典案例和故事可以说举不胜举，成为中华传统文化和教育思想的重要滋养。其中，无论是《颜氏家训》《曾国藩家书》等家教经典，还是"孟母三迁""岳母刺字"等典故，无不显现中国家庭教育悠久的历史传统。注重家庭教育是中国式家长的一种责任和使命，重视家校合作具有良好的历史基础，强调教师家教指导力建设，发挥教师在家庭教育中的价值与作用符合家教历史传统。教师指导育人一定程度上使得家长成为彼得斯（Peters, R. S.）意义上的受过教育的人，即"鼓励受教育者去探索他们行为守则背后的原理"[1]，教育生活中教育者往往将与受教育者的交往关系定性为道德关系（moral relation），教师指导家长在家庭教育中的"可为"与"不可为"，此时的教师业已明晰为人师者的责任担当，专业工作中秉持教师职业的专业底线和原

---

[1] Peters, R. S.. Ethics and Educaton[M]. London：George Allen&Unvin Ltd, 1966：30.

则，以多元化的教育手段促使家长明确作为"家长"在家庭内的"能为"与"难为"标准。

其二，是新时代教育政策导向的重要落地点。随着社会多元价值取向的兴起，基础教育学段的小学生群体逐渐从"蒙昧"走向"觉醒"，受教育过程中有强烈的"自我"意识，注重学校内部对于自身正当权利的维护，由此使得教师对于当前的学生管理模仿政治生活中国家对公民正当政治权利的尊重而赋权于学生，教育管理理念的追逐也转向政治哲学领域对"公正""民主""平等""自由"以及"权威"等理念的心理接受与践行。因此，学校成为微型的社会政治共同体①。同理，家庭也存在这样微型的政治共同体，教师家教指导力建设要关照于此。习近平总书记指出，"办好教育事业，家庭、学校、政府、社会都有责任"，新时代教育任务的完成没有局外人和旁观者，需要各教育主体积极力量的参与。其中，在全社会倡导"注重家庭、注重家教、注重家风"建设的新时代，家庭教育作为一支重要的育人力量，需要教师作为一种外在于家庭的公共教育力量指导家长育人能力和素养的提高。教师家教指导力建设契合教育政策导向，是推进和实现教育公平的重要能力载体。

其三，是教师育人职责担当的现实体现。教育不能脱离时代而独立存在于社会。教师家教指导力更多情景下处理关涉家长育儿的教育事项或问题，将"人"看成"人"而非决策"工具"，直接对于家长作为"人"身处或者处在教育事件的决断，这是指向人之为人的本体论事实的决策，也是对于家长作为"人"的事实理解和基本尊重。面对学校这个复杂的伦理场所，教师指导育人在很大程度上明晰为"人"师者的责任担当，通过指导家长提高育儿能力来化解作为学校中未成熟个体人的学生的成长矛盾和误区，以实现对其成长的关照。进入新时代，家庭教育领域发出的最为强烈的呼声之一就是家庭教育指导需要专业化，由专业人员承载家教指导的专业责任。其中教师的家教指导力建设是重要一环。

其四，是新时代教师职业属性的回归优化。"教师是教育过程的主体，是影响的施加者；学生是教育过程的客体，是被塑造的对象"②，教师家教指导力目标的育人性使得教师的指导工作带有丰富的道德意味，契合教师的职业属性。叶

---

① 赵冬冬. 小学教师伦理决策研究[D]. 上海：华东师范大学，2018：65.
② 冯建军. 论学校教育作为公共生活[J]. 华东师范大学学报（教育科学版），2014（3）：38-48.

澜讲道："现在，对于教育，对于教师而言，激发内在的创新潜能，显得尤其重要。当前社会上存在一种误区，认为教师只是一个教书'匠'，只要把别人的东西讲给孩子们听，会管住孩子，就是一个好教师。他们仅仅把教育看成是一种传递。但在今天，我们必须改变'教育是以知识传递为主'的传统观点。"[①]"教育的成就取决于对诸多可变因素的精妙调整，因为我们是在与人的思想打交道，而不是与没有生命的物质打交道。"[②]进入新时代，教师需要发挥其自身的专业优势，借助家校合作育人的时代趋势，联合家长开展家庭教育，推动良好的亲子关系构成，帮助家长树立科学的育儿理念，掌握有效的教育方法，共筑时代育人新篇章。

第二节 教师家教指导力的结构组成

教师家教指导力是教师专业能力结构中的有机组成，具有相对独特的规律，理解教师家教指导力有必要将其作为一种"力场"探明由有哪些"能力"（ability）构成，这些"能力"之间存在什么样的能力结构。新时代教师需要对于家长开展家庭教育指导，这不仅是一项专业任务，还是一项上升到政策高度的"政治任务"。笔者作为一名长期从事家庭教育指导工作的区域教育管理者，在专业工作中发现，一线教师如何更好地开展家庭教育指导工作，对于教师专业本身提出较高要求。要让家长接受教师的指导，教师本身应该具备多种专业能力，至少包括五种：认知能力、沟通能力、情感能力、协作能力和管理能力，这五种能力是教师对家长开展家庭教育指导需要重点培育的能力，而这种"能力群"的融合构成教师家教指导力的主体内容。

综合研究实践，本研究将教师家教指导力归纳由五种主要能力要素构成，分别是：认知能力、沟通能力、情感能力、协作能力和管理能力。从专业素养的培育规律和成长阶段角度看，这五种能力是存在一定的梯次发展结构的，或者讲，是一个由低阶向高阶发展的过程，通过共同育人目标指引，在遵循教育规律中形成独特的结构机理和运行机制。基于这样一种立论判断，正是这五种基本能力要

---

① 叶澜. 教师要做"师"不做"匠"[N]. 中国教育报，2012-02-27(002).
② ［英］怀特海. 教育的目的[M]. 庄莲平，王立中，译. 上海：文汇出版社，2012：8.

素组成、以其内在的运行机理形成了教师家教指导力结构理论的主体。

从外在属性来看，教师家教指导力具有育德、育己、通识和生活能力等四个基本属性。从内在结构来看，教师家教指导力主要包含认知能力、沟通能力、情感能力、协作能力和管理能力等五种能力要素（如图2－1），各个要素之间相互衔接、相互融合、相互渗透，通过协同育人的目标指引①。

图2－1　教师家教指导力结构组成

一、认知能力

认知能力是人脑加工、储存和提取信息的能力，即人们对事物的构成、性能、与他物的关系、发展的动力、发展方向以及基本规律的把握能力。知觉、记忆、注意、思维和想象的能力都被认为是认知能力。认知能力是人们成功的完成活动最重要的心理条件，人们认识客观世界，获得各种各样的知识，主要依赖于人的认知能力②。从心理学的角度讲，认知能力是一种人类认识自身所处周遭事物的一种自然能力，人的认知能力的生成让人能够对其所面临的人与物做出发自于人的自主性反省的一种理解（即理解能力）。"教师认知"自20世纪70年代中期以来，成为国际上教师教育研究最重要的范畴，对教师认知是对教师心灵世界的探索③。对于教师来讲，认知能力让教师能够在教育情境中对于其所面临的事件做出一种基本的省思和回应，主要包括教师的洞察能力、觉察能力、想象能力、推理能力等。

教师的认知能力是一种基础性和综合性的能力，能够通过洞悉、觉察、想象和推理面对复杂多变的教育情境，理解家庭教育指导情境的差异性。比如，了解不同年龄段学生的身心发展特点，了解家长作为成年人与之交往的特殊性、学校

---

① 张竹林. 教师家教指导建设导论[J]. 上海教育，2019(10B)：28.
② 彭聃龄. 普通心理学[M]. 北京：北京大学出版社，2019：88.
③ 刘学惠，申继亮. 教师认知研究回溯与思考：对教师教育之意涵[J]. 教育理论与实践，2006(11)：46—49.

作为公共领域与家庭作为私人领域之间的冲突性、家庭教育观念与学校教育观念的相似性与差异性等。

教师开展家庭教育指导时，其认知能力发挥基础先导作用，多种能力同时对教师面临的情境、自身与教育对象的生理特征变化、心理特征变化产生认知和理解，洞悉、觉察和想象开展家庭教育指导时遇到的情况，进而根据认知结果做出及时的判断与调整。简言之，认知能力作为教师家教指导力的"能力基点"，能够指引教师理解家长、学生与家庭教育情境，是教师家教指导力的基础。

二、沟通能力

沟通能力"是一个人与他人及时、准确、得体、有效地进行沟通，进而建立融洽人际关系的能力，不仅包括表达能力、倾听能力，还包括思维能力、知识储备及心理素质等因素"[①]。沟通过程的要素包括沟通主体、沟通客体、沟通载体、沟通环境和沟通渠道。其中，构成沟通能力涉及两个关键因素：一是思维是否清晰，能否有效地收集信息，并做出有逻辑的分析和判断。另一因素则是能否贴切地表达出自己的思维过程和结果。而前者更重要，没有思维的基础，再好的语言技巧，也不可能达到（传达、说服、影响）的结果[②]。

教育的过程其实就是沟通的过程，无论是师生之间，还是亲子之间，彼此的有效沟通，既是教育表达的内容，也是教育实现的保证。沟通是教师专业工作的基本方式，即以口述、肢体语言、网络等多种形式向受教育者传递知识、理念和精神，让受教育者在与教师的沟通过程中理解教师的教育重点、教育意图、教育意愿等。沟通能力是教师作为职业从业者应该具备的一种基本能力，体现了教师的教育智慧和教育素养。在开展家校合作育人过程中，教师需要与家长沟通、与学生沟通、与相关教师沟通、与学校领导沟通，甚至是与社会相关部门沟通，是一个多元、多向的信息分享、梳理与交互传输的过程。

家庭教育指导工作是一项极其复杂的教育工作，教师要通过不同方式开展有

---

① 黄乃祝. 家校合作实践中教师家教指导力提升研究[A]. Science and Engineering Research Center. Proceedings of 2018 3rd International Conference on Education, Management and Systems Engineering(EMSE 2018)[C]. Science and Engineering Research Center: Science and Engineering Research Center, 2018: 6.
② 陈建伟. 沟通的艺术[M]. 北京：中华工商联合出版社，2017：156.

效沟通，通过语言、文字和多种载体将有关学生发展的教育内容和出现的各种问题传递给家长，通过有效的信息传递来协调家庭教育中不同参与主体之间的关系，协调学校教学与家庭指导的关系，及时处理开展家庭教育指导过程中存在的矛盾与问题。在家校合作沟通过程中，尤其要关注的是学生这个主体的存在，无论学生是否在场，其本质是服务于学生的成长，事关学生成长的话题才是教师与家长沟通的核心内容，正是这样一个看似"双向"实则为"多向"的特殊信息传递本身的复杂性与艰巨性，决定了教师必须要具备良好的沟通能力，而且是一个必须通过专业的学习和实践才能形成的教育能力。

三、情感能力

人是一种有情感的动物，人与动物的差别在于人能够感受到他者的喜怒哀乐，并对其做出相应的有意识的反应。情绪情感是人类精神生活最重要的组成部分，其间，人的主动性的发挥掺杂人的情感要素，与人交往、交流显现人的内在情感和情感的取向与立场。人类学家、哲学家、心理学家、文学家等不同领域的学者对于人类情感有着多维的关注和诠释。加德纳在《智能的结构》一书中将情感视为一种能力。他在论述自我感时提出，在审视人性发展中，起作用的主要能力是通向一个人自我感受生活（即一个人的情感和情绪）的能力。加德纳的人格智能观揭示了情感和智能的统一，他提出的内省智能实质上是个体对主观体验的一种自我认知。

家庭是情感教育的第一课堂，是人类最美好的情感资源，家庭教育的主旋律就是情感教育。对教师而言，教师的情感是教师在生活世界和教育世界中所产生的，是在这两个世界中的各种人事交往活动中所产生的情感体验，主要包括对教育事业的情感、对学校的情感、对所教学科的情感、对学校里的人（尤其是学生）的情感[①]。这种情感是一种植根于对于学生热情与热爱的"教育爱"，即爱教育的能力。长期致力于情感发展与教育研究的梅仲孙主张，"在教育中，教师要指导家长，与家长一道提高学生的感受能力，增强他们在情感交往中的敏感性，丰

---

① 陈振华. 教师情感管理的意义与方式[J]. 教育科学，2013(4)：76—81.

富他们的情感感受和情感记忆与表象""要培养学生的高品质的情感品质和能力，需要具有高水平的情感能力的教师"，进而强调"建立情感师范教育的必要性"①。学者朱小蔓在《情感教育论纲》、张志勇在《情感教育论》等专著中对教师的情感教育都有专门的论述，不仅引起了学界和决策层的高度关注，在各方的大力推动下，情感教育也逐渐转化为我国教师教育的重要内容。由此可见，教师的情感能力建设十分重要。

在教育实践中，爱的给予与爱的接受是教育者与受教育者教育关系建立的重要基础，教师家教指导力是教师对于家庭教育产生"热衷""热爱"情感的一种表达，其内核是教师的一种教育情感和教育情怀。换言之，教师开展家庭教育指导中的情感能力很大程度上是一种教师对于学生、家长以及教师职业与教育事业本身产生的一种教育情怀，是一种爱家庭教育参与主体的能力。开展家庭教育指导，教师需要"走进"家庭教育关涉的各个教育主体，尤其是"走进"家长与学生的生活和内心世界，理解家长和学生在特定情境中产生特定行为的特殊性，以一种亲近亲切亲热的"走心"指导达到教师开展家庭教育指导的预期。

四、协作能力

协作能力是指围绕目标实施过程中，人与人之间发挥协作精神，互帮互助，协调配合，以达到最大工作效率的能力。协作能力的核心就是合作和奉献，具有协作能力的人必须具有懂得尊重、懂得欣赏、懂得宽容和懂得信任等特质，这些特质共同促进人的协作能力的生成与功用发挥。协作是在开展了充分有效的沟通基础上，有了一定的情感，为了共同的利益诉求实现，在行为上的主动互动与合作，是指向问题有效解决的行为。从这个视角上看，沟通与协作之间的桥梁就是情感，这也是教师家教指导力中五个主要能力要素的联系与区别点表现之一。

教师开展家庭教育指导可以理解为教师与家长基于学生成长的教育合作，这种合作需要教师具有一种协作能力，协调教师与家长、学生与家长、教师与教

---

① 梅仲孙. 教育中的情和爱［M］上海：上海教育出版社，2018：4.

师、教师与学校、教师与社会之间的关系，在围绕"实现学生身心健康成长"这一根本目标，形成一种"互动—互惠"的关系。

由于家庭教育指导对象具有多元化的特点，即家庭教育工作涉及多重人际关系。这种协作关系主要有四对主体：一是教师与家长（家庭），这是最主要的也是最需要有效协作的关系；二是教师与学生，不管是否直接与学生接触，但最根本的是围绕学生的"问题"和"需求"进行协作；三是教师与教师，比如，班主任与一般任课教师、任课教师与任课教师之间；四是教师与家校合作育人相关的社会主体，比如学生"学雷锋、献爱心"等举止，得到社区的关注和认同，需要教师围绕这个"正能量"信息与社区相关人员联系，进而与家长沟通，与家长共同引导学生正确地接受这些"正能量"。当然，实际也存在一些"负能量"事件，需要家校合作化解。这些清晰地告诉我们，教师开展家庭教育指导，既有教师与个体的关系，又有教师与群体之间的关系，要有效地处理这些社会"关系"，协作必不可少，对协作能力要求就十分明显。

教师家庭教育指导过程中的协作关系，可以是简单的单维度，也可能是复杂的多维度。但不管是单维度还是多维度，现实中，教师开展家庭教育指导，都是在相关对象、内容、时间、需求等之间存在某种不确定、不一致甚至是不和谐的情况下开展的。主要是针对一些家庭教育的缺失、方法不科学、关系不和谐等现状，是在一种矛盾的不平衡状态下进行的。围绕"实现孩子身心健康成长"这个整体一致的目标开展的，通过有效地协作，力求实现矛盾化解，达到"关系"平衡。基于此，培养和提高教师家教指导能力就是力求通过有效的、高效的协作，将不确定性、不和谐转化为一致性、和谐性。

五、管理能力

面对全新的现代教育变革环境，不确定性成为教育改革的重要特征。面对这种不确定性的教育环境和复杂的教育资源，教育参与各主体需要具有较强的管理能力，这种管理能力是融入在各种专业能力之中，教师家教指导力同样包含这样的管理能力。

古今中外的管理学者对"管理"有着不同的解释，比较通行的概念是指一定组织中的管理者，通过实施计划、组织、领导、协调、控制和决策等职能，实现既定目标的活动过程。教师开展家庭教育指导实质是对家校共育过程中涉及的相关要素的一种管理，这种管理能力既是一种外在的组织管理，同时还是一种内在的自我管理。其中，组织管理能力占主导地位，指作为管理者的教师按照既定目标任务和决策要求，进行统筹安排，把各种资源有效地组合起来，协调一致地保证计划和决策顺利实施的能力。它涉及到对开展家庭教育指导的各要素资源的统筹、协调、分配和布局调整，将关涉的各个要素进行科学配置和整合，实现家校合作育人的目标效益最大化。自我管理，是一种内在素养的修炼和提升，需要教师在开展家庭教育指导过程中针对管理对象和各个资源要素进行优化配置时，发挥主观能动性，将"自我"摆进去，修己以敬，以个人的道德修养为基础，提升管理道德，克服"功利主义""个人主义"，力求"公平公正"，进一步处理好与管理对象之间的关系，从而提升管理质效，也就是所谓"外因通过内因起作用"。

教师开展家庭教育指导过程中的"管理"，不仅是指向直接的对象"家长"和"学生"，还涉及到管理教师个人、与家庭教育指导相关联的其他对象，既有"人"，也有"物"；既有教育教学过程中的具体内容，也有看似与"教育内容"无关但却直接影响教育效果的相关环境及主观心理因素。

管理能力是教师家教指导力"力场"中的最高能力，是教师教育智慧的典型表达，或者说，"一位好的家庭教育指导者就是一个优秀的教育管理者"。同时，这种管理能力还体现在教师能够具有"大教育"思维特质，能够"跳出家庭教育看教育"，不能将家庭教育指导视作单一的"技术活"，而是有意识地放大到教育整体观和社会层面，自觉运用"治理"的理念，将一些看似单一的教育问题和家庭教育问题有效地化解，产生"管理出效益、管理出思想、管理出智慧"的教育效果，为实现教育治理提供一种来自教师的智慧基础。在家庭教育指导过程中的管理，还有它的特殊性，教师不仅在教育指导上进行管理，同时，也被家长的个性化多元化的需求产生制约性的功能，这就需要多元主体和谐共生，而不是一个单极化的需求满足。学者张志勇一直强调"和谐管理"，在其专著《情感教育论》中从美学的视角，提出实施管理的环境、主体、目标、手段、过程、效果之间的协调统一。提出了"六个"管理和谐，即，管理环境、管理主体、管理目标、管理手段、管理过程和管理结果的和谐。①这一理念对于教师自觉培养和提升家庭教育指导之管理能力具有很强的针对性和导向性。

综上所述，教师在指导家长开展家庭教育的过程中，以上"五种能力"是主要的组成要素，但不是全部能力要素；同时，"五种能力"要素既有显性差异，又有隐性重合，"五种能力"要素之间存在一个相互衔接、相互影响、相互推进的关系，"五种能力"要素相互作用过程构成了教师家教指导能力的运行机理。再者，由于教育是一个复杂的系统工程，教师育人工作关联的要素也是复杂多变。毕竟，教师家庭教育指导能力只是教师教育专业能力系统中的一种，在实际工作中还需要与相关专业能力综合，从而产生"1+1>2"的综合效应。通过了解教师家庭教育指导能力结构，掌握能力要素运行规律，主动创设环境，引导和组织教师在实践中主动作为，有针对性的提升，通过家庭教育指导能力和相关专业能力的综合作用，实现家校合作育人"学生的健康成长，家长的育儿能力提升，教师的教育环境改善和育人水平提升"的目标效益最大化，构建良好的教育生态。

第三节　教师家教指导力的运行机理

"机理"（Mechanism）是指为实现某一特定功能，一定的系统结构中各要素的内在工作方式以及诸要素在一定环境条件下相互联系、相互作用的运行规则和原理。纵观学界既有研究可知，目前对机理本身的分析主要有两种观点：一是指为实现某一特定功能，一定的系统结构中各要素的内在工作方式以及诸要素在一定环境下相互联系、相互作用的运行规则和原理；二是指事物变化的理由和道理，从机理的概念分析，机理包括形成要素和形成要素之间的关系两个方面。作为一种独特的能力结构系统，教师的家教指导力有其独特的运行机理。

在深度分析这种机理时，本研究组依据"教师家教指导力是教育学的分支，是从属于社会学的范畴"这个理论原点出发，采用了学者郑杭生提出的"社会运

---

① 张志勇．情感教育论［M］．北京：北京师范大学出版社，1994：434．

行论"相关理论进行分析。社会运行论的核心观点是"社会学是关于社会良性运行与协调发展的条件和机制的综合性具体社会科学""社会运行论的全部内容尤其是它的社会运行机制部分,都是为了推进有序与活力兼具的社会运行""有序和活力兼具的问题涉及社会运行机制的所有机制"①。与此同时,鉴于本研究主要对象为具体的"人"(教师、家长和学生)的现实,我们同时引用"生命有机体系统运行理论",进行综合分析,共同形成了教师家教指导能力运行的"有序、活力和效率"目标。进而分析,教师家教指导力作为一种以专业人员育人的专业能力,尽管是一种内在的能力素养,但本质上是一种外在客观因素与内在要素的组合,一方面是与外在要素的结合互动,另一方面是内在要素之间的互动联系,各个要素之间通过有机地互动,共同构成和影响着教师教育能力生态系统,形成了"内部作用环""外部作用环"和"交叠作用环"等三种运行机理。

一、教师家教指导力的五大能力要素之间的相互作用

教师的家教指导力由教师的认知能力、沟通能力、情感能力、协作能力和管理能力等五种专业能力组合构成,这些能力要素之间是相互衔接、相互融合、相互渗透,彼此间的交互作用,形成"内部作用环"。助力教师开展家庭教育指导良性、有序和有效育人结果的实现。其中,从认知能力的作用发挥开始,直至管理能力的养成,存在一个指向教师的低阶思维能力朝向高阶思维能力发展和生成的过程。简言之,认知能力、沟通能力是教师的一种基本能力,作为教师"人人皆需具备",是教师的"入门券";情感能力是走向专业化的"分水岭";协作能力、管理能力尤其是管理能力相对来讲,是对教师本身基础性能力带有"高标"要求的能力,由低阶到高阶的教师专业能力培育的过程构成教师家教指导力"能力域"的"金字塔模型"(见图2-2)。

教师对于家长开展家庭教育指导,起始于对于家庭教育、家长、学生及其相关教育主体或事件的认知,对于这些家庭教育关涉范畴生成一种基本的教育理解;在"理解"基础上,教师需要与家长或学生展开教育沟通,沟通的过程还可

---

① 郑杭生. 走向有序与活力兼具的社会——现阶段社会管理面临的挑战及应对[J]. 西北师大学报(社会科学版), 2013(1): 1-11.

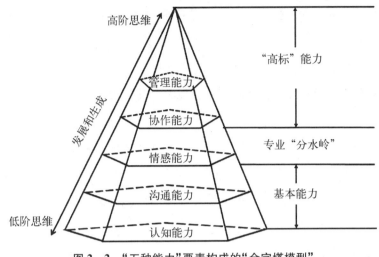

图 2-2 "五种能力"要素构成的"金字塔模型"

能涉及到教师自身的学校领导与同事教师，与他者共同协商家庭教育如何更好地开展的教育方案。其中，教师开展家庭教育指导的认识与沟通不是一种机械的过程，而是需要教师带有一定的教育情感，以一种对于教育本身的情怀融入，让教师愿意去帮助家长理解家庭教育的重要性以及家庭教育方案的习得。反之，缺少情感能力的教师无法真正投入到家庭教育指导工作中去，更多情境下仅仅是一种"身在其中而心在其外"，是一种任务式的互动环节，而不是情感化的育人过程。可以说，教师家教指导力蕴藏的情感能力是对教师的认知能力和沟通能力作用发挥的深化。当教师的情感能力发挥作用之后，教师指导家长开展家庭教育渐渐会进入到实际的家校合作"育人"过程。

进入"育人"过程后，教师与家长、教师与学生、教师与教师、教师与学校领导、教师与社会育人机构等都可能会产生一种合作，教师的协作能力在认知、沟通和情感等三种能力共同作用下，懂得是什么、明晰为什么、情感上接纳，由此协作育人中会产生有针对性的育人力量。此外，面对复杂多元化多变性的家庭教育情境，教师管理能力是在前面四种能力发挥功用的基础上衍生的一种带有统揽全局样态的能力素养，蕴含了管理智慧和治理能力。管理能力的作用发挥不仅是对前述四种专业能力功用的深化，还是对教师指导家长开展家庭教育能力的一种整体构成，管理能力的具备是教师成为优秀的家庭教育指导者的关键标志。基于此，"作为家校合作领导者的学校教师就要努力提升家教指导力，让学校教育和家庭教育在密切合作基础上充分发挥各自育人功能，真正促进学生德智体美劳全面发展"①。

二、教师家教指导力与教师其他专业能力之间的相互作用

教育部2012年颁布的《中小学校（幼儿园）教师专业标准》对教师专业能力有着多方面的要求。教师作为一种育人职业，"家庭教育指导力应成为新时代教师，尤其是中小学校教师必备的专业素养""是提高新时代教师素养的'调节器'"②，而这种能力作用的发挥需要教师专业内藏的"教育自觉"品质的介入与导引。其中，教师的"教育自觉背后是教师对教育事业的执着与自信，教育自觉的养成为教师群体坚定教育信仰、提升教育水准、优化教育品质创造可能"③。除了开展家庭教育指导的能力之外，教师的专业能力还涉及教育教学能力、教研和创新能力、学习和反思能力以及沟通和合作能力④，而且这四种能力具有显著的外显特征，是现时期教师专业能力的核心构成，适应社会发展需求和教师职业要求。教师育人实践的展开是教师各种专业能力相互作用，形成了"外部作用环"，共同发挥作用，产生"1+1>2"的综合集成效应（见图2－3）。

比如2020年农历春节，受新冠疫情影响，全国各地中小学校春季开学延期。"停课不停学"是对教师教育智慧、家庭教育效果的重大考验。2月3日凌晨，杭州建兰中学804班班主任郭简给自己的学生们写了一封题为"为什么我的眼中常含泪水"的信发送在班级家长微信群，一时间让家长感动不已，纷纷为其点赞。无独有偶，同是杭州的天杭实验学校特级教师郑英推出的"给孩儿们的10句心里话"，字字珠玑，深受家长和学生的好评。郭老师、郑老师这两位普通教师以写信的形式让家长转给孩子们的"叮咛"，内含了"防护知识""心理关爱""居家学习"等多种内容，看似是在一个特殊时期选取的一种教育方

① 黄乃祝. 家校合作实践中教师家教指导力提升研究［A］. Science and Engineering Research Center. Proceedings of 2018 3rd International Conference on Education，Management and Systems Engineering（EMSE 2018）［C］. Science and Engineering Research Center：Science and Engineering Research Center，2018：6.
② 张竹林. 家教指导力——教师的必备素养［N］. 中国教育报，2018－03－08（009）.
③ 赵冬冬. 论教师的教育自觉及其养成［J］. 当代教育科学，2016（24）：25－28.
④ 王光明，卫倩平，张永健，吴立宝. 教师核心素养和能力结构体系再探［J］. 中国教育科学（中英文），2019（4）：59－73.

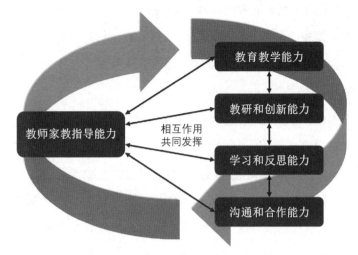

图 2-3　教师家教指导力与教师其他专业能力之间相互作用结构图

式，实则为平日积淀的教育智慧的有效运用。展现教师对于孩子的期待，并让家长明晰，在学校教育的指导下、在教师的指引下，家长教育自己的孩子理当站在什么角度、秉持什么立场、运用什么方法以及对于教师关于学生教育做出什么回应。显然，这是教师家教指导力与教师其他专业能力之间相互作用的典型范例，这样的案例在后来的教育部和各地各学校的部署中得到了充分印证。也深刻表明教师的各种专业能力与家教指导力的相关性，是一个"1+1＞2"的综合效应。

　　教师家教指导力与教师其他专业能力之间的相互作用，以一种教育合力的态势生成，指导家长开展家庭教育的教师专业能力素养如同人体的各个器官系统间的作用。尤其家庭教育指导是做"人"的工作，很大程度上是人的心理感受和思想的沟通，进而影响甚至改变人的思想和行为，达到教育的实效。其中，教师核心素养和能力是教师在接受和参与教师教育，从事教育教学以及投身教研等活动中形成和发展的，能够适应社会发展需求和教师职业要求，并能促进自身专业发展的具有统帅作用的专业修养和能力①。比如，"文化修养和沟通合作能力""道德素养和教育教学能力""教育精神和学习创新能力""教师的核心素养和能力，也是教师在回应环境挑战的过程中，在日常的教育教学实践中，不断砥砺修行的

①　徐章韬，王光明. 教育实践活动对教师核心素养与能力作用机理研究［J］. 基础教育，2019（4）：5－12.

结果"①。这些能力与教师的家教指导力是一种"平行"的关系，本质上在教师
专业能力结构中相较于教师其他能力而言的并不具备优势。可是，教师家教指导
力的发挥需要教师其他专业能力的帮辅，而这种"帮辅"作用的发挥助力教师专
业育人能力的功用发挥。

教师的教育教学能力是教师家教指导力培养和作用发挥的一种重要支撑力
量，如果教师缺少教育教学能力，这就意味着很难达成家长期待的对于学生教育
的教育结果，相应地很难接受教师的家庭教育指导。一个不具备教育教学能力的
人很难成为优秀的家庭教育者，同理，教师如果自身缺少"教育精神和学习创新
能力"，那么这个教师也很难成为合格的家庭教育指导者。教师家教指导力作用
的发挥受到教师其他专业能力的直接影响；反过来，教师家教指导力的培育和生
成对于教师其他能力来讲是一种功能补充，不仅是对教师专业能力结构的完善，
还是对教师其他育人能力功用发挥的一种重要基础。

三、教师家教指导力五大能力要素与教师其他专业能力之间的相互作用

教师家教指导力的五大能力要素与教师其他专业能力之间也存在一种交互作用
的过程，即"五大能力"要素单独与教师其他专业能力之间也存在相互作用，构成
一种多向度的交互运行系统，这种运行系统是将"五大能力"融入教师其他专业能
力之内，这种融入有可能是单一的，也可能是双向的，还有可能是综合的，在这样
一种互动中，汲取所长、完善自我，从多角度和整体上产生功能，进而促进教师专
业育人能力的提质增效。也就是说，虽然教师家教指导力的"五大能力"是教师家
教指导力的能力组成，但这"五大能力要素"本身也是教师育人能力大系统不可或
缺的能力要素，无论是教书还是育人，无论是指导家长还是教育学生，教师都需要
这"五大能力"，以"五大能力"为能力基础，实现教师育人能力的系统构建。

举例来讲，教师的认知能力与教师的教育教学能力，二者是一对不可分割的能
力范畴，认知能力是教师的教育教学能力的基础性能力之一，教师的教育教学能力

---

① 徐章韬，王光明. 教育实践活动对教师核心素养与能力作用机理研究[J]. 基础教育，2019（4）：
  5－12.

发挥需要教师理性认知学生、课程、教材、课堂等，而教师教育教学能力反过来提升教师的认知能力，使教师在开展家庭教育指导过程中，更好地认知家长对于学生学业、生活、人格等方面培养的诉求与渴望。与此同时，教师的认知能力与教师的教研和创新能力、学习和反思能力以及沟通和合作能力等也存在同样的交互作用，是一种相辅相成、相伴相生的关系范畴。同理，教师的沟通能力、情感能力、协作能力、管理能力和教师属有的教育教学能力、教研和创新能力、学习和反思能力和沟通和合作能力等彼此间也存在这样的交互现象，构成了一个"交叠作用环"。

教师家教指导力的五大能力要素一定程度上适用于教育学生的专业能力要素的发挥，对于教师教育学生存在正向功用。同理，教师教育学生的专业能力要素的发挥类似于教师指导家长的五大能力要素的功用发挥，二者共存共融、相辅相成。教师指导家长开展家庭教育的能力提高，一定程度上是为教师教育学生能力提高提供了一个"实验场"和"学习域"，为教师专业育人能力的提高创设基础和条件，反过来，教师专业育人能力的提高为教师开展家庭教育的能力提高创设利好的环境和机遇。因此，教师家教指导力的"五大能力"要素与教师其他专业能力之间的相互作用构成了教师专业能力与素养提高的能力培育循环系统，相互作用为教师专业发展提供新的可能（见图2-4）。

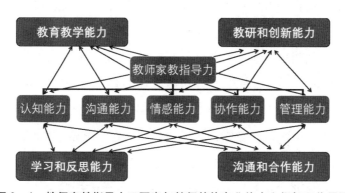

图2-4 教师家教指导力五要素与教师其他专业能力之间相互作用图

整体而言，教师家教指导力的运行机理是教师发挥"五大能力"要素功用，指导家长如何开展家庭教育的一种复杂过程。其中，不仅包括教师家教指导力"五大能力"要素之间的相互作用，以一种融合的样式提高家长家教能力，还包括教师的这种能力与其他专业育人能力之间的相互作用，以一种交融的样式发挥教师家教指导力与教师其他专业育人能力之间的作用融通，进而更好地提升教师专业素养，丰富教师能力结构。此外，教师家教指导力的"五大能力"要素与教师其他专业育人能力指涉的能力要素之间并不是一种孤立并存的关系，两者属有的能力要素彼此间以一种交互影响共同推进教师专业发展。

特别需要说明的是，教师家教指导能力从专业的视角讲这些能力，包括这些能力的相互作用和运行，是一个动态的相对划分，而不是一种固化的模式，会随时机和具体环境发生动态的变化。从研究组调研分析，当下学校校长特别关注教师在家校合作育人过程中的几种能力：一是沟通能力，没有好沟通就是无源之水，要抓"问题"的源头；二是讲故事的能力，一般来讲家长不需要理论，更需要生动的故事和案例，要管用；三是专业判断能力，针对"问题"，能够与家长分享更多的孩子成长案例，将潜在的、可能的转变为现实的能力，"变现能力"；四是基于情境案例的教育设计能力，给予家长们更多的理解和认识，达到"我们就应该怎么办"的效果。这些"能力"有的是家教指导力的要素，也是相关专业能力的要素，从另一个侧面表明，教师的专业能力是一个复合的有机体。总之，要求教师会传递、会管理，而不是"被家长牵着鼻子走"。

教师家教指导力的运行机理与其他的专业能力运行机理之间的区别体现在三点：一是教师家教指导力具有特定的对象"家长"。家长是教师家教指导力的主要教育对象，这种能力主要指导家长在特定的背景下如何更好地开展适应具体情境的家庭教育，从而更好地实现家长育人效果。二是教师家教指导力具有特定的场域（空间）"家庭"。教师教学能力功用发挥的环境主要是作为公共场域的学校，教育者与受教育者之间是一种"制度"建构的公共关系，而教师家教指导力功用发挥主要涉及的场域是家庭，作为一种建立在"血缘""亲情"之上的私人场域，教师指导家长开展家庭教育更多的不仅要以"制度"要求为准绳，它还涉及到教师与家长之间"私人"关系的建立。三是教师家教指导力具有更广泛的内容。教师家教指导力指向对家长的教育和指导，不仅涉及到学生的学业，还关涉到学生和家长的日常生活与心理，显然此时因教育内容涉及到"育学生"和"育家长"而使其内容更加广泛，对于教师的专业要求也更高。

基于以上分析，教师家教指导力作为教师的一种专业能力，它并不是一种独立于教师既有能力结构之外的"能力"，而是天然地"归属于"教师专业能力结构之内，提出教师家教指导力的运行机理，一方面意在进一步理清教师家教指导力的育人功用发挥过程，另一方面意在认清教师家教指导力与教师专业育人能力之间的关系。惟其如此，方能给予教师家教指导力科学理性的功能定位。

第四节　教师家教指导力的培养路径

厘清"家庭教育指导力是什么"的同时，我们开展了"指导力如何建设"的策略研究。家庭教育指导能力建设是引导教师对专业和学科的再认识再行动，核心思想是"回归"和"提升"，是作为区域教育学院（教师专业发展机构）以研究为己任、教师教育为主业的机构职责，是每位教师的必备素养，是广大德育研究者践行的"初心"所在。教师家教指导力建设正是始于此"初心"，努力当好学校这座"庭院"的设计师和园丁，旨在唤醒千千万万教师认识教师之所以成为教师，其职业身份本来就存在的客观本源，是在唤醒认知，启发自觉，系统提升，从而推动其专业成长。教师家教指导能力如何建设，关键在于"发现"与"引导"，在于思考怎么帮助广大教师掌握和运用家教指导力。

笔者和团队成员经过几年的实践探索，初步形成了"基础化认知—常态化实践—职能化培养—专业化研究—个性化指导"五级行动策略推进教师家教指导力建设（见表2-1），这五级行动策略的基本研究维度是从对象、内容和程度三个重点进行，使家庭教育指导工作贯穿在教育的全过程，使家教指导力的提升贯穿于教师成长的每阶段。

表 2-1　教师家教指导力的五级培养路径表

	对　象	内　容	程　度
个性化指导	班主任、专职心理教师、家教指导师、专业研究机构专家	对关乎儿童发展关键性问题、家庭教育的典型性问题开展多主体的合作研究。	形成切实解决问题的可行方案，形成区域家校合作育人的典型经验，成为区域家校合作育人的推动者。
专业化研究	骨干班主任、研究型德育干部、德研员和专业工作者	针对家长千差万别的需求和儿童发展重大"问题"开展专项研究。	对于"问题"作出理性分析，提出解决方案，形成实践经验和相关理论，成为理论联系实际的家庭教育指导者。

续　表

	对　象	内　容	程　度
职业化培养	学校班主任、德育干部	聚焦学校场域，班主任和德育干部在做好以校为本的教育指导外，有义务主动性"走出去"，进家庭，入社区，与家长开展互动性指导。	敏锐发现学生存在苗头性、倾向性的问题，及时收集相关资料，并作出研判和处置；"顶层设计"家校共育项目，自觉向专业化水平迈进。
常态化实践	所有教师	主要在校内日常教育教学空间开展，教师将学生的相关信息以正常的通道与家长沟通，为家长提供共同促进儿童发展的建议。	围绕儿童发展的现状对家长、儿童进行及时性、即时性和具体化指导，成为家庭教育正向引导者。
基础化认知	所有教师	学习与家庭教育相关的知识，包括儿童心理学、生理学、社会学、伦理学等专业知识。	掌握家庭教育指导应知应会知识，拓展已有的知识结构，获得成为一名合格家庭教育指导者的"入门券"。

一、基础化家教指导认知

开展家庭教育指导是教师职业与专业责任的一项基础性工作，是所有教师在成为教师或者在准备从事教师职业的那一刻起，基本上"没有任何借口"必须掌握的育人知识，是涵盖心理学、社会学、伦理学、生理学等学科综合而成的专业知识和实践能力的基础，是教师作为一种育人职业应知应会的专业素养，是教师能够成为一名合格教师的"入门券"。这如同微量元素一般，虽然量少但对于人体却是缺一不可。如前所述，教师的家教指导力主要包括教师的认知能力、沟通能力的熟练掌握，特别是基础认知能力要与入职挂钩，是纳入教育学、心理学和相关综合知识测试的必需要素构成。

其中，教师的沟通能力主要在教师实习实训中得以培养和提高，通过相关课程的实训进行引导。与此同时，从拓展知识和能力视野的角度，开展情感能力、协作能力和管理能力培养培训，让教师有一个能力"标杆"和能力建设的任务清单，明晰作为一名专业教师基础性的职业和工作重心。因此，要将教师的家教指导力建设视作教师专业能力提升的一项基础性素养的获得。基础化家教指导工作，在日常的教学、教研、师生交往、家校沟通、与领导或者同事对话的过程中，有意识地培育教师的认知、沟通、情感、协作和管理能力，让教师的家教指导专业能力建设成为教师的专业生活常规，从生活中的一点一滴做起，在持续的专业能力建设过程中提高家教指导力，在丰富教师专业能力素养结构的同时发挥其指导家长开展家庭教育工作的功能。

二、常态化家教指导实践

古语道："十年树木，百年树人。"教育作为一项育人事业，其教育作用的发挥和显见漫长久远，短时间内往往很难看到明晰的教育效果。因此，教育工作具有一种长久性和持续性，常态化地推进教育实践是教育的一种常理常规。一般来讲，教师开展家庭教育指导是学校教育系统内教师的一项常态化专业工作，这项工作的责任主体是每一位教师，借助家校合作的契机与家长交往沟通对话，提高教师自身专业育人能力的同时提升家长开展家庭教育的素养和能力。事实上，这种教育效果的达成并非通过特定的教师刻意去实现，而是一般教师即将其归置于日常的教师专业工作之内，常态化开展家教指导工作。

对广大科任教师而言，是育德能力的唤醒和培养，学科教学不是简单的书本知识地传递，应该是涵盖育人知识地传递，是育人手段的一种重要表达。其中，常态化家教指导工作主要在校园中、在教室、在运动场、在实验室等校园内日常教育教学空间开展，教师将所教育的学生的相关信息以正常的通道与家长沟通，重点是关注具体化的对象的具体需要沟通和指导的"点"，不要求每一位教师必须深度到系统的状态，而是要体现及时性、即时性和具体化。教师开展常态化家庭教育指导工作的过程，不是打破教师的自身教育教学行为或行动平衡，更不是要求教师超越职责，突破边界，而是帮助教师重新组合学科育人知识，组合优化已有能力的过程，是育人能力的有机组成。为此，常态化家教指导工作既是提高教师专业能力的一种利好方式，又是提升家长开展家庭教育素养和能力的一种可取方法。

三、职能化家教指导培养

教师是社会大系统中的一种职业，具有其职业要求的专业素养和行为，开展家庭教育指导是新时代教师职业的一项职能工作。教师家教指导力的"五大能力"结构上既有差别又相互统一，五者的相互作用协同推动并实现教师的家教指导力具体功用的发挥。如同前面所阐述的那样，教师家教指导力五级结构理论中"情感能力"是"分水岭"，而这里的职能化家教指导工作就是行动要求的"分水岭"。"专业的事让专业的人做"是教育改革的金科律条，教师作为育人职业的代表，具有一定的专业职能，开展家庭教育指导是教师职业的专业能力的发现与发挥。其中，"进行家庭教育指导的目的是为了让接受指导的家长转变教育观念、掌握科学的家庭教育方法，使之成为称职的父母"①，而职能化家教指导工作这个层面的教育行动对象主体是学校班主任和德育干部，是一个具备一定职责职能的群体，主导学校当下德育工作的布局规划和行动实践。

一般讲，对于一线学校的班主任和德育干部而言，开展家教指导工作是职责所在，不存在所谓职业边界，是需要其认识、认清、理解和接纳的一项职能化工作。聚焦学校场域，班主任和德育干部除了做好课堂内、校园内的常态沟通，本阶所涉及人员有义务主动"走出去"，进家庭，入社区，与家长开展互动性指导，对发生在学生个体和群体，发生在本班本校或者外校的一些苗头性、倾向性的问题，有责任及时收集发现研判和处置，要主动跨前一步，做到未雨绸缪，防患于未然，对于类似教育情境的教育结果或者可能性结果做出预判性评估和考量。同时，开展家庭教育指导工作还要有"顶层设计"的理念和行动，自觉向专业化家教指导工作水平迈进。

四、专业化家教指导研究

"家庭教育指导是一个专业、有难度的工作""家庭教育的育人功能，使家

---

① 杨倩. 围绕"家长主体"进行家庭教育指导的实践探索[J]. 辽宁教育，2019(6)：81-83.

庭教育指导具有教育工作特点"①"指导是教育活动功能分化所产生的具有一定独立性的专业育人过程"②,开展指导并非任何人都可能力所及,专业化家教指导研究是明晰教师家教指导力的内蕴与表征、属性与内容、性质与结构、行动与反思的专业基础。教师的家教指导力并不是人为向教师附加的专业能力,更不是在增加一线老师的专业负担,必须要意识到教师家教指导力是教师这个职业必备的素养,是一个与生俱来的要求,是一个可以更好推动教学能力和育人成效的重要素养。

陈桂生讲过,"某种职业是否可能成为专业,取决于能否从其基本职能中,分析和综合出特有的知识与技术"。③专业化家教指导研究这部分的对象主要是骨干班主任、研究型德育干部、德研员和专业工作者,在面对家长千差万别的需求和重大的专业化问题时,必须由专业人士及时介入,对于"问题"做出理性解读,提出解决方案,预防"问题"的恶化衍生,或者是将正向"问题"及时培植和形成可推广可复制的方案。事实上,这正是学校德育专业队伍发挥其自身专业特性与优势的典型表征。再者,一线教师开展专业化家教指导研究要主动在一线教育实践的大量的案例和具体化信息中,不断积累总结提炼和研究,在反思中超越,在超越中检省,进而以此为基础形成一整套指导家长如何更好地开展家庭教育的机制方法和策略,形成具有特色化的教师德育工作品牌和德育文化,构建出暗合区域教育发展需要、契合教师专业个性化特征、符合现时代家庭教育开展诉求的家庭教育指导模式。总之,这是一个比较高阶的要求,也是开展专业化家教指导研究在研究和实践中要非常关注的层级和内容。

五、个性化家教指导服务

教师在开展家庭教育指导过程中,面对的是一个个独一无二的鲜活个体,需要教师特别是班主任能够进行个别化的沟通指导,即个性化家教指导服务。教师

---

① 晏红. 家庭教育指导不仅仅是教育工作[J]. 人民教育,2017(Z2):103-106.
② 晏红. "家庭教育指导"概念辨析[J]. 江苏教育,2018(72):50-51.
③ 陈桂生. "教师专业化"面面观[J]. 全球教育展望,2017(1):90-99.

开展家教个别化指导所针对的"问题"时，这种"问题"是一个概念范畴，是一种具体的事实存在，而不一定只指负面问题。当然，在实际工作中，这种个别化的问题主要还是负面问题。主要表现就是学校已有专业的教师在满足家庭个别化辅导与咨询的需求同时，还会发生一些偶发突发事件，仅靠已有的教育力量难以有效地解决，此时需要专职心理教师、家教指导师、专业机构和外聘专家介入，与广大教师一起承担这项任务，在各取所长、沟通合作的过程中开展个别化的家庭教育指导。此外，对于一些具有正向能量的"问题"，需要教师具有一种敏锐的发现眼光和能力，及时将这种"星星之火"培育中"燎原之势"。因此，学生的个性化差异、家长的个性化需求、教师的专业分工需要教师开展个性化家教指导服务，是教师家教指导力建设的重要路径。

人是教育的对象，也是教育的目的，"教师是人类灵魂的工程师、学生前进路上的领路人、学习上的精神导师、生活上无私的引导者"[1]，教师在教书育人过程中，面对的是一人一世界，在每个孩子身上会呈现普遍性成长问题，更会出现个别化问题，每个家庭和每个家长也会有个性化需求，需要教师特别是班主任和德育老师能够进行个别化的沟通指导，即个性化家教指导服务。这就是说，"很多时候，学生身上的问题不仅仅是学生本身的问题，学生在思想、认识、行为上出现的偏差往往与家庭教育有关"，要意识到，教育从来都不只是教师一个人的事业，学校与家庭只有真正做到教育上的一致性，才能发挥对孩子最大的教育合力[2]，教师家教指导力建设过程中实行个别化的家教指导服务是一种必要且必需的教育选择。"中国家长需要更直接、更简单、更有效的指导方式，而个性化家庭教育指导可以作为一种新的尝试，用以填补家长的专业知识之缺，树立家长的主体意识，形成家庭教育合力，提高家庭教育效果。"[3]

本研究认为，在教师开展家教个别化指导所针对的"问题"时，这种"问题"是一个概念范畴，是一种具体的事实存在，而不一定是指负面问题。这里研究所指向的"问题"包括三个方面：一个是出现的偶发或者突发问题，是负面问题，这种"问题"占比为大多数；二是在学生或者家庭中的某一个时段容

① 赵冬冬. 论教师的教育自觉及其养成[J]. 当代教育科学，2016(24)：25-28.
② 刘璐. "个性学生"的家庭教育指导实践与思考[J]. 江苏教育，2018(87)：51-53.
③ 钱洁，陈汉民. 家庭教育指导：急需个性化和科学化[J]. 教育科学研究，2018(5)：18-20.

易出现的带有规律性的苗头"问题"，比如，进入青春期的学生易于出现的共性问题，尽管目前还没有在某个具体的学生身上体现，但不能因为没有显现就忽略可能出现的"问题"，所以要求教师在开展家教指导时，要主动与家长进行沟通和进行必要的指导，做到未雨绸缪；三是这种"问题"恰恰是正能量的问题，比如，教师在教育教学中发现某个学生具有某种学习天赋，非常适合参加某种特殊的学科比赛或者从事某种艺术学习，而其家长并没有发现孩子的这种天赋，教师有必要主动与家长沟通，向家长讲明孩子的优势，并且提出有针对性的指导意见，便于家长及时做出客观的判断，主动提出或者配合学校对学生的学习行为进行一定的调适性方向，尽量不让一个有天赋的人埋没。

需要强调的是，由于家校共育的内容十分丰富，从专业的视角看，开展教师家教指导能力建设需要有课程观，要有科学、合理、适用的课程支撑这种能力建设，这也是作为教师专业能力建设的家教指导力建设区别于一般化的常识普及和社会化培训的根本所在。这方面目前国内还在一种摸索之中。笔者以为，南京师范大学朱曦教授的观点比较可取。朱曦认为，家校共育的课程，至少包括伦理教育、劳动课程、情感课程、美育课程、财经课程、社会课程等。这对于教师家教指导力建设课程模块设计具有一定的启发作用。

本研究还关注到一项专业工作和科学的运行系统是需要评估的，评估的前提是这种运行模式和效果是可以检测的。作为一种实践性很强且覆盖面广的专业能力，教师家教指导力建设需要通过建立科学的评价指标、工具和手段进行评价，建立科学评价体系和机制是教师家教指导力建设的重要内容和保障。

本研究认为教师家教指导力建设是一个专业化的系统工程，是在掌握教师家教指导力结构组成、内涵机理和运行机制的基础上，在实践中有针对性地运用五级行动策略开展的过程，需要教育行政部门、教师专业发展机构、专业研究机构和学校协作推进，将有效的思路和方法落实到每位教师的教育教学过程、每次具体的家校沟通中，产生积少成多、量变引起质变的叠加效应和催化功效，构建有意义的教育过程，实现有意义的教育实效。要切实引导教师在认知和行动上确立做好家教指导工作是每位教师的"分内之事"。家教指导力是教师专业能力的

"重要之维"，不分学科、不分学段、不分职位和职级，教师都应该具备这样的能力。引导"学科教师"在行动上主动"跨前一步"，与班主任、学校德育干部和志愿者协同一起，参与针对学生健康发展、引导家庭教育走上专业化常态化的良性发展轨道。

/第二部分/

策略篇

引子：一名留守儿童的人生逆袭之路的启示

——家庭教育的视角

2020 年，注定是特殊的一年，新冠肺炎疫情让整个世界都面临着重大的考验。高考季结束，一则信息让家有考生和即将家有考生的人们眼睛亮了。湖南耒阳留守女孩钟芳蓉以湖南省高考文科第四名的优异成绩考入了北京大学。而接下来，钟同学选择了一直被人们称为"冷门"、不能赚钱或者被常人认为没有太多未来的文博考古专业，瞬间上了热搜。

这则中国式高考信息，带给了人们很多思考。作为一名教育工作者，我最关注的不仅是钟同学以优异的成绩进入让无数家庭无数考生羡慕的北大，更多的是从相关信息中读出了一个认识，钟同学是幸运的，幸运的是她受到了良好的家庭教育。可以说她寒门逆袭的励志故事背后，良好的家庭教育是她迈出成功第一步的秘诀之一。

表面看，钟同学的父母亲都是外出务工人员，她是一名典型的留守儿童。她家在湖南省耒阳市的一个小村庄，穷乡僻壤，当地的青壮年，大多选择背井离乡进城打工赚钱。为了谋生，她的父母同样挥泪作别儿女，只有到年关时才风尘仆仆赶回。

可以说钟同学是改革开放 40 多年来尤其是新世纪以来中国千万名留守儿童中非常普通也很典型的一员，除了她的聪明勤奋之外，从有关信息中，笔者读出了她最幸运的是受到了良好的家庭教育。或者说，关注心性成长、品格培养和家庭教育奠定了她的性格之基、人生之基。笔者以为，钟同学的家庭教育至少有三点值得关注：

一是良好的家校沟通，家长听得进教师的建议，愿意倾其所有提供学习资源。后面一条几乎绝大多家长都做得到，"只愁天上的月亮和星星不能摘下来"。关键是良好的家校沟通，听得进，愿意做。写到这里，也必须说，教师的责任心和"伯乐"的眼光十分重要，尤其是在人生发展的关键期，好教师愿意当伯乐、会当伯乐，这是教师家教指导力和育人能力的重要体现，需要学习和提高。钟同学小学 6 年级时，老师告诉她的父母，孩子天分高，是个好苗子，最好把她转到城里去，接受好一点的教育。她的父母，打听到市里有一所寄宿中学，师资优秀，但学费高昂。从初中到高三，每年要多一万余元的开销。这对于一个清贫之家来说，是相当沉重的负担。但他们没有丝毫犹豫，把她送到了那里。"女儿学习好，我们再苦再累也要好好培养她。"

二是关键节点的温情陪伴，良好的亲子关系和家庭环境，是孩子学业和发展的心灵港湾。陪伴一直是留守儿童的奢侈品，钟同学也不例外，但她从来没有因为自己是留守儿童而埋怨过父母。只是，父母都不在身边，她的性格有些内向，不太爱说话。意识到这些，她的父母开始尽可能地抽时间回来陪伴孩子。钟同学到县城读中学后，为了让女儿尽快适应中学生活，妈妈刘小义辞工返乡，就近找了个工厂上班，同时照顾姐弟俩的生活起居。这是钟同学感到最幸福的一段时光，放学回来能见到妈妈，听到妈妈的声音，吃到妈妈烧的菜。2020 年因为疫情，她的妈妈在 3 月份回到广东，爸爸则一直在家待到 5 月份。这期间正好赶上她过生日，父亲买了一个蛋糕，做了一大桌子的好菜。

不仅要陪伴，还要会陪伴。从相关材料看，钟同学的父母与子女陪伴没有什么过人之处，"秘诀"就是营造孩子喜欢的环境，在爱的环境中陪伴，即使在高中阶段，父母没有条件陪伴，但通过手机和其他方式的关爱从来就没有缺失过，时间和空间阻挡不了亲情陪伴。

事实上，不会陪伴，也成了当下许多家长的痛。疫情期间的种种亲子矛盾就是最好的"检验器"。很多家长与孩子真正意义上朝夕相处时，却并没有产生良好的亲子关系，相反，一些家庭不时爆发了"内战"，甚至出现了"极端"的案例。

三是尊重孩子的兴趣和选择，放手让孩子干自己喜欢的事，这种放手是一种高境界的爱。现实中的父母几乎没有不爱自己的孩子的，没有父母不想尊重孩子的，但行动上的"虎爸""虎妈""妈宝"等极端的案例太多太多了。说是尊重其实是束缚，将孩子当作了门面和私人财产，成了自己实现的替代品，这样的爱其实束缚着孩子的发展，"好心办坏事""吃力不讨好"屡见不鲜。钟同学的父母都是农民工，没有受过高等教育，也没有高深的教育理论，他们能给予孩子的教育很朴实，那就是让孩子自由地成长。钟同学填报历史系考古专业的决定是她自己做的，父母不懂，但会尊重女儿的选择，比如，当众人都劝说她的母亲刘小义，一定要阻止钟同学，不要报考一个发不了财的考古专业时，刘小义说："我们不懂考古系究竟会干什么，也不懂什么专业赚钱。我们只能尊重她的选择，她有权利去选择她自己喜欢的。她是一个有梦想的人，她要去实现她的梦想。"丝毫没有大道理，但却贯穿着一种科学的育儿理念，他们是以中国普通家长传统但却经典的理念在诠释。对于孩子多一分理解和包容，多一分自主和支持，而不是一味地管住，更不是将"别人家的孩子"挂在嘴边。

他们为女儿的成绩骄傲，但他们从来没给过钟同学压力，常常跟她说："尽力就好。"他们单纯地希望，女儿能做自己喜欢的事情，一家人快乐地生活在一起。

虽然留守，仍然被爱。留守孩子难成才的原因是多方面的，从教育的视角看，最关键的是缺乏关爱，缺乏陪护和心灵的支持，对于一名处于"三观"形成关键期的儿童，这样的缺失对于人生成长的确是一种挑战。以至于很多人就在这样的一种缺失中留下人生的遗憾。尽管走出来的是少数，但这种少数身上却让我们可以读懂许多，这其中就有家庭教育的重要内容。2019年，河北农家女王同学考入北大后，一篇"感谢贫穷"的网文，牵动了无数国人的心，也成为现实版励志符号。

钟同学、王同学的案例告诉了我们，内心强大，人格塑造至关重要。尽管由于多种原因，笔者无法近距离采访和深层次了解她们，但从有限的公开信息中仍然能够读懂一些。对于青少年学生，处于人生的拔节孕穗期，最重要的是优秀品格的塑造，这是一种超越学业成绩、学业能力、技术无法替代的素养，是一种精神内核，在整个家庭教育中这种品格培养、性格塑造是首要的，也是亲子关系的根本价值体现。

从家长的视角看，由于人生的各种资源境遇不同，不可能都是高大上的。无数的家长跻进城市，更多从事的是平凡不起眼的工作，工地上挥洒汗水，奔波在送快递的路上，忙碌在家政服务，穿梭在车间流水线上……即使是这样，孩子基本上都是他们生活的希望和精神的寄托所在。几年前，一对来自江西山区农村做保洁的夫妇俩，在笔者搬进新房子之前，来笔者家做保洁。工作之余，偶然向笔者谈起孩子，他们的两个孩子读书都很好，先后考入了重点大学，老大已经在上海一家 IT 企业做技术员了，夫妇俩是一脸的幸福，流淌的汗水和岁月的皱纹没有阻挡他们的快乐，那是一种对人生的憧憬和享受。

学者黄灯在她的代表作《大地上的亲人》《我的二本学生》中详细地描写了自己一大家子和她的学生们。从亲朋好友的身上读出了中国社会结构和人情世故，从学生的成长历程深刻剖析了原生家庭和家庭教育对于一个人的求学、就业和人生走向的影响，表达了对家庭教育独到的平民理解。70 后学者梁鸿近年来一直关注中国乡村社会的变迁，在其代表作《中国在梁庄》《神圣家族》中通过解剖中原大地的典型乡村，从老百姓的工作生活、生老病死到社会百态进行了深度剖析，穿透着家庭教育的内核。家庭教育和家庭文化的构造对于一个人一生的成长和发展至关重要。所以，对于以育人为天职的教师来说，在中国教育进入家校合作育人的时代中，培养家庭教育指导能力是职业生涯应有之义。

第三章 教师家教指导力的认知能力建设

认知能力是教师家教指导力结构体系中最基础的能力，是一种融心理学、生理学、伦理学、行为学等学科知识，在教育教学实践和经验积累中形成的能力，是需要广大教师包括有志于成为教师的青年学子尽力掌握的基础知识和能力。其中，认识儿童心理和生理成长发展特点是最重要的基础认知。我国著名的儿童和家庭教育家陈鹤琴先生在其专著《家庭教育》中将儿童的心理概括为七个方面：小孩子是好游戏的，小孩子是好模仿的，小孩子是好奇的，小孩子是喜欢成功的，小孩子是喜欢野外生活的，小孩子是喜欢合群的，小孩子是喜欢称赞的。这些儿童心理特点是陈先生在长期的实践观察中总结出来的，其中有很多是在其子陈一鸣的成长过程中观察总结出来的。这样一种源于实践积累而来的经验，对于提高家长育儿能力十分重要，它不仅是家长必须要掌握的，同样对于广大教师哪怕是还没有组成家庭的教师而言，也有必要掌握。只有这样，才能依据学生的身心特点施教，对还没有掌握这种认知能力的家长进行指导。

第一节 认知能力的基本要素

家庭教育指导的主要任务是围绕儿童的身心发育规律和教育发展需求，帮助家长树立正确的教育观念，掌握正确的教育方法。所以，教师要掌握儿童身心发展规律、家庭教育和家庭教育指导基本知识与基本理论，这些专业知识是教师开展家庭教育指导需要熟知并能运用的知识，是教师形成家庭教育指导认知能力的基础。

一、儿童身心发展与家庭教育指导关注点

儿童身心发展规律、特点等相关知识是教师教育教学专业知识的组成部分，是教师在步入教师岗位的入门知识、必备知识，教师在入职前就应系统学习的知识。这其中，儿童生理、心理相关知识是师范院校的必修课程，也是教师资格证考试必考科目。教师具有儿童身心发展特点与教育的相关知识，加之其教育实践知识与经验，是教师成为家庭教育指导者的重要优势。具备儿童身心发展特点、规律以及如何为儿童发展创造条件和机会等知识，既是教师开展家庭教育指导的本体知识也是条件性知识。家庭教育指导的过程就是教师运用所掌握的儿童身心发展的相关知识和教育实践中积累的关于促进儿童身心发展的策略性知识，引导家长科学认识儿童，有效开展家庭教育，使家庭、学校合力为儿童的发展助力的过程。

（一）儿童发展基本规律的认知

1. 儿童发展是整体、全面的

从个体成长的角度，儿童发展包括体格发展、认知发展和社会性发展等。各方面发展的途径、方式、时间和速度各有特点、不尽相同，但却是相互影响的、互为正向促进或反向制约的关系。儿童的全面发展体现在形成健康和谐的身心素质、适应终身发展和社会发展必需的品格和关键能力。包括文化基础和认知能力，即形成一定的人文底蕴和科学精神，在学习、理解、运用人文领域知识和技能等方面具备基本能力、情感态度和价值取向，在学习、理解、运用科学知识和技能等方面具备价值标准、思维方式和行为表现。自主发展和健全人格，是能够学会学习，形成良好的学习意识、能自主选择恰当的学习方式方法、评估调控学习的过程。能够保持健康生活，正确认知自我，善于自我管理与人生规划。具有社会参与和创新意识，具有责任担当，有良好的社会责任感、爱国情感，在处理社会、国家、国际等关系方面具有正确的情感态度、价值取向和行为方式。敢于实践创新，在日常活动、问题解决、适应挑战等方面具有实践能力、创新意识和

行为表现。①

作为健全的个体，儿童发展是综合性的，学校教育、家庭教育，尤其是奠基性的家庭教育不能只偏重促进儿童某一方面或是某些方面的发展。在家庭教育指导中，教师应通过与家长的沟通交流，引导家长全面地看待孩子的发展。当孩子在发展出现问题时，应该基于培养"完整人"的整体发展来分析和实施。

2. 儿童发展具有敏感期、关键期

在儿童成长的过程中，不同心理领域发展具有敏感期、关键期。多项心理学研究表明，人的某些行为与能力的发展有一定的时间表，如0—1岁是儿童依恋发展的关键期，1—3岁是儿童规则意识发展的关键期，4—5岁儿童书面语言发展敏感，5—5.5岁数概念获得敏感期。小学阶段是培养学习品质、学习习惯的关键期，10岁是儿童道德发展的敏感期。如果在儿童发展的敏感关键期给以适当的良性刺激，能促进某种行为和能力得到更好的发展；反之，则会阻碍发展甚至导致行为和能力的缺失。关键期的最大特征是只发生在个体生命过程的一个固定而短暂时期，关键期一旦错过，某些早期经验就会丧失，且对儿童的后续发展产生重大的负面影响。

儿童发展除了存在身心发展的关键期外，还会因儿童所处环境的变化而形成发展关键期，此类关键期可能是普遍的，也可能是个体性的。如，幼小衔接就是每个处在幼儿园向小学过渡的儿童都面临的普遍关键期。而在某个儿童成长的过程中突遇生活变故（如家庭变故），则是他个体性关键期②。关键期对儿童的发展提出了挑战，但也是儿童获得质性发展的重要时期。

不同年龄阶段的儿童有不同的身心发展特点，也有不同的发展任务，教育者只有了解、掌握和遵循这些特点和规律创设教育环境、正确开展教育活动才能保证和促进儿童健康成长。在家庭教育指导的过程中，教师引导家长了解自己孩子所处发展阶段的特点，在生活和教育中遵循孩子在此阶段发展的需要，开展适应性的教育和影响。

---

① 关颖，晏红. 家庭教育指导者培训教程［M］. 天津社会科学院出版社，2017：217－218.
② 马君谦. 复杂系统观下幼小衔接问题的本质探究——以一个澳大利亚华人孩子的游戏活动变化为例［J］. 学前教育研究，2019（7）：3－20.

3. 儿童发展具有阶段性和个体差异性

儿童发展的年龄特征，是指在一定社会和教育条件下，在儿童发展的各个年龄阶段所形成的一般的、典型的、本质的特征。一般来说，儿童发展的阶段特征具有一定的普遍性和稳定性，且发展阶段的先后顺序、变化过程和发展速度都是相似的。著名认知心理学家皮亚杰提出了儿童认知发展的四阶段，即感知运动阶段（0—2岁）、前运算阶段（2—6岁）、具体运算阶段（7—11岁）、形式运算阶段（12—15岁），揭示了每个阶段的儿童发展特点。由于遗传因素、教育和环境因素的不同，儿童与儿童之间在发展上的表现也会不尽相同，彼此之间存在一定的差距，每个孩子都是独特的，即个体差异性。

在家庭教育指导中，教师要帮助家长改变"拔苗助长""不能输在起跑线上"等教育观，引导家长了解孩子所处年龄特点，甄别自己的孩子发展到了什么水平，确定家庭教育的目标和方式，有的放矢地在"最近发展区"内为孩子提供优质资源和亲子互动，促进孩子的发展由量变到质变，顺利进入下一个阶段。同时也要帮助家长了解自己的孩子与大部分同年龄段的儿童相比有哪些优势和不足，发现孩子的个性化特点，尊重孩子的自身特点、发展速度和发展时间表，为个性化家庭教育提供着力点。

4. 影响儿童发展因素是多元性

遗传和环境是儿童身心发展的两大重要因素，二者是相互作用的，通过儿童的主观能动性共同决定个体发展。遗传是发展的基石，能提供儿童发展的可能性；环境的作用在这一基石所确定的潜在范围内有选择地进行着；儿童的主观能动性是实现环境影响和促进发展的动力系统。促进儿童的发展就要在遗传特征的基础上施加相应的环境影响，并充分激发儿童的主观能动性，使遗传因素以最好的状态表现出来，使教育发挥最大作用，达到遗传特征和环境影响的最佳结合。

在家庭教育指导的过程中，教师要引导家长关注孩子发展的多种因素，而不能"顾此失彼"或是"片面的用力过猛"。引导家长了解孩子的遗传（表现为个性）特点，帮助家长发现自己孩子可能的优势和不足，在生活、教育中注意扬长补短。在孩子发展过程中根据其特点积极创设环境，多提供支持和鼓励（即为积极的心理环境），让孩子与诸多环境产生有意义的互动，积极建构经验。科学的家庭教育是建立在符合孩子的发展阶段、认知特点基础上的，有效的教育是能激发孩子的兴趣，调动孩子的积极性、主动性和创造性的教育。

（二）儿童发展性障碍的认知①

发展性障碍又称神经发育障碍，指儿童在发育阶段因生理或心理原因造成并导致功能上受到实质性限制的显著而长期的发展迟缓，包括智力障碍、交流障碍、注意缺陷/多动障碍、特定学习障碍、运动发展障碍和孤独症（自闭症）谱系障碍等。发展性障碍儿童通常具有学业成就低下、社会交往困难等特征，儿童的正常生活受到影响，也给家庭和社会造成很大负担。教师需要具备儿童发展性障碍的相关知识，并具有初步识别能力，在家庭教育指导中，引导家长了解相关的知识，关注孩子发展的一些问题表现，使其采取预防、鉴别和干预等措施，早预防、早发现、早干预有助于降低发展性障碍的发生率、提高儿童的生活质量。

1. 发展性智力障碍

发展性智力障碍是个体始于发育阶段的智力及适应功能的缺陷。发展性智力障碍儿童在推理、问题解决、计划、抽象思维、判断、学习等过程中表现出精神能力的缺陷，并导致其在交流、独立生活、社会参与等方面的适应功能缺陷，无法达到个人独立性和承担社会责任等方面的平均发育水平和社会文化标准。发展性智力障碍的风险因素主要包括遗传因素、先天性代谢缺陷、大脑畸形等，孕期的母体疾病和酒精等致畸物质暴露，产后的脑损伤、感染、中毒及长期重度的社会隔离也是该障碍的风险因素。据有关科学报告，智力障碍在一般人群中的总体患病率约为1%，严重智力障碍的患病率约为0.6%。

2. 发展性交流障碍

发展性交流障碍始于个体的发育阶段，表现为表达性发音、语言理解或生

---

① 关颖，晏红. 家庭教育指导者培训教程［M］. 天津社会科学院出版社，2017：234－237

成、言语流利程度、交流过程中遵循社交规则等方面的缺陷，包括语音障碍、语言障碍。语音障碍儿童由于持续的语音生成困难影响了语音的可理解度，妨碍口语信息交流。语言障碍儿童由于词汇、句式结构和表述的理解或生成方面的缺陷，导致语言表达和使用困难。社交（语用）交流障碍儿童主要在语言的社交使用上存在障碍，通常在根据不同社交情境、听众需要和对话规则变换交流方式等方面存在困难。言语流畅障碍（口吃）儿童通常表现出相对个体年龄不恰当的言语流利程度和时间模式的紊乱，包括语音或音节的频繁重复或延长、字词的断裂等。发展性交流障碍通常对儿童的人际交流、社交参与、学业成绩和职业表现等产生负面影响，遗传因素是此类障碍的共同风险因素。

3. 注意缺陷/多动障碍

注意缺陷/多动障碍是个体始于发育阶段并可延续至成年期的障碍，通常表现为持久和频繁的注意力不集中、与环境不相适应的过多的活动和不通过思考的冲动行为。注意缺陷儿童往往不能密切关注细节，在学业任务中粗心大意；难以持续关注任务或娱乐活动；当别人对其讲话时，看似不在倾听；回避或不喜欢需要持久精神努力的任务等。多动和冲动儿童通常难以保持坐姿、坐立不安，在不适合的地方奔跑攀爬，不能安静地玩耍等。注意缺陷多动障碍的风险因素主要有遗传因素、低出生体重、母亲孕期饮酒等，行为抑制减少和负性情绪增加等特质因素也与该障碍的发生相关。注意缺陷/多动障碍的患病率与不同文化背景下人们对儿童行为的态度有关，在大多数文化中注意缺陷/多动障碍的儿童患病率约为5%，成人患病率约为2.5%。

4. 特定学习障碍

特定学习障碍是儿童在接受正式学校教育后获得特定基本学业技能的困难。特定学习障碍儿童往往在阅读、书面表达或数学等一个或几个领域表现远低于同龄人的平均水平，有时即使达到可接受的水平也需要付出超乎寻常的努力。与智力障碍儿童不同，特定学习障碍儿童并不存在一般精神能力的缺陷，其学习问题也不是由教育缺失等原因导致的。阅读障碍儿童的阅读准确性、流畅性和理解力受损。书面表达障碍儿童的拼写、语法、标点等的准确性受损，其书面表达的清晰度或条理性也受到负面影响。数学障碍儿童通常在数字感、计算能力和数学推理能力能方面受损。特定学习障碍的风险因素主要有遗传因素、早产、低出生体重和孕期尼古丁接触等，学龄前的注意缺陷、语言发展迟缓等问题也常常导致特定学习障碍。在不同文化背景的学龄儿童中，阅读、书面表达和数学等领域特定学习障碍的现象都存在。

5. 儿童运动发展障碍

儿童运动发展障碍包括发展性协调障碍、刻板动作障碍、抽动障碍。其中，发展性协调障碍是普通家庭更有可能遇到的情况。发展性协调障碍表现为动作协调能力发展上的明显损伤，无法用一般的智力迟缓或任何先天后天神经紊乱进行解释。发展性协调障碍儿童很难掌握日常生活所需的动作技能，比如不会系鞋带、吃饭容易撒落、走路易摔倒等，大多被误解为懒惰或粗心。这些儿童的动作问题不会随其年龄增长而自然改善。动作发展不佳的儿童在学业成绩上通常不会太理想，儿童对其运动能力的不自信，也会对心理产生负面影响，直接影响到儿童的自尊、自信心水平，阻碍其自我概念和社会性的正常发展。不仅带来儿童孤独、焦虑等消极情绪体验和健康问题，而且可能使儿童青少年遭受严重的精神疾病折磨，甚至可能造成成年后职业受限。发展性协调障碍的风险因素主要有早产、出生时体重过轻、孕产期的不良因素等，这些高危因素会提高儿童在学龄阶段出现动作障碍的可能性。

6. 孤独症(自闭症)谱系障碍

孤独症(自闭症)谱系障碍是在多种场合下，社交交流与互动方面的持续性缺陷。孤独症(自闭症)谱系障碍儿童与他人的交流往往存在问题，并具有一套固定的兴趣和重复行为。婴儿期与父母互动少、社会接触兴趣低、言语发展迟滞的儿童更有可能表现出孤独症(自闭症)谱系障碍的症状。童年期孤独症(自闭症)谱系障碍儿童往往缺乏与人交流的兴趣，面部表情和目光接触等非言语交流较少，难以与同龄人建立和维护亲密的关系，他们通常还具有固定的兴趣和刻板的行为，如重复的躯体移动、使用物品和说话，坚持相同的日常安排和行为，极端而强烈的迷恋不寻常的事物(如吸尘器)，对特定的景象、声音、气味表现出强烈反应或毫无反应等。孤独症（自闭症）谱系障碍的风险因素主要有遗传因素、低出生体重、孕期使用丙戊酸钠等，父母生育年龄较高的儿童患该障碍的可能性也更高。

在应对儿童发展性障碍的过程中，要帮助家长了解和避免发展性障碍的风险因素，预防发展性障碍的发生；帮助家长及早发现发展性障碍并向医学工作者求助；在能力和伦理范围内为家长提供早期干预服务等。需要注意的是，发展性障碍的诊断需要医学工作者经过专业、严格的评估之后做出。如果发现儿童有类似症状，建议家长及时寻求专业医学工作者的帮助，同时应避免给儿童贴标签，以免对其心理健康造成不利的影响。

当儿童可能表现出发展性障碍的时候，教师在及时引导求助于专业机构和专业支持的同时，要尽快帮助家长调试好自己的心态，在家庭、社会网络中寻求心理支持，维持自己的心理健康状态，以积极的态度去应对儿童的问题。

（三）儿童发展中的超常发展的认知

无论是从遗传学，还是从后天环境影响等视角看，人的资源禀赋是有差别的，这就出现了现实中的超常儿童。对于超常儿童的教育和培养，教育界有着多元的声音，也有一些知名学校开展了超常儿童的研究和教育实践，改革开放初期一些高校的"少年班"就是典型，也取得了一些成效。但总体看，从人的全面发展和家庭教育指导的视角看，笔者的观点是，遵循因材施教的原则，在不搞"一刀切"的前提下，可以采取一些适合于超常发展的措施和内容，但对超常儿童的教育本身必须回归常态，否则，中国古代的"伤仲永"现象就会重演。而事实上，在现实中不同的时期这种昙花一现甚至走向悲剧的家庭教育案例也从不鲜见，包括大学"少年班"中出现的教育问题也不在少数。所以，要用平常心来对待超常儿童和超常儿童现象，用培养平常人的心态来对待，提醒家长切不能用"超常"的心态来要求孩子"表演"。

二、家庭教育认知与家庭教育指导关注点

家庭教育指导的对象是双重的，是家长和儿童两个对象，教师任何时候开

展的家庭教育指导都是面对家长(直接面对或者以其他为媒介面对),指向教师和家长共同关注的"儿童",如果说具备关于儿童的相关知识是教师开展家庭教育指导的第一重要之维的话,那么具备关于家庭教育的相关知识则是第二重要之维。

"想通过自己的抚养让孩子们茁壮成长的心,正是父母和教育者所拥有的最珍贵的育儿之心。""育儿之心不只是成人单方面的抚育孩子,在抚养孩子的过程中成人也在培育自己。抚养孩子成长的父母既是培育孩子心灵的教育者,同时在这个过程中也成为自己心灵的教育者。育儿之心并不只是为了孩子,也是为了父母和教育者自身的成长。"①每一位家长和教师都有着这颗"育儿之心",在家庭教育指导的过程中,就是要具备"育儿之心"的教师以自己专业的力量唤醒、增强家长的这颗自然的"育儿之心",在教育儿童的过程中,教育自己。

(一) 对"家长"认识

家长是一个复杂、多元的群体,在年龄、性别、性格、职业和文化背景等方面存在着差异,这些差异使家长形成了对儿童、教育、家庭教育不同的认识、理念和行为。教师作为家庭教育指导工作者既需要了解家长的整体特征,在认知系统中具备"家长群像"认知,又要了解家长的个体特征,在认知系统中具备"家长个像"认知,从共性与个性的辩证关系来把握,开展有针对性的指导。

1. 家长是家庭教育的主体

当孩子离开母体来到人世,生育孩子的夫妻就天然成为了父母,父母对子女的教育权是法律赋予的权利和义务。父母是家庭教育的主体,是儿童的"第一任教师",任何人都不能替代父母对儿童的影响和教育。但是家长并不是专业的教育者,家长需要在学习和实践的过程中不断地提升自身的能力。 家庭教育指导就是要让家长明确自己的教育主体责任,引导家长从构建和谐的家庭环境来促进和成就自身及儿童的发展。

---

① [日]仓桥物三. 育儿之心[M]. 李季湄,译. 上海:华东师范大学出版社,2014:4.

2. 家长是成人学习者

虽然对大多数年轻的父母来说，没有任何实际育儿的经验，但作为成人，他们也有着自己的经验。一方面"对于教育孩子是怎么回事"的认识都有来自己成长的原生家庭中长辈对自己的教育感受，另一方面，他们通过多种媒介吸收了关于家庭教育、培养孩子的相关知识，并形成了自己的"理论"。同时，作为成人学习者，家长追求学以致用的学习，拥有认知需求，关注解决问题式的学习，有效学习是与他们熟悉的情景相联系的。

3. "80后"／"90后"父母成为家长主要群体

当前，"80后""90后"父母开始取代"80前"父母成为家长主要群体[①]。80后家长自身是独生子女较多，学历层次提高、经济状况较好，对子女的发展有着较高的期待。相关现状研究显示，新的家长群体对家庭教育指导服务的主要期待有：更尊重家长的"参与意识"，发挥家长的"主体作用"，进一步提高指导服务的"专业性"素养，进行"高水平"的指导服务；能开展"个性化"指导服务，满足不同家长的需要；会运用"现代信息技术"，加强指导者与家长之间的沟通和互动；能深入家长和儿童的情感领域、正确处理情感与理智的关系，重视榜样氛围等隐性的、潜移默化的作用。

4. 家长职业与其家庭教育状态之间存在联系

有研究显示，儿童父母的职业与其家庭教育状态之间存在联系[②]。儿童父母职业不同，其家庭教育状态不同：（1）职业为工人农民的儿童父母，家庭教育总体状态较差，其中观念态度、教育方法、教育要求和环境创设四方面都表现较差，而教育要求和环境创设的劣势更为明显。（2）职业为专业技术人员的儿童父母，家庭教育总体状态较好，其中观念态度、教育方法、教育要求和环境创设四方面也都表现较好，而在教育方法、教育要求和环境创设上的优势更为明显。

---

① 李洪曾，黄鹤，李杨. 新时期家庭教育指导服务对象的变化及其影响——"80后"与"80前"父母群体比较的实证研究[J]. 上海教育科研，2014(5)：46-48.

② 李洪曾. 我国家庭教育指导对象群体的新特点——来自六省市家庭教育指导的现状调查[J]. 江苏教育研究，2017(16)：16-21.

（3）职业为干部管理人员的儿童父母，家庭教育总体状态较好，教育要求和环境创设表现较好，其中在环境创设上的优势更为明显，但观念态度表现较差。

（4）职业为商服人员与个体户的儿童父母，虽然在家庭教育总体状态上没有显露出特别之处，但是在教育要求上对孩子比较严格。可以看出，从事行政管理和专业技术工作等职业的儿童父母，家庭教育的水平较高；而从事工人农民等职业的儿童父母，家庭教育状态水平较低。了解家长职业与其家庭教育状态之间的联系，有利于教师挖掘不同职业家长的家庭教育的优势，对不同的指导对象提出不同层次的指导目标。

（二）对家庭亲子关系的认识

良好的亲子关系是家庭教育的基础，只有在关系和谐的状态下，儿童才会尊重父母，接受父母的教育。儿童知觉到的亲子关系质量是早期青少年个性形成和行为发展的重要因素。未成年儿童与父母建立的亲子关系是儿童一生当中能否走向成功的最重要的关键。积极的亲子关系会使儿童感受到被爱和被尊重，并能从父母的关怀和接纳中学会如何表达自己的情感，也能向父母及时反馈自己的感受，更能把自己与父母互动模式推广到与他人相处的过程中。使儿童对自己、他人和周围环境有积极、乐观的认知与期望，对儿童的个性塑造和心理发展有积极的作用。

与父母有积极良好亲子关系的儿童在学校的表现更优秀，儿童的教养风格与儿童个性的发展，如自尊以及求学抱负、成就动机存在显著正相关的关系[1]。建立良好的亲子关系，强调父母和子女的关系平等，父母对孩子尊重而不溺爱、鼓励而不专制，孩子对父母尊重而不失个性、依赖而不失独立。

在家庭教育指导中，要让家长明确家庭教育是在亲子互动中实现的，家庭教育的问题、孩子发展问题很大程度都是因为不良亲子关系导致的。引导家长确定自身在亲子关系建立中的主导地位，为家长主动地通过具体的行动构建来构建和谐亲子关系提供可行的策略。如对孩子采取鼓励教育，积极关注孩子的每一次进步；真正尊重、了解孩子，把孩子当作独立、平等的个体对待，了解孩子的真实

---

① 张璐斐，黄勉芝，刘欢. 父母控制与亲子关系的研究综述[J]. 广西民族师范学院学报，2013（5）：141-144.

想法；营造轻松的家庭氛围，父母之间的亲密、和谐的相处模式为儿童提供观察和模仿的榜样，对孩子的管教要就事论事讲道理，不要命令专制情绪化；父母要学会倾听，换位思考儿童的真实想法，用真诚的态度关心孩子。

（三）对不同结构家庭的认识

不同结构的家庭由于家庭成员的构成及其相互关系、相关影响状态的不同呈现出不同的教育特点。随着社会的发展，家庭结构越来越多样和复杂。教师在开展家庭教育指导时应了解到儿童生活的家庭结构和这类结构家庭教育的共性特点，了解不同结构家庭教育对儿童发展的优势和可能出现的问题，实施有针对性地指导。值得注意的是，虽然同一结构类型的家庭中，其家庭成员关系、家庭教育呈现出一定共性特点，但也有着不同的个性，因此，教师在开展家庭教育指导的过程中，不能机械地仅仅根据家庭的外在结构就"先在"地给指导的家庭、家长和儿童贴上标贴，不经全面了解和仔细分析就"归类处理"。在开展家庭教育指导过程中，教师对家长引导的重点是，防止家庭教育"功能性缺失"。引导家庭教育责任的主体——父母或者其他监护人，承担起和承担好教育的角色，引导家长关注儿童发展过程中的问题，从家长自身的教育理念和教育行为的改进来引导儿童的发展。

1. 核心家庭及其教育特点

核心家庭是指夫妻和未婚子女组成的家庭，其特点是只有一对夫妻，只有一个中心。在家庭关系方面，核心家庭人口较少，只有亲代和子代，序列简单，亲子交往互动频率高，父母对儿童的比较了解，父母对儿童有较强的权威性，儿童更多的接受父母的影响和教诲。在教育态度上，相对容易达成一致，父母为核心家庭的唯一教育者，不存在教育者的代际差异，父母由于年龄和文化程度等方面的差异相对小，在教育儿童的理念、方法和内容上相对易于达成一致。另外由于家庭成员少，没有其他成员可以依赖，亲子双方较多的共同参与家庭各项事务（包括家务）中，有利于培养儿童的生活自理能力和家庭责任感。但核心家庭中也存在着一些不利儿童教育的可能，如果核心家庭中父母是双职工，儿童（特别是年幼的儿童）可能得不到足够的照顾，一旦养育上出现了什么问题或者缺失，没有其他家庭成员可以代替或者弥补；还有一些核心家庭中母亲为全职妈妈，而父亲由于家庭生活和工作压力很少参与家庭教育，儿童与父亲交流和互动的时机很少，如果母亲教育儿童方面出现了严重的偏差，很难得到家庭中其他人的指导和矫正。

2. 主干家庭及其教育特点

主干家庭通常是夫妻和一对已婚子女及孙子女组成的家庭，即三代（或多代）同堂的家庭；还有丈夫或妻子与一对已婚儿子或女儿、孙子女组成的家庭。当前，主干家庭增多，虽然有的家庭并不是生活在同一个屋檐下，但其成员家庭生活的主要时间基本在一个物理空间。主干家庭的特点是人口多，层次关系较之核心家庭复杂得多。作为孩子的教育者，至少是父母和祖父母两代人。这种情况在家庭教育中有利的方面是：可以弥补父母在教育孩子上时间精力的不足，两代教育者可以发挥自身优势取长补短，有利于培养孩子角色意识和人际交往、环境适应等能力；不利的方面是：由于年龄、教育、生活经验不同，两代人在教育观念、教育方式的差异容易产生矛盾，成年人之间关系（如婆媳关系）不和睦对儿童成长更为不利。

3. 单亲家庭及其教育特点

单亲家庭多是夫妻离异或一方去世造成的。近年来我国离婚率增长趋势明显，夫妻离异家庭结构破裂，往往造成教育功能缺失或扭曲，孩子失去完整的父母之爱，在生活上、心理上、学习上存在诸多问题。在家庭教育指导中，离异家庭成为重点关注的对象，"家庭结构破裂"被一致认为是造成孩子问题的罪魁。事实上，问题的症结并不在于家庭结构的不完整，而是家庭教育功能的缺失或扭曲。有研究表明，凡是父母经常吵闹但又避免离婚的家庭，其孩子会比离婚家庭的孩子遇到更多的感情上的问题。因此，干预家庭问题和指导家庭教育的思路不是阻止父母离异，为了孩子维持不和睦的婚姻关系，而是注重降低，最好是避免离异家庭对孩子教育的"功能缺失"。引导夫妻在分手后，无论是否直接抚养孩子依然要依法认真履行父亲或者母亲抚养教育孩子的义务，夫妻共同努力把离异对孩子的不良影响减少到最低限度。

4. 隔代家庭及其教育特点

隔代家庭是父母不直接抚育孩子，而由祖辈承担养育责任，他们成为孩子事实上的监护人。现实中，许多家庭并非严格意义的隔代家庭而是"隔代抚育"，即老人帮助子女照顾孩子。老年人在隔代抚育中有着天然的优势：有养育子女的经验、责任心强，能及时弥补儿女在孩子养育中的不足等，老年人大多退休在家，教养儿童的时间和精力比较充分。但隔代教养也可能会出现一些问题，如果老人的教育观念陈旧、与子女的关系不融洽，会造成不良的教育效果。祖辈与孙辈代际特征的异质性更强，两代人在社会认知、行为习惯、兴趣爱好等诸多方面差异明显，也容易出现溺爱、放任等问题，使两代人对孩子的积极影响减弱。

5. 留守儿童、随迁子女家庭及其教育特点

留守儿童和进城务工人员随迁子女是改革开放以来中国经济社会发展进程中的一个较为典型的群体，也是对于儿童发展和教育事业发展进展中的一个重大的社会命题，这个群体的家庭教育相对缺失和失范带来的问题，在一定程度上成了20世纪90年代以来的中国教育之"痛"。在充分肯定随迁子女、留守儿童家长主体对于孩子的家庭教育有着"天下父母心"的共性期待和关注的同时，必须正视，由于经济、职业和文化资源等事实上阶层差异影响，随迁子女和留守儿童家庭教育存在的问题比较突出。从家庭端看，缺少父母陪伴、父亲长期缺位不作为、教育方式简单粗暴是问题之首；从教师端看，这些儿童的家庭教育普遍存在以"谋生的名义忽视和缺失""以文化差异为由与学校合作不够""重智轻德""金钱弥补"等现象突出。而这些内容，恰恰是当下教师提高家庭教育指导能力的重要内容，无论是对于广大欠发达地区农村流出地的留守儿童，还是对于城市中仍然存在的较大群体的随迁子女，这类孩子的家庭教育问题和家长的家庭教育指导工作任重道远。

总之，教师在开展家庭教育指导的过程中，要引导家长挖掘家庭结构中的有利因素，同时也要让家长采取积极的方式尽量地规避或尽可能地减低家庭结构中对儿童发展的不利因素，做到扬长避短。需要指出的是，在不同结构的家庭教育

指导中，有两个需要重点关注的问题。一是，只要父母健在，他们一定要成为教育孩子的"主角"，祖辈应当是"配角"。祖辈带孩子有再多的优势，也替代不了父母对孩子的作用。尤其是孩子的幼儿阶段是情感关系建立的关键期，如果祖辈"反客为主"，孩子很容易亲情转移，与父母关系疏远，以后父母再努力也难以弥补。二是，无论哪种家庭结构，都要防止实质意义上的家庭教育"功能性缺失"，就我国当前的家庭教育现状来看，父亲在家庭教育中缺失较明显。留守儿童家庭教育指导中，应更多地关注引导在外务工的父母多与儿童联系、沟通，尽量地降低亲子相处时间少造成的亲代教育的缺失对儿童发展不利的程度。

第二节　教师对家庭教育指导的认知概述

本研究在探讨教师家庭教育指导认知能力的时候，围绕两个维度来进行分析：一是教师个体的认知能力，在上一节中已经作了初步分析；二是教师群体对家庭教育指导的认知。前者是"主体向内"型研究，主要扎根生理学、教育学、社会学、心理学、伦理学等领域的基本理论，分析教师对于受教育对象及其关涉的各种教育主体与情境的认知；后者是"主体向外"型研究，由教师个体推及至教师群体，分析教师群体对于家庭教育指导的认知，从社会群体认知的角度探讨教师对家庭教育指导的认知现状和需求。

为了了解教师群体关于开展家庭教育指导工作的现状和指导能力建设的真实需求，分析当前教师家庭教育指导能力现状及需求蕴含的深层动因，从专业发展的视角为提升教师家庭教育指导能力提供决策依据，笔者带领课题组进行了多次专题调研。继 2016 年"家庭教育指导需求问卷调查"、2017 年"家长参与支持学校工作基本情况问卷调查"、2018 年"《家庭教育指导教师教程（义务教育版）》评价问卷调查"、2019 年"全区家长的满意度调研"后，于 2020 年 12 月，面向全国 8 个省、直辖市、自治区的部分一线教师开展了"教师家庭教育指导现状与需求调研"。其中，课题组围绕教师个人信息和"教师对家庭教育指导的认识和态度、教师家庭教育指导现状、教师家庭教育指导培训的需求"三个维度，设计了教师家庭教育指导现状与需求调研两级指标，每个二级指标都有 1—2 个观测点(见表3-1)。根据这些观测点,课题组开发了《教师家庭教育指导现状与需求调研问卷》。以问卷星方式向教师发放问卷,采取网上匿名调研,在数据分析上,运用 SPSS22 进行数据处理,基本上探明教师对家庭教育指导的认知与行动。

表 3-1 教师家庭教育指导现状与需求调研指标和观测点

一 级 指 标	二 级 指 标	观 测 点
1. 教师基本信息	1.1 所在地区 1.2 工作情况 1.3 受教育情况	教师工作所在地区 教师任教学段、教龄、岗位类型 教师学历、教育背景
2. 教师对家庭教育指导的认识和态度	2.1 主动性问题 2.2 目标定位、观念、态度、承受力 2.3 与教学工作的关系处理等	该项工作的重要性程度 从事该项工作的初衷、目的与结果预期 对该项工作的态度、承受能力 对该项工作与其他工作的协调力
3. 教师开展家庭教育指导的现状	3.1 指导对象 3.2 指导过程中运用的知识 3.3 指导内容与指导方式 3.4 指导效能	主要指导对象 教师家庭教育知识来源 教师家庭教育指导服务知识来源和选用知识 教师家庭教育指导针对问题 教师家庭教育指导方式与偏好 教师家庭教育指导内容与偏好 教师家庭教育指导成效
4. 教师家庭教育指导培训的需求	4.1 指导知识需求 4.2 指导能力需求 4.3 相关培训需求	教师亟需提高的家庭教育指导素养 教师最欠缺的家庭教育指导知识 教师对提升自身家庭教育指导能力培训的需求

一、教师开展家庭教育指导的认知态度

教师对家庭教育指导的认识态度如何?从本次调研中关于教师开展家教指导工作的初衷、目的和结果期待三个维度的调研数据获得如下结果。

首先,教师开展家庭教育指导的自觉意识较强,对自己指导改善家长教育行为充满信心。当问及"您从事家庭教育指导工作主要是出于什么情况"时,选择

"是作为教师应该承担的责任"这一项的人数最多，占有效问卷总数近八成，仅有不到一成教师认为是"学校的工作安排，要完成的任务"（详见图3－1）。当问及"您是否相信家长都是可转变的，再差的家长也能成为好家长"时，七成以上教师选择"非常相信"和"相信"（详见图3－2）。这反映出大部分教师把家庭教育指导作为教师"分内事"，主观上愿意承担此项工作，且对自身家庭教育指导的效能感较高，认为家长能在教师指导下做好家庭教育或者改善家庭教育行为。这一结论与调研中教师对"班级家长教育方面的改善评价"相互印证，接近九成的

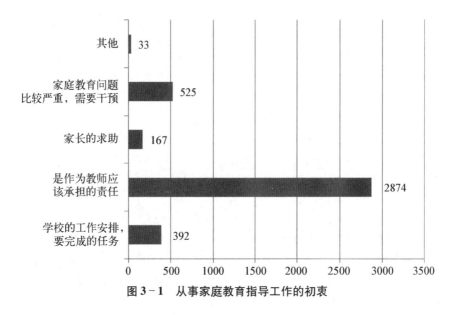

图3－1　从事家庭教育指导工作的初衷

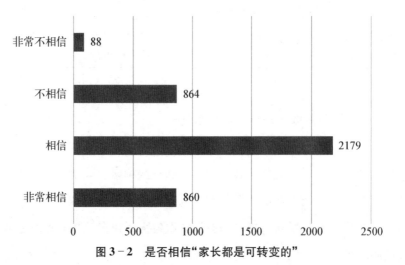

图3－2　是否相信"家长都是可转变的"

教师认为，经过一学期家庭教育指导，班级家长在家庭教育方面"有很大的改善"和"有一些改善"，二者占有效问卷总数的比例分别为28.6%和60.1%（详见图3-3）。

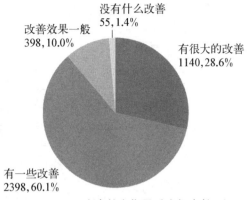

图3-3　家庭教育指导后班级家长在家庭教育方面的变化

其次，**形成家校育人合力是教师从事家庭教育指导工作的主要目的，但教师倾向于从学校和教师需求视角看待家校合作。**在问及"您从事家庭教育指导工作主要目的"时，选择"让家长了解学生在学校情况，使家校教育保持一致"这一项的人数最多，占有效问卷总数的比例为68.8%；选择"让家长配合学校、班级的工作"占到了19.0%。而选择"发挥自己的专长，改善家长家庭教育中存在的问题"仅占11.4%（详见图3-4）。说明大多教师希望家长能根据学校教育要求、班级工作需求与学校、老师进行交流和合作，但从家长需求、家长家庭教育问题角度开展家校合作有所欠缺。

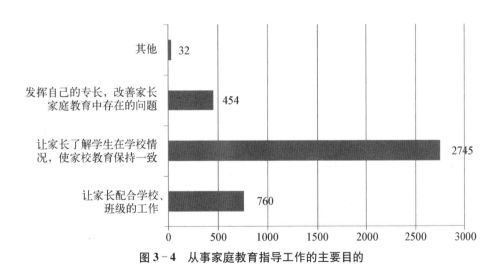

图3-4　从事家庭教育指导工作的主要目的

再则，**教师认为家庭教育指导一定程度上会妨碍教学工作。**当问及"您承担家庭教育指导工作会妨碍您开展其他教学工作吗？"时，接受问卷调查的教师中，超过三分之二的人选择"经常会"和"偶尔会"，合计占比达到67.3%；仅有不到三分之一的人选择"不会"（详见图3-5）。

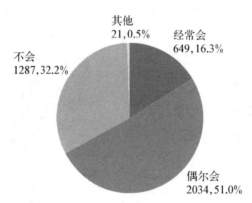

图3-5　承担家庭教育指导工作是否会妨碍其他教学工作

二、教师开展家庭教育指导的对象概述

"学生母亲"是教师家庭指导的主要对象，父亲"缺位"现象仍然较普遍。
数据显示，教师开展家庭教育指导时，主要面对的对象是"学生的母亲"，这一占比高达75.4%。选择"学生的父亲"和"学生的祖辈家长"的比例接近，分别是11.2%和9.1%（详见图3-6）。虽然随着学段的增高，"学生父亲"所占比例有所提高，但即使在高中学段，仅24%受访教师主要面对的指导对象是"学生父亲"。

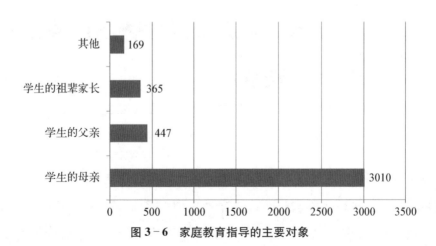

图3-6　家庭教育指导的主要对象

三、教师开展家庭教育指导的关注重点

本次调研综合当前关于教师家庭教育指导相关研究，梳理家庭教育指导的主要内容维度，主要包括家长家庭教育理念、教育方式方法、学生身心发展三个方面，并列举每个维度所包含的具体内容。从调研数据上获得如下结果。

在家长教育观念指导方面，排在首位的是教师对家长"孩子的全面发展观念"的指导。占有效问卷总数的比例达 60.8%；其次是"如何正确看待孩子的学业"，占有效问卷总数的比例为 23.1%。"如何正确看待父母亲与子女的关系"等方面的指导相对较少（详见图 3-7）。值得注意的是，就当前各类媒体舆论来看，家庭教育的问题很多都集中在亲子关系，因此，教师在家庭指导中应加强对建立良好亲子关系的指导。

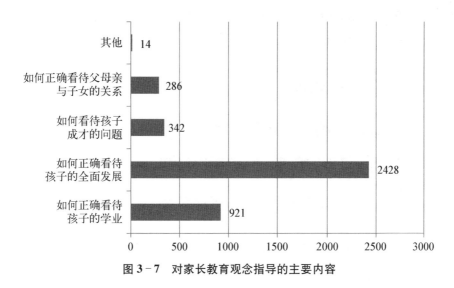

图 3-7　对家长教育观念指导的主要内容

在家长的家庭教育方法方面，指导最多的两个方面依次为"言教、身教与环境教育的关系"，占有效问卷总数的比例达 54.0%；"赏识表扬与否定批评的关系"的指导，占有效问卷总数的比例为 32.5%。而"物质奖励与精神鼓励的关系""家中祖辈参与孩子教育的相关问题"等方面的指导相对较少（详见图 3-8）。

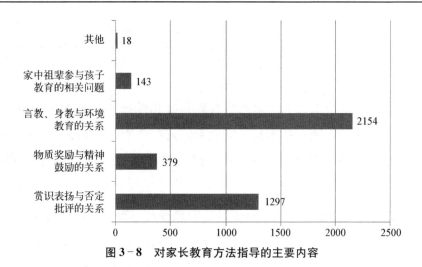

图 3-8　对家长教育方法指导的主要内容

心理健康与品行发展是教师在家庭教育指导中较为注重的内容。数据显示，教师开展家庭教育指导时，面对学生发展中存在的问题，指导最多的依次是"心理健康方面的问题""思想道德品质方面的问题""智能发展（学习）方面的问题"和"情绪、情感发展中的问题"。其中对"心理健康方面的问题"的指导略多于其他方面，对"人际交往的问题"的指导明显少于其他方面（详见图 3-9）。

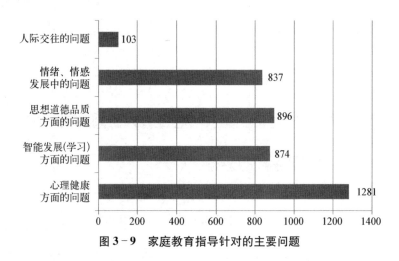

图 3-9　家庭教育指导针对的主要问题

四、教师开展家庭教育指导的主要方式

个别化指导是教师较为热衷的指导方式。当问及"您在开展家庭教育指导

时，主要采用哪一种方式"时，近七成的教师选择"个别指导"，占有效问卷总数的比例为 68.2%；选择"集体性指导活动"比例为 14.8%（详见图 3-10）。

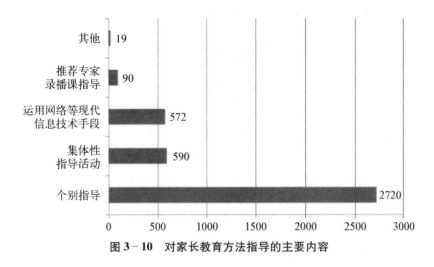

图 3-10　对家长教育方法指导的主要内容

在个别化指导中教师倾向于借助现代信息化媒介，面对面的沟通交流相对不足。近六成受访教师选择"电话、QQ、微信与家长进行交流沟通"。选择"家长个别接待"的教师占有效问卷总数的比例为 26.0%。选择"上门家访"的教师占有效问卷总数的比例为 12.6%（详见图 3-11）。

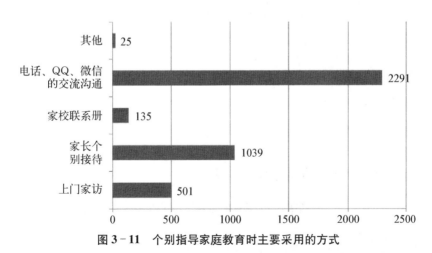

图 3-11　个别指导家庭教育时主要采用的方式

调研还显示，教师在开展指导中，较多通过信息平台媒介向家长推荐科学家庭教育资讯，如"在家长群（学校公众号）中推荐家庭教育相关内容""指导家长上网查询家庭教育有关知识"（详见图 3-12）。

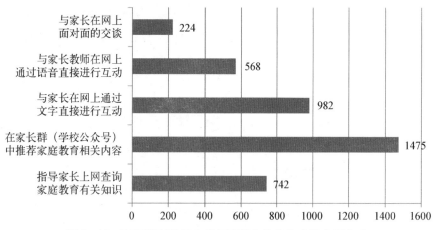

图 3 - 12　家庭教育指导中采用现代化信息技术的主要方式

五、教师开展家庭教育指导的知识获得

"在实践中学"是教师获得和积累家庭教育知识主要途径。当问及"您现阶段掌握的'如何正确教育孩子'的家庭教育知识，最主要来源是什么"时，选择"在自己教育孩子过程中的积累"的教师最多，占有效问卷总数的比例为43.3%；选择"从书籍、报刊和网络上自学"的教师居其次，占比为22.4%。从职后培训或职前教育中习得相关知识的教师占比合计不到25%，尤其是在职前教育中习得相关知识的教师人数，甚至少于从父母身上习得相关知识的教师人数（详见图 3 - 13）。

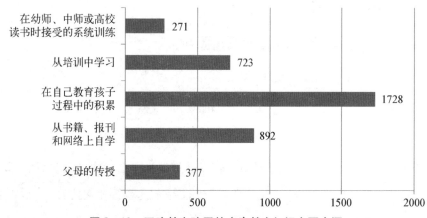

图 3 - 13　正确教育孩子的家庭教育知识主要来源

"实践"也是教师获得和积累家庭教育指导的知识主要途径。当问及"您现阶段掌握的'如何正确指导家长'的家庭教育指导服务知识，最主要来源是什么时"，超过六成的教师选择"在家庭教育的指导实践中的经验积累"，占有效问卷总数的比例为62.5%；选择"自学有关家庭教育指导的理论"的教师居其次，占比为20.5%。从相关培训或研究中习得相关知识的教师占比合计16.5%(详见图3-14)。

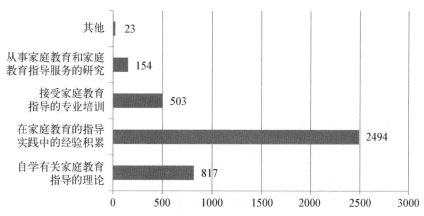

图3-14　正确指导家长的家庭教育指导服务知识主要来源

六、教师开展家庭教育指导的素养需求

在培训内容方面，教师希望通过培训获得与家长有效沟通的知识、方法和儿童发展与教育、家庭教育的相关知识。当问及"在家庭教育指导中，您认为最需要提高的是什么时"，选择"关于与家长有效沟通的知识和方法"的教师较多，占有效问卷总数的比例为39.9%；其次是选择"关于儿童发展与教育和家庭教育的相关知识"的教师，占有效问卷总数的比例为35.3%；选择"辨析儿童发展和家庭教育问题的能力"和"为家长开展个性化指导的能力"的教师占比分别为13.3%和11.6%(详见图3-15)。

在培训方式方面，教师更期待"基于实践的、参与式"的培训方式。当问及"您最希望提升自己的家庭教育指导能力方式是什么"时，选择"通过参加家庭教育指导的业务研讨"的教师略多，占有效问卷总数的比例为33.8%；其次是选择"通过自学和自我实践"的教师，占有效问卷总数的比例为27.2%；选择"通

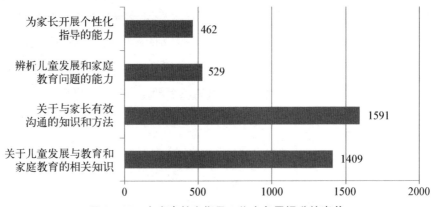

图 3-15   在家庭教育指导工作中急需提升的素养

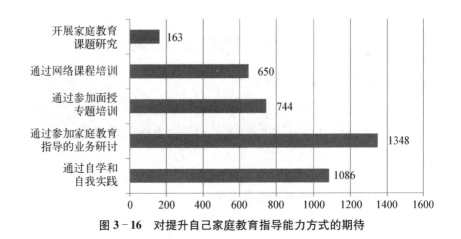

图 3-16   对提升自己家庭教育指导能力方式的期待

过参加面授专题培训"和"通过网络课程培训"的教师占比接近,分别为 18.6%
和 16.3%。

教师对培训内容与方式的需求选择,可能存在多种原因,一方面是因为家庭
教育较为复杂,不同家长有不同的需求,家庭教育指导是一项实践性强的工作,
教师已有相关的知识和经验多是通过实践积累所获得;另一方面,已有的关于家
庭教育指导的相关培训课程不能满足教师的实践工作需要,或者说教师认为"不
太有用"。这些都为系统开展教师家教指导能力建设提供了重要参考。

第三节   提升教师认知能力的策略

提升教师家庭教育指导的认知能力,要遵循"认知"的基本规律,为教师创设提升心理学、社会学、伦理学相关领域知识的机会，使其深入、直观地了解学生身心发展特征以及学生家长和家庭本源性的规律。同时，在教师专业培训与教师专业成长环境创设中，尤其是对青年教师，要有意识地加大和引入相关的学科知识，强化学科知识点掌握。实践中，要遵循《家庭教育指导纲要》要求，有针对性地分解相关的知识点，让教师通过学生心理健康教育、家庭教育指导等实践，提高教师对家庭教育指导的认知；创设观摩、研讨机会，提高"临床"诊断能力，为提升教师的认知能力奠定基础。本研究分别从区域化宏观思考和实践需求两个维度提出实施策略。

一、基于调研数据的宏观思考

深入地调研，全面而真实反映教师对家庭教育指导的认识、态度以及开展此项工作的现状、困惑和需求，为因"需"制"策"，因"人"施"策"，着力改善和提升教师家庭教育指导能力打下了坚实基础。笔者和课题组根据 8 个省、直辖市、自治区的一线教师调研数据结果，从宏观顶层视角提出提升教师家庭教育能力的途径策略。

（一）需要为教师创设"减负"环境，引导教师自觉践行"久久为功""厚积薄发"的家庭教育指导行动

从调查可以看出，几乎所有教师都认识到家庭教育指导对于青少年学生身心发展的重要性，这其中有超过七成的教师认为家庭教育指导工作是教师应该承担的责任，而不只是学校安排要完成的工作任务，也不是家庭教育出现严重问题时才采取措施的被动要求。教师对家庭教育指导的正确认识促使他们积极行动，虽然三分之二的教师感到家庭教育指导工作会与自己承担的教学工作有冲突，但是他们仍然相信家长是可以转变的，相信让家长了解学生在校情况后有利于家校合力育人，所以他们在接待家长和解答家长问题时，能做到尊重、谦和。

虽然教师认识到家庭教育指导的重要性并能身体力行，但是调研总数中有三分之二的教师感到承担家庭教育指导工作会妨碍其他教学工作，需要引起管理层足够重视。究其原因，现实中，教师除了教育教学和管理工作外，还有各种检

查、评比、考核，各类调研、统计、信息采集等，还有一些地方和部门习惯性地把自身工作延伸到校园，给教师增加了不少额外负担。要切实落实中共中央办公厅、国务院办公厅印发的《关于减轻中小学教师负担进一步营造教育教学良好环境的若干意见》精神，真正把负担降低到合理范围内，教师才能全身心投入教书育人工作，才能投入更多精力开展家庭教育指导。同时，要引导教师们认识到，开展家庭教育指导和自觉提升家庭教育指导能力是一个教育理念重构和行动重塑的过程，在初期或者一段时期内是会打破"平衡点"和搅动"舒适区"，无论是业务学习还是实践强度，都会带来一定程度的负担，任何一门专业的掌握必须树立专业修炼意识。在此基础上，应创设条件让广大教师体验到内生能力提升的成就感，让广大教师"轻装上阵"，不断提升和发挥自身的专业优势，开展家庭教育指导。

（二）教师迫切需要专业支撑，要通过顶层设计、梯次推进，从培训的机会、方式和内容等方面系统有效供给

从调查数据可以看出，教师们现阶段掌握的关于正确教育孩子的知识、关于正确指导家长的知识，主要是来自自身经验，如教育自己孩子的经验、指导家庭教育的经验等；还有一些教师的相关知识主要来自自学，如书籍、报刊、网络等渠道。超过四成的教师在承担家庭教育指导工作时感到"勉强支撑"，另有部分教师在承担家庭教育指导工作时感到"十分吃力"。对教师"希望提升自己的家庭教育指导能力方式"调研结果来看，六成教师选择"通过参加家庭教育指导的业务研讨（即基于问题解决的实践经验交流）""通过自学和自我实践"，远远高于选择"通过参加面授专题培训"和"通过网络课程培训"的教师。

制度带有根本性、全局性、稳定性，推进教育高质量发展，最重要的是靠制度。落实到教师家校合作育人能力建设，亟需系统的顶层设计和政策制度出台。从当前的现状来看，无论是教师入口的专业素养基础，还是职后培训，还是职中的专业评价，都缺乏对教师家教指导这一能力培养的制度设计和机制保障。对于教师家教指导工作还没有刚性的考核指标和有效的考核方法，基本上只是纳入班主任和德育干部的常规工作考核中，难以体现独特的专业要求。对于一般学科教师则基本上没有相关考核要求。当下要借助中共中央国务院《深化新时代教育评价改革总体方案》的契机，在家校合作育人大系统落实多元、综合评价。与此同时，由于教师家教指导能力是一项实践性很强的能力，要从培训目标、内容和方式进行整体设计，更多开展参与式培训、体验式培训和案例分析，实现经验和能力在"传、帮、带"中有效提升。

（三）多数教师主要采用个别指导的方式开展工作，比较依赖信息技术助力，需要关注集体指导，引导信息化与传统手段的相互融合与优势互补

从调查数据可以看出，多数老师主要采用个别指导的方式开展家庭教育指导，这无疑是符合家庭教育指导现实需求做出的正确选择。每个家庭都有自己的问题和烦恼，家庭教育指导的需求千变万化，教师开展家庭教育指导时必须做好关注家长个性化需求这个前期功课。在个别指导家庭教育的过程中，近六成的教师使用了电话、QQ、微信等与家长交流沟通，采用传统上门家访或日常约谈等形式的个别指导较少，说明现代通讯工具已经成为家庭教育指导的重要手段。

从家庭教育指导的组织方式来看，主要有个别指导和集体指导两种形式。个别指导更加有针对性，更有利于因材施教。集体指导是根据家庭教育中普遍存在的问题和需要，以教师或专家组织的活动为载体，家长参与的一种指导形式。这两种指导方式，尽管都可以借助现代信息技术来实现，但从家庭教育指导的实践属性和情感能力的要求来看，人与人之间的深度交流和育人问题的有效解决，不能过于依赖于信息化和线上手段，线下面对面的交流沟通依然无法取代。需要统筹兼顾，线上线下融合，实现优势互补，综合施策。同时，无论是通过培训还是通过自学获得家庭教育指导的知识和提高相关能力，都需要以有效机制做保障。要将教师家校合作育人各项工作纳入教师奖励性绩效考核范围，纳入学校办学目标绩效考核评估体系来督导考核，实现激励导向。

（四）需要理清学校、教师在家庭教育指导服务系统中作用和责任边界，引导激励家长和社会参与，发挥不同主体的教育功能

学校、教师是家庭教育指导服务体系中的重要组成部分，其责任和重要性不仅在各类政策文件中得到肯定，在实践中学校、教师也将参与指导家庭教育促进家长科学育儿认识提升转为实践行动。但学校、教师是整个家庭教育指导服务体

系中的一部分，在与其他主体发挥协同作用中应有其独特作用和责任边界。对于大多数教师而言，以学校为空间的教育教学是其工作核心部分，如何关照教师专业特点和工作实际，从"教师能为"的角度确定在家庭教育指导中的边界，在实践中尤为重要，否则会让教师陷入无头绪的工作中，如在家庭教育指导中陷入学生父母之间的家庭矛盾、祖父辈的代际矛盾中。调研中显示的教师开展家庭教育指导过程中感到"勉强支撑"，感到"十分吃力"的现状可能不会得到改变。在当下，可以探索建立内外结合的"双循环"机制，其中"内循环"是指以区域教育行政部门为主导、学校为主体，教育专业部门、学校、家长和社会人士合力推进的发展循环；"外循环"是指集党委政府主导的教育部门、相关职能部门、社区和国际元素于一体的社会大环境优化。通过"双循环"的有效运行，让家庭、学校和社会发挥各自优势，构建教育合力，使得家校社协作育人有效推进。

二、基于实践需求的具体策略

（一）基于教师需求与认识方式的研修

对于教师来讲，培训需求分析是培训系统中最为关键的一个环节，是确保培训课程具有针对性与实效性的重要条件[①]。要意识到，教师的家庭教育指导能力具有差异性，影响教师家庭教育认知能力因素也多种多样。提升教师家庭教育指导认知力的培训，应改变那种"单一"培训内容和培训方式。应该以教师主体和工作实际为出发点采取多样且有效的培训模式。比如可以采取"需求式"培训模式，即建立完善的需求调研和过程信息反馈系统，并不断根据这些信息，调整培训的内容与方式，尽量"培"教师所缺的、"训"教师所需的。

案例："清单、接单、菜单、回单"的四单模式

上海市奉贤区教育学院附属实验小学的推出"清单、接单、菜单、回单"四单模式。该校此模式做法是：学期初，教师或教研组向学校开出"需求清单"，学校积极"接单"，为教师制订一份优质的"培训菜单"；学期中为教师建立一

---

① 赵德成，梁永正，朱玉玲. 教师培训需求分析研究的回顾与思考[J]. 教育科学，2010(5)：64-68.

份电子成长档案，让教师可以通过电子雷达图检验自己的成长收获，继而填写"回单"进一步认识自己，分析自我，从而实现自我提高。

"清单式调研"就是"问需于师"，倾听教师发展需求。清单分"个人清单"和"教研组单"两种形式。"个人清单"是根据教师个人的自我需求、特长等，让教师自己制定专业成长计划，自己提出专业主张，寻找自己的新增长点和突破口，教师也可以自己寻找学习对象；自己寻求结对师傅，找到自己专业的引路人。"教研组清单"则从教研组层面出发，在教研组长的带领下，教师们确定教研组共同的成长规划，并提出需要学校提供的支持，确立团队专业发展目标。

订单式研发：抱团取暖，激发教师团队合作。充分发挥骨干教师示范、引领和辐射作用。让他们成立工作室，从教学实践、课程设置、学生发展中探寻问题，确立研究主题，制订研究计划，向学校递交申请。学校通过审核后，工作室的主持人再进行招兵买马，组建优质团队，进行创新项目订单、主题活动订单两类订单地研发。是融双向选择、组合型、需求相契为一体的合伙人模式。

菜单式配送：课程选择，促进教师长足发展。根据教师的个人清单和教研组清单，学校每学期为教师制订一份优质"培训菜单"。教师可以外出学习考察，可以选购需要的书籍，可以选择订阅有关杂志，可以自主聘请专家，在配送主题活动菜单、教科研菜单、后勤服务菜单、社团活动菜单等配送中帮助教师得到更好的发展。

回单式反馈：及时反馈，把握培训改进方向。学校为每一位教师建立了"电子成长档案"、还可以通过电子雷达图检验自己的成长收获。然后，让教师根据"清单"填写"回单"，使教师进一步认识自我，分析自我，从而达到自我提高。学校则成立教师专业发展评审小组，通过"回单"，积极帮助教师分析存在的问题，并对解决问题的方法、措施提出建设性的意见。

（二）扎根实践的反思性研究

个体获得知识与经验的过程是"顺应和同化"不断转化的过程，个体运用已有的认知（知识）结构解释与整合新的信息，经过长期知识和经验的积累，逐步形成特定的认知结构（即图式），形成的认知图式随着知识和经验的积累而不断发展，教师的知识结构和适应能力也不断进行建构和再建构。教师在自身的家庭教育和家庭教育指导中，通过知识与经验的积累来建构自己关于家庭教育的认知图式或心理表象，并将认知图式或心理表象以经验的形式储存在起来，成为教师认知结构的主要成分。有研究表明，相对于新手教师，经验型和专家型的教师在教育中的优势较多地表现在基于知识和与知识相连接的基于实践反思而获得的经验的积累，把较为抽象的、显性的专业知识转化为个体实践性知识。

教师在建构个体实践知识，包括家庭教育指导知识的过程中，一方面，通过反省和检查自己的观念、行为减少主观性，或者"随波逐流"迎合社会、家长不正确认识需求的发生；另一方面，经过长期知识和经验的积累，建构精确、高效的教育信息加工图式，能较为敏感地从儿童、家长的言行捕捉到家庭教育的信息，自动生成对问题的分析和行动的策略指导，以提高指导的针对性和有效性。

以此，对于教师而言，"学习—实践—反思—形成实践性经验—再学习—实践运用经验—形成实践性知识"是提升家庭教育指导专业认知能力路径。

案例：周老师是一名入职五年的幼儿园老师，与她一直搭班的骨干教师要带教新进教师，这学期起，周老师要当班主任，并与比自己还要年轻的老师搭班了。以前在开展家庭教育工作时，总是骨干教师冲在前面，周老师基本上是做些配合工作，现在得自己独当一面了，还接到要带一个新小班的任务。在得知这个情况后，周老师虽然有点担忧，但也树立了"不会就学，努力尝试着做"的决心。

五年的工作经历让周老师认识到，带新小班，最初的任务是对每位要入园的幼儿进行家访。这次家访很重要，是老师第一次走进幼儿的家庭，与幼儿第一次见面，与家长第一次面对面交流。是老师、幼儿、家长了解彼此的开端，是建立良好家园关系的基础。

暑假初，在还未分班时，周老师就根据自己以往和搭班老师家访的经历写下家访的一般流程；翻阅一些关注幼儿身心发展的书籍，着重进一步学习2—3岁幼儿的身心发展特点，结合以前带小班的一些案例去理解书本上的知识。调出以前的幼儿观察记录，对以往的反思进行再反思，发现能找到更多幼儿行为背后的原因和教师应该为幼儿提供的支持。

分班后，周老师并没有马上开展家访，而是认真翻看幼儿报名信息单，整体了解幼儿的月龄、性别分布和家长年龄段、受教育的程度和职业情况。查找一些关于家庭教育的调研资料和家访文献资料，获取家长可能存在的一些教育观念、教育行为类型，了解与家长沟通的一些内容和技巧。

做好一些前期准备工作后，周老师带领搭班老师和班级生活老师开始家访。第一家家访后，周老师及时回忆记录家访情景、过程，反思自己与搭班教师的行为，思考家庭中的教育状况，并梳理去下一个家庭家访要注意的要点，使随后的每一次家访更加有目标性……

整整两周的家访，周老师的家访积累本记录得密密麻麻。为开展有效的家园合作打下了坚实基础，在幼儿园教师开展的家访家长满意度的调查中，周老师的班级家长满意度名列前茅。

（三）参与团队研讨的合作性分享

对教师专业发展而言，尽管教师个体的自我反思、自我学习与自我成长是必要的，但是积极地投入到专业群体中，与其他教师进行交流与合作对提高教师的专业水平同样重要。因此，教师要有这样一种共同的认识，即教师集体是一个合作互助的专业共同体，教师间的同伴互助、相互支持与合作能够使共同体中的每一个成员分享彼此的观点和经验，促进各自的发展[1]。教师家庭教育指导能力的提升也是在个体反思性和团队合作的方式中获得的。

案例：随着学校规模的扩大，某校职初教师（入职五年内）的比例不断扩大，在对职初教师的专业需求调研中，需要获得"开展家长工作指导"仅次于"需要获得学生管理指导"，位于第二。

回应教师发展需求，学校教师发展领导小组决定建立家庭教育指导发展团队，团队吸纳经验丰富的德育主任、资深班主任和职初教师参加，并邀请市级、区级专家参与。学校搭建了日常工作沟通的媒体平台，平台运作的方式是：职初

---

[1] 周坤亮. 指向教师专业发展的学校组织变革[J]. 教育理论与实践，2013(19)：28-31.

教师发布实践中碰到的具体问题——德育主任、资深班主任提供可供行动的方法——职初教师实践后的效果反馈和收获思考分享——德育主任总结家庭教育指导典型案例，成为教师家庭教育指导力提升的校本化项目。这样的团队让不同教师在团队中获得成长：为年轻的教师家庭教育指导工作提供具体支持；为资深教师个体的实践经验通过传递而外显并深化。除此之外，职初教师活跃的思维和一些符合年轻家长需求的指导方式也促进资深教师不断更新自己的认知。

总之，认识儿童身心发展规律，认知家长、家庭和家庭教育规律，是一项系统工程。需要每位教师在实践中积累认知知识，在积累中提升认知能力，为全面提升家教指导力打基础。

第四章　教师家教指导力的沟通能力建设

教师开展家庭教育指导，始于对家长、学生及其相关教育主体或事件的认知，对于这些家庭教育涉及要素形成基本的教育理解；在"理解"的基础上，教师需要与家长或学生等教育对象展开沟通，沟通的过程不一定是指向单一对象，还可能涉及教师所在学校的领导和同事，有时还可能涉及相关的社区人员，与他们共同协商探讨更好地开展家庭教育的方案。因此，沟通能力是教师开展家教指导的基本专业能力。

第一节　理解沟通能力的内涵

亚里士多德说过，"受教育的标志是你可以不接受某一观点，但能够容纳它。所以愿意沟通比沟通更重要"。教师本人和教师在指导家长过程中，要认识和自觉践行"主动沟通"[1]。教师在日常工作中需要经常与学生沟通、与其他教师沟通、与家长沟通、与学校领导沟通，甚至是与社会相关部门沟通，沟通是教师工作的重要内容。沟通能力作为教师都应该具备的一种基本能力，是教师家庭教育指导的专业能力"基点"，是体现教师教育智慧和教育素养的关键能力之一。

社会心理学对沟通的定义是：沟通是指在社会管理中发生的，两个或两个以上的人或者团体，通过某种联系方式，传递和交换彼此的意见、观念、思想、情感和愿望，进而达到双方的相互了解、相互认识的过程。[2]语义上讲，教师的沟通能力是指教师所具有的构建师生间相互信任、相互理解和相互尊重的融洽、和

① 洪明. 有些父母只是"好像"跟孩子在一起[N]. 中国教育报, 2020 - 03 - 05(009).
② 焦昆，岳丹丹. 家校沟通的有效性研究[J]. 内蒙古师范大学学报(教育科学版), 2015(5)：14 - 16.

谐关系的能力①。要构建起师生间融洽、和谐的关系需要教师关注学生的方方面面，包括学生的家庭和家长。一名教师，往往要面对的是几十个学生家庭，几十个乃至上百个家长，这些家长们又来自社会的各个阶层，文化修养不同，经济条件不同，对子女的期望值不同，家庭教育理念和方法也不同，多元的差异和复杂的社会环境，决定了家校沟通的复杂性和艰巨性，更决定了教师开展家庭教育指导必须要具备良好的沟通能力。

一、沟通与沟通能力的意义

沟通是人们分享信息、思想和情感的过程。沟通过程的要素包括沟通主体、沟通客体、沟通媒介、沟通环境和沟通渠道。这种过程不仅包含口头语言和书面语言，也包含肢体语言、物质环境等赋予信息含义的任何东西。沟通能力则是指一个人与他人有效地进行沟通信息的能力，包含着表达能力、倾听能力和设计能力。一个具有良好沟通能力的人，可以将自己所拥有的专业知识及专业能力进行充分发挥，是个人素质的重要体现，关系着一个人的知识、能力和品德。

《现代汉语词典》（第7版）对于"沟通"的解释是"使两方能通连"。"沟通"这个词很有意思。从字面上看，它的第一个字是"沟"，第二个字是"通"，也就是说先要有一条沟，水流过这条沟，才能实现畅通。一条沟里的水怎样才能畅快地流淌？最基本的条件是：沟的两端是一样高的，即相对平等的。"平等"一方面有关情绪，另一方面有关内容。有调查显示：在人与人沟通的过程中，情绪起到了70%的作用，内容则起到30%的作用。

语言是人类特有的一种非常好的、有效的沟通方式。语言的沟通包括口头语言、书面语言、图片或者图形。口头语言包括面对面的谈话、开会等。书面语言包括人们的留言、信函、图片等，这些都统称为语言沟通。在沟通过程中，语言沟通更擅长于内容和信息的传递。

肢体语言也是一种非常重要的沟通方式。肢体语言非常丰富，包括人们的动作、表情、眼神、语音语调等。人们在说每一句话的时候，用什么样的音色去

---

① 陈丽萍. 谈教师沟通能力的培养[J]. 新课程(小学版), 2009(11): 52.

说，用什么样的语调去说等，都是肢体语言的一部分。我们说语言更擅长沟通的是信息，肢体语言则更善于传递人与人之间的思想和情感。

沟通是一门功课，教师要找到恰当的沟通方式，找准与家长沟通的内容，让沟通畅通无碍。教师与家长的沟通，能够促使家庭教育和学校教育形成合力，这是教育好孩子的前提条件①。因此，培养教师的沟通能力，既是教师专业能力建设的必要构成，又是提高教师家教指导力的必然要求。

二、家校沟通的区域调查分析

笔者主持的课题组，先后多次对上海市奉贤区开展了家庭教育专题调研。2016 年 9 月，课题组对区域内 40 所上海市家庭教育基地校的家长进行调研，近78%的家长表示主要从学校获得家庭教育指导服务，这说明家长对学校的家庭教育指导有比较强的依赖感和信任感，也对教师家教指导力提出了很高的要求。在2018 年的区域大调研中发现，奉贤区学生家庭中非独生子女家庭比例在不断提高，有农村学校已经达到 52.16%；而区域年轻职初教师的比例占教师总人数四成以上，尤其是新建学校基本上达 80%以上，这些教师群体是名副其实的"独一代"，教师个人的成长经验与当今社会家庭的变化发展存在一定的距离，没有接受过家庭教育专业培训，甚至很多未婚教师连基本的家庭教育经验都没有。在访谈中，不少年轻教师坦诚：害怕与家长交流，更害怕家访。沟通能力已经成为教师亟需提升的能力。

在 2017—2020 年连续四年开展的奉贤区中小学生"七彩成长"满意度调研中，问到学生对"老师经常通过家访、电话或微信等联系我父母亲等家长，反映和了解我的学习情况，我喜欢老师这样做"（简称家校联系沟通情况）的满意度。调查数据显示，学生对家校联系沟通情况的满意度为 8.59 分，在 24 个与满意度相关问题中居后，为 21 位。具体来看，随着学生年龄增长，学生对家校联系沟通情况的满意度逐渐下降，并在高中一年级时达到最低值。

学生对家校联系沟通情况不甚满意的状况，从另一个侧面反映出，当前家校

---

① 徐平. 如何提升教师和家长的沟通能力[J]. 教书育人，2017(5)：64.

联系沟通存在较大问题，亟需重新审思和调整改善。

三、家校沟通不畅的主要成因

教师在和学生家长沟通的时候，要明确学生家长受教育的情况、脾气性格是有很大差异的，有针对性地与学生家长沟通，才能提高沟通的效率[①]。目前，家校间沟通不畅、甚至产生情绪对立的现象在实际工作中并不少见，也是影响家校合作的重要因素。课题组结合日常观察及与教师的访谈发现，一线教师家校不良沟通的原因很多，主要有：

（一）欠缺技能，存在障碍

有些老师由于缺少沟通相关的理论和技能训练，导致缺乏自信，存在一定程度的沟通焦虑和沟通恐惧，害怕谈话，害怕自己不善沟通，害怕面对家长的疑问甚至质疑，导致沟通障碍。

（二）居高临下，喜欢说教

教师的职业习惯容易造成教师习惯于居高临下、喜欢说教的心理，在与家长的沟通中经常一味地表达自己的情绪，这样的心理和状态会让教师在家校沟通与交流中，不注意倾听，不注意分析学生、家长的情况，急于抱怨学生、指责家长。而一味指责、抱怨、教训、说教的口吻会使家长产生"低人一等"的屈辱感，引起家长反感，影响家长积极主动地去思考和寻找解决问题的方法，甚至造成对立情绪。

（三）随意呼叫，限时限刻

教师在工作中及时与家长取得联系是必要的，但不分轻重缓急、不分时间场合，随意叫家长到学校会产生一定的负面影响。家长有自己的工作，并不是随叫就能随到。家长往往因为教师约请需要临时请假，甚至耽误工作等，人还未到校

---

① 徐平. 如何提升教师和家长的沟通能力[J]. 教书育人，2017(5)：64.

已经在心理上产生了一定的抵触情绪。而且，请家长到学校，学生的心理上也会产生紧张、害怕，甚至抵触，不利于教师、家长与学生之间的情感交流，沟通也较难达成预期的目标。

（四）不分场合，轮番轰炸

很多教师请家长到学校，直接在教师的办公室内交谈，办公室人多口杂，私密性差，家长会有很强的防御心理，不愿意敞开心扉，甚至会觉得自尊受损。在办公室交谈，还经常会有其他任课教师加入进来，你一言我一句，几个教师联合起来轮番轰炸，容易引起家长的抵触，甚至激怒家长，从而引发冲突。

以上这些需要引起教师和教育管理者、教育专业部门的关注，并采取切实有效的方法加以改进。

第二节　培养沟通能力的途径

沟通能力是一项实践性非常强的"口头活"，没有捷径可走，需要在实践中训练和提升。教师要充分利用家访、家长会、接待来访、在线沟通、书面沟通等多种途径，密切与家长的联系与沟通，在与各类家长交往中不断培养和提升沟通的能力。

一、在有效家访中增进情感交流

与家长互动沟通，交流感情，共商教育孩子的方式方法，是加强学校教育与家庭教育相结合的重要途径。其中，家访是教师进行具体的、有针对性的学生个别教育的常用方式，也是进行家庭教育指导的一种常用方式，是密切教师与学生、教师与家长之间联系的有效途径。然而，目前一些老师怕麻烦，平时不上门家访，更多靠网上信息往来，或者只集中在每学期期初或期末家访，家访流于形式；还有一些老师仅仅在学生发生问题、需要向家长"告状"时才家访，使学生和家长都对家访产生了负面的理解。

其实，传统的老师上门家访，有它独到的优势。通过家访教师能深入了解学生的家庭教育状况，拉家常式的面谈更能让学生和家长感受到老师的关心和重视，更能敞开孩子与家长的心扉，增进彼此情感的交流，拉近彼此的心理距离。教师在家访中，首先从情感上走近学生及家长，让家长感受老师的诚意，打开家长的心门。其次，在家访前一定要做好充分的准备，从家访内容的确定、家访提纲的制定、家访时机的选择及与家长沟通的艺术等方面多多学习、多多思考。成功的家访，要求教师与家长沟通时能人情练达，教师要学会创设良好的、宽松的谈话气氛，说话态度要谦和，语言要礼貌，要耐心倾听家长的意见，不要盛气凌人，要耐心细致地从学生年龄段心理特点、发展趋势入手，善于用自己的专业知识赢得家长的信任，在真情实感的交流中形成家校合力。

比如，在上海市家庭教育优秀指导者、奉贤区实验中学徐丹老师看来，与家长的沟通与交流只用电话"一线牵"是远远不够的，心与心之间的碰撞，需要面对面的真诚交流，所以徐丹始终把家访放在班主任工作的首位。她走进每一个孩子的家庭，亲切而自信地向家长介绍自己，在交流沟通中消除家长和学生的疑虑，她耐心且细致地询问学生与家长的需求，观察家庭互动的方式，一一铭记于心，搭建起家校沟通与合作的有力桥梁。一次期末家长会上，班中有一位学生成绩下滑明显，孩子母亲当场急得直掉眼泪，徐丹老师感受到家长的惶恐、焦躁与无助后，担心母亲的情绪会给这位性格较为内向的孩子带来更严重的心理压力与负担，于是在家长会后立刻家访，与这位母亲一起分析孩子成绩下降的原因，肯定孩子的优点，寻找问题的症结所在，提出解决意见，引导母亲调节自我情绪与行为，发挥家庭、学校共育合力。

随着形势的发展，家访制度已经成为中小学教师评价的重要内容。2020年10月，中共中央国务院印发《深化新时代教育评价改革总体方案》（简称"总体方案"）明确指出，"落实中小学教师家访制度，将家校联系情况纳入教师考核"。因此，教师一定要用好家访制度，掌握家访的方式方法，让家访成为增进家校情感交流、开展家教指导的有效途径。

二、在家长会上激发思想碰撞

家长会一般是由学校或教师发起的，面向学生家长，以教师的交流、互动、介绍性的会议或活动为主。召开家长会是进行家教指导的一种有效途径，同时也是班主任工作的重要组成部分。通过召开家长会，班主任可以把学校的最新管理理念和管理措施展示给家长，以取得家长对学校各项管理工作的理解和支持，并提升学校在社会上的影响力。老师们也可以展示自身的风采、教育的理念、班级管理的措施等，赢得家长对教师、对班级工作的理解和支持；还可以向家长传播先进的教育理念和信息等，在沟通中激发思想的碰撞，达成教育共识。

要开好家长会，首先要明确家长会的目的。教师一定要思考并明确家长会的目的和任务，选定中心内容，加强正确教育理念的宣传和传递，指导家长树立科学的育儿观。其次，要丰富家长会的形式和内容，教师要精心"备课"，改变"教师讲、家长听"的传统模式，设计不同形式的互动让家长参与进来。如，可以结合主题邀请家长做典型发言或经验介绍，可以选定班级共性的问题展开圆桌讨论、集会式研讨、角色扮演等，在多种形式的互动中促进彼此的交流，在交流中促进相互理解。教师还要注意和家长沟通的方式方法，尊重家长，多用肯定、鼓励的语言，多分享有效方法、对策等，帮助家长树立信心，凝聚家校合力。教师切忌在家长会上批评指责家长，更不要把个别学生的问题在家长会上当众讲，保护好学生和家长的自尊。

国内外教育研究显示，在孩子的成长过程中，父亲有着母亲不能替代的作用，而受传统"男主外、女主内"观念的影响，很多家庭中父亲仍扮演单一的"经济的提供者"角色，他们不善表达、不与孩子互动、陪伴孩子的时间很少。针对这一现象，某校王老师设计召开了一场"爸爸家长会"，向爸爸们发出家长会邀请函。家长会上，王老师设计了奥巴马的故事、"孩子们眼中的爸爸"采访调查、"爸爸，我想对你说"真心话述说、"父亲在家庭教育中的重要地位"微讲坛等内容，爸爸们或静静聆听，或低头笔记，个个都是那么认真，一股暖流在教室静静流淌。在《父亲》这首文辞优美、旋律动人的歌曲中，爸爸们畅谈了此次家长会的感受，"从今晚起我争取每天陪伴孩子！"一位父亲站起来，激动地立下"军令状"，很多爸爸纷纷表示赞同，会后还有很多爸爸发来短信表示会多参与孩子的教育，让王老师感动不已。这次家长会有效转变了爸爸的教育理念，增强了爸爸积极参与家庭教育的责任心。这个案例也充分表明开好家长会的意义所在。

三、在接待来访中探讨教育方法

家长来访主要分为主动来访和应邀来访，前者一般是家长为了解孩子的情况、咨询与探讨教育方法主动来的，后者则是教师为解决某些问题而特意邀请家长来访的。在学校接待家长来访已成为教师密切家校沟通、开展家庭教育指导的重要途径之一。

有过这样一个案例：小强作业经常不能按时完成，为了改变这一现状，老师把小强妈妈请到了办公室。"他最近作业一直不做，小强妈妈你知道吗？""你在家里是不是不管他的作业啊？""你再不好好管管他，就真来不及了。"……办公室里语文、英语、数学老师你一言我一句，小强妈妈低下了头，当天放学，妈妈把小强打了一顿。接着几天，小强的作业还是没完成，老师再次打电话想请小强妈妈到学校来面谈，结果小强妈妈到了校门口却不肯进校门……像这样沟通不畅，甚至产生情绪对立的现象在实际工作中并不少见。针对出现的问题，老师及时改变了态度与方法，主动到校门口，把家长请进了学校的接待室，泡上一杯茶，真诚地表达想与家长共同商讨方法、帮助孩子进步的目的，老师的以礼相待让家长的情绪有了很大缓和。在妈妈的讲述中，老师才了解到，孩子的爸妈经常晚上加班，孩子一个人在家，自己做饭、写作业，家长无暇照顾孩子，内心已经充满愧疚，老师理解了家长的难处，与家长积极商讨解决方法，老师主动提出多利用课余时间抓孩子的作业，并通过家校联系册及时反馈孩子的作业情况，家长也可以通过家校联系手册多与老师沟通反馈，共同督促孩子养成良好作业习惯。家长很感动，一再表达对老师的感谢，一次情绪对立抗拒得到了有效解决，家校间建立了理解与信任，并努力达成了教育的共识。

分析案例可以发现，在接待家长来访时，教师要选好谈话地点。可以选择环境优美、氛围幽静、不被打扰的功能教室，或校园长廊、景观亭等，良好的谈话环境有利于消除谈话双方的顾虑，有助于双方推心置腹地交流孩子的情况，一定要避免在人多口杂的公共空间。在接待家长来访时，教师要保持良好的态度，热情欢迎，以礼相待，请家长坐下，为家长倒上一杯热茶，拉近彼此距离。教师在和家长交流中要多表扬孩子的进步，肯定孩子的闪光点，对学生要进行客观的评价，不得一味批评指责，针对存在的问题要听听家长想法，共同商量对策，拟定实施计划等，给家长指导建议，让家长看到问题，更要看到希望。对家长提出的意见建议要认真聆听并虚心接纳，与家长产生意见分歧时，切莫与家长争执，要适时引导家长站在教育孩子的角度去思考。如果家长感受到了教师的真诚和尊重，就会从情感上接近老师，乐于敞开心扉深入探讨孩子的教育问题，并乐意接受老师的指导建议。

四、在在线沟通中提升媒介素养

在"互联网+"时代，家校沟通的途径和方式越来越多，及时便捷的在线个别指导如短信、微信、QQ 等正成为教师与家长交流指导的重要工具。尤其 2020 年受新冠肺炎疫情的影响，在线沟通成为了家校沟通的主要形式，这也是对教师在线沟通能力的重大考验。

首先，教师要积极发挥在线沟通的优势。在线沟通有强大的图文优势，在线交流可以多发送学生表现进步的照片、视频等，让家长更直观地了解孩子的情况，感受到老师对自己孩子的关注和关心，促进双方的沟通与理解。教师也可以利用网络优势多转发专业的家庭教育指导文章，向家长传播先进的教育理念。

但是，由于在线沟通不是面对面的交谈，看不到对方的表情，感受不到语音语调，所以尤其要注意文字表达的规范，避免用模棱两可甚至会引发歧义的语句，多用征求意见的词句，忌指责批评。在发送之前，教师先自己读一遍，确认无误后再发送。

在在线沟通中，教师要积极做好交流平台的管理。在线交流的便利和不受限制也带来了新的问题，容易增添新的烦恼，如：过度沟通侵占教师的时间和空间、过度分享无用的信息、不恰当的内容发布容易伤及家长和孩子的自尊、泄露别的孩子的隐私、容易成为家长吐槽、传播负能量的平台。老师在使用这些网络平台时，如果没有相应的规定、制度，很可能会陷入被动、尴尬，甚至下不了台的境地。为此，教师应加强自身的新媒体素养，建立网络平台前一定要和家长商量好相应的公约，明确好相应的规矩，守护好相应的底线，并身体力行严格执行，让这些网络沟通平台成为探讨教育方法、传递正能量的平台。

实际工作中，极少数教师出现了一些极端的案例，需要引以为戒。2017 年，《华商报》曾报道，榆林市某小学学生家长因为人在外地，不能替孩子打扫卫生，向老师请假，却遭到老师"教育"。该老师竟然还将聊天记录发到网上，称对方家长"2B 家长"。这是典型的媒介意识淡漠、缺乏法规意识的表现。自媒体时代，教师要树立底线意识、自律意识和法治意识，使用公众平台一定要慎之又慎，谨言慎行，合规合法、适度使用各种网络平台，主动发挥管理者的优势，建立群规则，加强群管理，巧用群聊和私聊，保护学生及家长的隐私，正能量引导家长，让各种新媒体沟通工具真正发挥其优势。

五、在书面沟通中传递温暖信息

虽然现代社会已发展到了互联网时代，但一些传统的家校沟通方式，如通知、便条、家校联系簿等仍有一定的优势。传统媒介虽有沟通不够及时、花费精力也会比较多等不足，但手写文字、手绘表情所传达的温暖以及便于保存和收藏也是其不可忽视的优势。教师要巧用传统媒介，让家校沟通充满温度。

教师可以用便条及时向家长汇报学生的进步，不仅可以密切教师、学生和家长之间的关系，通过学生转交给家长还可以增加仪式感，便于收藏保存，特别是能增强学生的信心。便条的内容一定要自然真诚，富有意义，生动的文字加上卡通的表情符号可以让便条更贴近学生及家长的情感。

家校联系簿也是一种常用的沟通方式。这种方式有两大好处：第一，能全面记录学生的成长。学生、教师和家长共同参与记录，可以每天都将学生的情况记录下来，例如完成作业、文明礼貌、参加活动、遵守纪律、在家表现等情况，让联系簿成为学生进步成长的写实记录。第二，家校联系簿架起教师、家长之间的桥梁。教师定期、长时间地与学生家长保持联系，双方把各自的建议、要求及教育学生的方法，通过联系簿进行交流，可以促进教师与家长之间的相互理解。这种理解的产生，又会对学生的教育产生积极影响。

郑州一位"90 后"班主任，在繁忙的教学间隙，手写了 54 封家长信，耗时半个月，写了3万字，赢得了一片点赞。信息社会、电脑时代，在这个凡事求快求简单的社会里，手写家长信，折射出一种"真"，用真诚的方式表达自己对学生的一颗真心，高调表扬孩子的优点，温柔指出孩子的缺点，洋洋洒洒中写满了教师的爱，字字句句中透着教师的情，折射出的是老师沉下心来做教育的一种情怀。①让家长真切感受到教师的用心用情，也是建立良好家校沟通、改善教育生态的一剂良药，更值得我们广大一线教师学习。

需要说明的是，以上是笔者与研究团队的基本归纳，而且主要是针对广大公办学校为主体的"体制内"学校而言。实际上，还有一类学校和家长群体却未必适合这些沟通方式方法。这就是随着经济社会发展和教育体制改革应运而生的数量众多的由民营资本或者多元资本投资建设的国际学校（双语学校），这类学校的家校沟通具有很强的个性化国际化特点。

笔者以上海华二昆山国际学校为观测点，通过座谈调研，发现该学校在实践中采取了多种家校沟通方式：一是通告式沟通，将学校的一切教育教学决策，都以通告的形式告知家长，极力满足家长对于孩子教育的知情权。二是专项工作主题式沟通，告知家长这个月做了什么，下个月将做些什么，家长想知道什么，学校就尽力让家长知道，尽力呼应家长的建议和需求。三是教育展示式沟通，依托运动会、社团表演等向家长展示孩子在学校的状态，告知家长孩子在学校社团活动中的表现、与人交往表现等。四是学术发展的汇报式沟通，学校定期向家长汇报学生在学校的学业表现，对于学生学习过程中的优势和短板要做到充分了解，并且让家长知晓孩子本身在学校内部的学业水平。五是校园生活体验式沟通，让家长去听教师的课，吃学生的饭，让家长充分了解，孩子在学校过一种什么样的生活。六是科普宣讲式沟通，向家长普及国外教育教学、大学对于学生入学的一般要求和最新政策，使得家长能够以国际接轨，为孩子将来出国深造做好前期性的准备和铺垫。

第三节　提升沟通能力的策略

沟通是一门发展性、实践性很强的学问。国内外学者对于沟通有很多精辟的

---

① 罗树庚. 教师如何快速成长专业发展必备的六大素养[M]. 华东师范大学出版社，2018，06.

研究，形成了许多管用的策略。其中美国麻省理工学院斯隆管理学院玛丽·蒙特（Mary Munter）教授提出了策略性沟通基于五大相互影响的构成要素：沟通者策略、沟通对象策略、信息策略、渠道选择策略、文化背景策略，这些策略都形成了一个独特的运行图。并且强调指出，作为沟通者，沟通的策略都包括沟通目标、沟通方式和沟通者的可信度三个方面，具有很强的代表性。教师应主动学习沟通的相关理论，鼓励教师积极开展家校沟通实践，在实践训练中不断积累提升沟通的策略和提升沟通能力。

一、做好沟通的准备

在与家长沟通前，教师必须充分了解学生，研究学生家庭，全面掌握信息，才能在沟通中有的放矢。大动干戈把家长请到学校，整个谈话内容却毫无营养，既说不清孩子问题的原因，又给不了家长切实有用的建议，这让家长如何支持又如何配合？因此，在沟通前教师一定要做好准备，准备好如何传递信息、如何指导家长、如何解答家长的疑惑……做有准备的沟通，而不能模糊不清，泛泛而谈。

要做好沟通的准备，教师首先要把学生装在心中，充分了解学生，心中要有一本学生的"明细账"，对学生做到了如指掌，这样才能在沟通时有条不紊地拉拉家常、交换意见，对学生的充分了解、如数家珍也会让家长感受到老师对孩子的关注，在沟通中形成积极的情感传递，从而让沟通有成效。同时，教师还要研究学生家庭，只有正确聚焦家庭教育中的困惑、难点及家长的需求，家庭教育指导才能走进真正家长的心灵，教师要充分掌握学生的家庭情况，把握家庭对学生的影响，才能有针对性地与家长沟通，并做好家庭教育指导。

为准确把握学生家庭情况，上海市奉贤区肇文学校以建立学生家庭档案为基础，了解和分析学生的家庭，为家校有效沟通、开展家庭教育指导提供最基础、最真实的事实依据。学校精心设计学生家庭档案记录的内容，包括家庭基本信息、家庭教育现状、家校合作理念、家庭经济状况以及学生家庭情况分析、学生家庭情况变动等。其中，家庭基本信息包括主要家庭成员、各家庭成员的兴趣爱好及性格特点等；家庭教育现状包括家长家庭教育的主要分工、家长对孩子在校学习生活的主要关注点以及对孩子的期望等；家校合作理念包括孩子喜欢怎么样的老师、家长对老师的希望和建议、需要学校老师特别关注的方面等。在获取信息的过程中，教师重点围绕家庭关系、家庭氛围、家长的教育理念等对学生家庭情况做分析记录。学生家庭情况变动则用于对学生家庭的跟踪补充记录。

为保证家庭档案信息的全面与准确，信息获取及记录包括家长问卷反馈、教师观察记录两方面。家庭成员基本信息、家庭教育现状、家校合作理念等基本内容通过设计具体的问题，以家长问卷的形式发放给家长，请家长填写并反馈，以保证基本信息的全面性。学生家庭经济状况、家庭关系、家庭氛围、家庭教育理念等相对个性及隐私的内容则由班主任在家访中重点观察了解并进行分析记录，避免引起家长的焦虑或反感，同时也保证重点信息的针对性。在完成家访后，教师及时进行记录、分析、总结，为每一位学生建立家庭档案。通过家庭档案的设计与观察、记录，引导教师多角度、有重点地去关注和了解学生的家庭。学校认真分析学生的家庭档案，以问题为导向，积极开展基于校情的家庭教育指导工作，让家校间的沟通更加密切，更接地气，取得了良好成效。

二、丰富沟通的内容

家庭教育与学校教育有不同的特点。家庭教育指向的是孩子素质素养的教育，主要不是知识领域，而重在人格、习惯、习俗等。上海市静安区政协教科卫体委员会"静安区家庭教育研究"课题组 2018 年对区内 7—11 岁学生的家长进行了分层抽样调查，发现在家庭亲子沟通的内容方面，家长更关注孩子的学习，与孩子更多沟通学习和成绩，而在其他方面沟通较少。对此，教师需要在与家长沟通过程中引导家长不仅关注孩子的学习，更要多关注身心发展、性格养成和特殊行为。

教师与家长的沟通应更多关注学生的习惯、品行等，包括学生的学习表现，如喜欢课堂的程度、对课程的兴趣、参与活动的表现、听讲及作业的习惯等，而不是一味关注成绩；学生的品德行为，如行为规范、道德品质、与同学的相处情况、与老师之间的感情、情绪的表达等；以及学生兴趣爱好、身心健康情况等。同时，积极了解学生在家的表现，如对父母家人的情感态度、家务劳动的表现、家庭学习的氛围等，在沟通中要肯定学生的进步和成长，并将沟通的重点放在对孩子教育方法的交流上，从而建立和谐、密切的联系，在沟通中统一教育理念。

上海市奉贤区肇文学校从 2014 年创办之初，就建立了"学生成长档案"。学校依据绿色指标设计成长档案记录的内容，指导家长与孩子共同整理素材，共同制作孩子的成长档案。教师及时发布学生在校学习活动的照片及信息等，并对档案制作进行指导。在多角度、动态化地记录中，家长不断更新家庭教育观念，坚持立德树人导向，避免重智轻德、重知轻能、过分宠爱或过高要求等现象，更多地发现孩子的进步与成长，发现孩子的个性及特长，鼓励孩子全面发展，培养家长正确的育儿观、成才观。一位家长这样说："这一份家长和老师共同制作的成长档案见证了他的成长，凝聚了老师和家长的心血与爱。通过老师发布的各类成长活动照片，家长及时了解孩子在学校的表现，促进了我们与老师的主动交流，及时督促孩子、引导孩子改进不足。一份成长档案，成为一个有效的载体，期间凝聚的点滴心血，终将结出令人欣慰的果实。"

在家校沟通中，教师还要积极宣传学校办学理念、办学特色以及教师在班级管理中的理念、举措等，听取家长意见建议，赢得家长对学校及教师工作的理解和支持，让家长对学校、对教师充满信心。还可以让家长了解学校、班级活动动态，如，学校可举办"一书一世界"展示活动、爱心义卖、志愿者服务小队开展活动等，让家长清楚了解学校动态、洞察班级情况，点燃家长的激情，让家长成为学校、班级工作管理的"圈内人"，而不是一名"旁观者"。

三、把握沟通的时机

教师的家校沟通若要产生效果，时机的选择尤为重要。目前，教师和家长大多是在学生的学习或思想出现状况时进行沟通，随着信息传递方式的便捷，沟通时机也可以多元化。如某学校优秀的班主任就提炼了以下几个关键时机：

开学前夕的一封信。开学前夕，教师可以给班里的孩子及家长写一封信，用温暖的文字与孩子和家长共同建立新学期的目标和期望，指导家长做好孩子开学前的物质、心理、作息等各种准备，期待孩子们新学期的进步与成长等。

常态推送的小成长。教师可以及时将日常观察拍摄的学生照片、小视频等推送给家长，发现和肯定学生的进步，让家长见证孩子在学习生活中的成长，及时关注孩子的变化。

特殊时期的小贴士。每到季节交替，孩子们最容易生病，拟一条温馨小贴士指导家长关注孩子的卫生，做好疾病的预防与治疗，让家长感受到老师对于孩子的关爱。

突发情况的小贴心。孩子的各种磕磕碰碰总是难免的，遇到突发情况时，教师一定要第一时间联系家长，安抚家长的情绪，指导问题的解决等，教师的贴心会让家长在情感上得到支持，为问题的解决提供良好的支持。

关键节点的小通知。教师要用好各类通知，搭建起家校沟通的渠道，如亲子活动的指导、假期安全的提示等，可以是精心设计的纸质通知，可以是微信图文，也可以是平台短信通知等，方便、快捷，不占用家长过多的时间。

四、遵守沟通的礼仪

尊重是有效沟通的前提，倾听是有效沟通的手段，礼仪是有效沟通的保障。教师与家长的交流是一种平等的交流，教师必须尊重学生家长，尊重家庭文化背景和文化差异。

其一，要有时间观念。家长首先是一个社会人，他们都有自己的工作，也有自己的社会责任。教师要考虑周全，可以双方协调商量合适的时间，理解家长的难处，"将心比心"是一个重要的衡量标准。教师要有时间观念，与家长提前约好就一定要守时，沟通也要把握时间，不要拖拉和冗长，以免影响家长正常的工作。登门家访一定要预约时间，不要过早到，以免让家长措手不及，也不要让家长久等。

其二，做到热情有礼。教师要树立和维护人民教师的良好形象，为家长做好表率。着装要整洁得体，举止要文明大方，主动微笑，多用文明用语，不要当着家长的面吸烟、爆粗话脏话等。教师不得以任何理由接受家长宴请或馈赠的任何礼物。与异性家长接触时，还要注意沟通的方式方法和分寸，不能有"越界"

行为。

对待家长要热情礼貌，态度要诚恳，家长来访教师要起身迎接，泡茶请坐。谈话时要尊重家长，用字遣词优雅，说话控制音量并保持距离；以平等的身份与家长交谈，认真倾听家长的叙述，与家长积极乐观地分析原因，虚心接受家长的正确意见及建议，共同找到解决办法；自始至终就事论事，不掺杂个人情绪。有效的沟通开场白一定是赞美孩子，做好铺垫；然后坦陈问题，客观分析；最后给出切实有效的解决方案。

其三，营造宽松氛围。通过环境的辅助作用能使沟通的信息通道更畅通，沟通的效果更显著。沟通场所的选择应该考虑与需要沟通的内容相一致。一般来说，赞美的话最好是有旁人在的公众场合讲，因此对学生的表扬就选择人多的场合对家长讲，如家长会。批评的话就不要在公众场合讲，私人的话题最好在较私人的空间交流，在没有熟人在场的场合沟通。如果请家长到学校来沟通孩子的问题时，可以找一个单独的、私密性强、环境好的场所，如学校接待室等，保护家长的自尊，这样即使讲"问题"，家长也更容易接受，也保证谈话不被打扰。

与家长交流，要懂得倾听，不能以"教育权威"自居，一味讲述自己认为的大道理，这样的交流只是片面的交流，不利于教师掌握更多的信息，甚至有可能出现错误。只有懂得倾听，才能发现更多，才能更加全面地分析问题，特别是对待那些调皮孩子的家长，更要悉心交流，不要动辄就向家长"告状"，不要当众责备他们的子女，更不能训斥、指责家长，要站在公正公平的角度客观地来分析问题的症结所在，与家长共同研究解决问题的方法对策。一般来讲，家长是最了解他们孩子的人，教师的任务是以合作伙伴的身份和家长一起找出解决问题的办法。教师要认真、耐心、诚恳地倾听家长的意见，使用有效倾听的技巧准确地捕捉家长传达的信息，并尝试着理解家长的观点。

五、用好沟通的媒介

教师要根据沟通的目的合理选择并用好沟通的媒介，尤其要警惕过度使用便捷技术。智能手机越来越普及，动动手指即可实现随时、即时的沟通，固然可以节约家校沟通的时间和精力成本，甚至能使家长对孩子的在校状况了如指掌。但值得警惕的是，家校沟通中的技术优势也可能造成教师和家长双方的过度参与，在教育意义上成为学生发展、学校运行和亲子关系建构的障碍。便捷的家校沟通方式有可能使教师、家长在学生学业问题上双双"越位"而造成"无缝对接"，使学生这一成长主体自主成长的空间被过度压缩，错失自主发展的机会，导致自理能力、自制能力和责任感等发展的缺失。便捷造成的家长对学校工作的过度干预，成为学校顺利开展工作的障碍，不利于形成健康的教育生态。[①]

事实上，人是情感的人，冷冰冰的器物是无法代替那种和谐的面对面沟通的，一个会心的笑容，一个理解的肢体语言，一杯清茶的举动，都会让许多的误解和埋怨瞬间冰雪消融。

家校沟通的重要目的当然是孩子的成长，因此，家长、教师在享受现代技术的便捷之时，需要三思而后行：什么样的事情需要沟通？需要以什么方式沟通？这样的沟通方式对孩子可能产生什么影响？从"成人"的角度思考家校沟通，才可能在享受新技术便利的同时，不丢失育人的初心。

六、建立沟通的机制

心理学家研究发现，一个人跟别人说过话后所留给人的印象，只有百分之二十取决于谈话的内容，其余百分之八十则取决沟通的风格。所以，教师与家长的沟通要讲究方法，无论是教师个体，还是学校集体，在参与和引导教师家教指导过程中，要积极探索沟通的有效机制，营造形成一种具有个人气质和学校文化气质的家校沟通文化。

上海市奉贤区江海第一小学"百分爸妈"咨询室提炼出教师与家长开展有效沟通的"智慧沟通六步曲"：第一步：倾听心声——蹲下身来和孩子面对面沟通交流，听到孩子心底真实的声音；第二步：寻找对策——从孩子的立场出发，寻找对孩子最有利的策略与方法；第三步：情感互动——与家长谈话，真诚感谢家长来校，感谢家长的支持；第四步：激励肯定——肯定孩子的优点与潜能，相

---

① 袁德润. 要警惕家校沟通中过度使用便捷技术［N］.中国教育报，2019－12－19（09）.

信每一个孩子都是好孩子；第五步：坦诚事实——反馈孩子心里的想法，分析利弊，帮助家长通过事情看到本质；第六步：有效指导——提出应对策略与方法，指导家长有效实施。学校把沟通六步曲在全校教师中进行推广，老师们的思想渐渐改变了，孩子本没错，是不正确的家庭教育理念和方法养成了他们的坏习惯、坏脾气、坏性格，孩子怪异的行为背后是一颗受伤的心。老师们的行为也明显有了变化，喊家长来校的老师减少了，面对来自五湖四海的孩子也不再紧张和感到压力大，而是静下心来，分析原因，正确对待，学会"疗伤"。

事实上，家校关系的发展不可能是一帆风顺的，由于利益诉求的不一致和信息不对称，产生家校矛盾是常有的事，关键是教师如何通过与家长的有效沟通及时化解。

上海市建平实验中学针对当下家校矛盾、师生争执、亲子冲突、家庭大战、青少年心理危机等问题积极探索困境中突围的有效机制，提出了家校"对话机制"，相互尊重彼此作为主体的地位与权力，开展基于平等、自由沟通、达于理解、形成共识的对话，积极协商互动，解决教育教学问题，实现学校教育、家庭教育的共同发展，促进学生的成长进步。对话相对于"命令、灌输、独白、预设、控制、他组织"等概念，具有"平等、理性、民主、宽容、接纳、共情、共同体"现代性意蕴。对话机制包含：（1）共情：对话达成家校共育的目标共识；（2）共建：对话兴办共同成长的家长学校；（3）共治：对话保障家校互动的制度建设；（4）共商：对话化解矛盾冲突的协商机制；（5）共生：对话优化育人生态的伙伴关系。李百艳校长说，对话机制避免了很多突发事件和家校冲突，形成了家校合力，为学校的整体发展奠定了良好的基础，正是对话机制的不断完善，才使学校这些年有了量变到质变的跨越式发展。

在与家长打交道的过程中，教师会遇到形形色色的家长，而且随着时代的变革和社会的变迁，家校之间因分歧、矛盾与纠纷产生的危机频繁发生、屡受热议，家校危机一旦处理不当，会给家校关系带来负面影响，甚至可能导致家校关系破裂。而家校沟通不畅是家校危机产生的主要原因之一。遇到矛盾与冲突，最好的解决策略就是平心静气地沟通。首都师范大学教育学院罗爽强调，家庭与学校是命运共同体，双方拥有促进儿童成长这一共同的价值追求，存在休戚与共、互相依存的紧密关系，合作才共赢，一损则俱损，化解家校危机不仅要讲"理"，而且要共"情"，要采取多种策略防止家校关系破裂。①在此基础上，罗爽提出了六种化解策略。

其一，有效预防。平时应重视建立家校信任关系，及时有效地回应和处理家长反映的问题，建立家长对教师的专业认同，保证家长充分了解和参与学校教育与管理。帮助家长克服认识偏差、掌握教育方法，增强家长法治意识。

其二，有理有据。化解家校危机要运用法治思维和法治方式，依法判断争议事件及其涉及的责、权、利，调查和处理家校争议要依照制度化、规范化的程序；要坚守法律底线，不能一味妥协、迁就。

其三，顺畅沟通。调查和处理过程应确保家长全程参与，充分保障家长的知情权和参与权。要站在家长的立场，充分接纳、理解家长的意见和情绪，并以适当的方式传递接纳和理解，充分发挥家长委员会化解家校矛盾的功能，引导家长从有利于孩子身心发展的立场出发，与学校合作共育。

其四，借助外力。充分利用行政调解、人民调解等第三方纠纷解决机制，可借助优秀学生、优秀家长等榜样人物现身说法，可向教育、公安等政府部门及社区、村委等社会力量寻求帮助。

其五，掌控舆情。高度重视网络舆论等舆情，积极主动地向社会公众说明事情真相、回应舆论质疑，对舆论进行正面引导。应指定具有一定法律素养、较高理论水平和较强语言表达能力的人员作为新闻发言人，代表学校接受媒体采访。

其六，积极善后。主动安抚相关涉事主体的情绪，围绕引发家校危机的争议点设计家校合作活动，并总结经验、反思不足，完善学校相关制度。

总之，教师与家长因为孩子的教育联系在一起，在"都是为了每一个孩子健康成长"这个大目标前，教师需要自觉提升沟通能力，通过有效的沟通，指导家长科学地开展家庭教育，凝聚起家校育人合力。

---

① 罗爽. 识别家校危机，掌握化解策略[N]. 中国教育报，2019-06-13 (09).

第五章　教师家教指导力的情感能力建设

哲人讲过，教育本身就是充满感情的事业，一名优秀的教师天然就应是具有很高情感素养的人。情感能力是教师家教指导能力的核心要素，是教师家教指导力走向专业化的"分水岭"。教师的专业是做"人"的工作、育"人"的工作，离开了情感和情感能力，教师育人基本无从谈起；教师只有具备了对家长的情谊、对学生的情感、对教育的情怀，才能走进家长和学生的内心世界，家庭教育指导才会真正产生效果。引导教师深入理解、掌握情感教育和培养情感能力在教师开展家庭教育指导中十分重要，是教师育人实践必须关注的重点。

第一节　情感能力的内涵诠释

"情感"是一种心理学范畴，自我感受是情感的核心。知名情感教育专家梅仲孙将情感概括为自我感受、内心体验、情境评价、移情共鸣和反应选择等五个部分。"情感能力"是人的一种源起于个体心灵美好德性的能力，情感能力的存在推进人与人之间的关系性存在，让关系中的人更具情感和情怀。情感的动力功能指一个人的情绪情感对人的行为活动具有增力或减力的作用。例如，达尔文认为，人类祖先在捕猎、搏斗和防御时，发生的情绪反应有助于增强体力，战胜对手。现代脑科学也清晰地指出，人在情绪反应时的一系列生理变化会充分调动个体应对危机、适应环境或降低适应。情感心理学中将一个人的行为活动的推动力称为动机，主要由内部需求引起。教师作为育人的主要专业群体，具备情感能力是指导家长开展家庭教育的关键，具备情感能力的教师能够"设身处地"地理解教师与家长、家长与家长、家长与孩子之间的关系及其如何优化处理，有利于帮助和指导开展科学有效的家庭教育。

一、情绪情感的主要功能

心理学理论认为，人的一切活动均源于关系，对家庭的情感依附状态将决定个体未来的情感状态，从这一理论出发理解情绪情感的功能有如下几个方面。

（一）情绪情感的调控功能

情绪情感对于人们的认知过程具有影响作用，有积极作用，也有消极作用。大量研究表明：适当的情绪情感对人的认知活动具有积极的组织功能，而不当的情绪情感对人的认知活动具有消极的瓦解功能。

1. 促进功能

良好的情绪情感会提高大脑活动的效率，提高认知操作的速度与质量。耶克斯—多德森定律（The Yerkes-Dodson Law）说明了情绪与认知操作效率的关系，不同情绪水平与不同难度的操作任务有相关关系。不同难度的任务，需要不同的情绪唤醒的最佳水平。在困难复杂的工作中，低水平的情绪有助于保持最佳的操作效果；在中等难度的任务中，中等情绪水平是最佳操作效果的条件；在简单工作中，高情绪唤醒水平是保证工作效率的条件。总之，活动任务越复杂，情绪的最佳唤醒水平也越低。

2. 瓦解作用

情绪对认知操作的消极影响，主要体现在不良情绪对认知活动功能的瓦解上。一些消极情绪，如恐惧、悲哀、愤怒等，会干扰或抑制认知功能，恐惧情绪越强，对认知操作的破坏就越大。比如，考试焦虑就是一个典型例子，考试压力越大，考生考砸的可能性越大。一般来说，中等程度的紧张是考试的最佳情绪状态，过于松弛或极度紧张都会瓦解学生的认知功能，不利于考生正常水平的发挥。当一个人悲哀时，会影响到他的工作或学习状态，导致注意力不集中，易分神。情绪对注意及记忆都会产生较大影响，情绪影响学习中的注意过程，一是会影响注意偏向。欧曼（Ohman，2001）等人利用视觉偏向搜索范式（visual search task）发现，在中性刺激背景下（比如蘑菇、花朵）搜索恐惧刺激（比如蛇、蜘蛛）时，反应时间和错误率均小于在恐惧背景下搜索中性刺激，说明人类对潜在的威胁性刺激会优先注意。在对蛇或蜘蛛具有特殊恐惧的被试身上，这种偏向更为明显。在注意过程中，人们倾向优先加工情绪性内容。即相比于中性刺激，情绪性刺激可以吸引更多注意，从而占据信息知觉上的优先地位。而相比中性刺激，情绪性刺激作为目标刺激或提示线索时，能增强注意、促进认知加工。这在一定程度上说明了为什么枯燥的教育内容不受学生欢迎学习效率也不高。情绪还会影响注意范围，积极情绪拓宽了人们的思维和行为模式，变得更有创造性并最终导致注意范围扩大；消极情绪则会缩小个体的认知范围，让个体在当时情境下只产生某些特定的行为和思维。

（二）情绪情感的感染功能

所谓情绪的信号功能指的是通过个体外显的情绪表现，如表情所起到的传递信息的功能。情绪的外部表现是表情，表情具有信号传递作用，属于一种非言语性交际。人们可以凭借一定的表情来传递情感信息和思想。心理学家通过研究英语使用者的交往现象后发现，在日常生活中，55%的信息是靠非言语性表情传递的，38%的信息是靠言语性表情传递的，只有7%的信息才是靠言语传递的。表情是比言语产生更早的心理现象，在婴儿不会说话之前，主要是靠表情来与他人交流的。表情比语言更具生动性、表现力、神秘性和敏感性。特别是在言语信息暧昧不清时，表情往往具有补充作用，人们可以通过表情准确而微妙地表达自己的思想感情，也可以通过表情去辨认对方的态度和内心世界。所以，表情作为情感交流的一种方式，它被视为人际关系的纽带。

情绪情感的感染功能则指情绪情感的表达对他人会产生影响。例如，一个人阅读了一个欢乐的故事，会受到这种情绪感染而振奋，而阅读到悲伤的故事则也会被感染而低落、压抑。这种现象称为移情（empathy）现象，美国心理学家斯托特兰德（E. Stoland）认为，移情就是"由于直觉到另一个人正在体验或去体验一种情绪而使观察者产生的情绪行反应"。[①]而这种现象，则让人类的

---

① K·T. 斯托曼. 情绪心理学[M]. 辽宁：辽宁人民出版社，1986：333.

情感沟通有了相互感染的社会意义，也为教育中达到"以情感影响情感"，培养青少年的同理心提供了途径。

（三）情绪情感的健康功能

人对社会的适应是通过调节情绪来进行的，情绪调控的好坏会直接影响到身心健康。在喜怒哀乐爱惧恨中，正面情绪占 3/7，反面情绪占 4/7。情绪与健康的关系，早在两千多年前，就有古希腊医生希波克拉底阐释过，他认为人体的四种体液，血液、粘液、黄胆和黑胆决定了四种性格，且也与健康密切相关。积极的情绪有助于身心健康，消极的情绪会引起人的各种疾病。我国古代医书《内经》中就有"怒伤肝，喜伤心，思伤脾，忧伤肺，恐伤肾"的记载。有许多心因性疾病与人的情绪失调有关，如溃疡、偏头痛、高血压、哮喘、月经失调等。有些人患癌症也与长期心情压抑有关。一项长达 30 年的关于情绪与健康关系的追踪研究发现，年轻时性情压抑、焦虑和愤怒的人患结核病、心脏病和癌症的比例是性情沉稳的人的 4 倍。所以，积极而正常的情绪体验是保持心理平衡与身体健康的条件。

总之，从根本上讲，教师的属性是"人"，"情感能力"类属于人的"情绪情感"，理解人的"情绪情感"功能是诠释作为根本属性为"人"的"教师"情感能力的前提，对于人的情绪情感功能的深度分析，为掌握教师情感能力的意蕴与价值创造了重要条件和基础。

二、教师情感能力的诠释

21 世纪初，情感已经成为中小学课程建设"三维目标"（情感、态度、价值）之一，挖掘各门学科对学生情感的影响成为重要内容。强调教师的情感会影响学生的情感，这个理念在家校合作育人中对于家长的影响和指导同样适用。提出教师的情感能力是以情感教育理论为根基，诠释教师的情感能力需要对作为教师情感能力本质要素的职业情感、专业情感、工作对象情感、个人情绪情感进行深度理解和分析。概述如下：

(一)情感教育理念述要

古今中外哲学家、文学家、社会学家、心理学家对情绪情感、情感教育的研究由来已久,从不同的领域,以不同的视角关注它、探索它。从原始社会开始以祭祀、图腾崇拜、神话传说等方式寄托情感时,人类最早的情感教育形式便诞生了。随后在人类数千年的发展历程中,情感教育也随之不断发展,人们从伦理道德、审美领域、宗教领域、科学范畴对人的情感进行教育。直至近代,人们对个体情感发展,情感教育的探索呈现了整合性的态势。苏联教育家阿扎罗夫曾指出:"在情感世界里,任何东西也不能自然地产生,因为这是学习或者其他工作一样负责和费力的心、脑、精神工作。"人的情感绝不是自然成熟的,而需要教育历程。法国十八世纪杰出启蒙思想家和教育家卢梭在其著名教育著作《爱弥儿》中提出了适应儿童天性发展的自然教育思想,关注儿童在家庭中能否得到健康和谐的情感教育,能否发展健全人格,为情感教育提供了理论指导。

1992 年,在小学情感教育暨素质教育研讨会上,我国著名情感教育专家朱小蔓提出,情感教育是关怀并指向人的整体素质的教育,明确把儿童情感教育与人的素质的完善结合起来。她从情感入手,关注人的整体素质,尝试建立以培养情感为基础,以发展素质为导向的教育模式,将之命名为"情感性素质教育"。她提出"情感是重要的生命机制""教师的创造主要在于发现和激活生命",将教师的情感品质与情感人文素质作为实施情感教育、生命素质教育和引领教师专业发展的"内质性"改变力量。并且主要从师生双方情感生命的发育及质量教育角度考察教育的品质。①与此同时,朱小蔓给情感教育下了如下定义:情感教育,就是关注人的情感层面如何在教育的影响下不断产生新质、走向新的高度,也是关注人的生命机制之一的情绪机制,如何与生理机制、思维机制一道协调发挥作用,以达到最佳的功能状态。2011 年,又将其定义为"在学校教育、教学中关注学生的情绪、情感状态,对那些关涉学生身体、智力、道德、审美、精神成

---

① 杨桂青,赖配根. 朱小蔓和情感教育[J]. 人民教育. 2020(17):70-74.

长的情绪和情感品质予以正向的引导和培育"。①对于情感能力，朱小蔓认为，"在处理人与外部环境的关系，人与他人的关系以及人自身的活动时，它表现的一种功能状态。……我们把这种外化的、有外在功能体现的方式称之为情感能力。"②并且将情感能力分为移情能力、情绪辨认能力、情感调控能力、体验理解能力和自我愿望能力。

梅仲孙多年来从事教师的情感能力研究，他认为，"教师的情感能力既有受纳爱的能力，又有创造爱的能力，如给予学生成长以积极反应的能力、富于表情达意的能力、亲切交往的能力等。这种情感能力的基础在于教师有强烈的自爱能力。他爱自己的职业选择，爱自己的人生追求，爱自己的智慧才能，爱自己的情感品位，爱自己的文明举止，爱自己的高雅生活，爱自己的生命历程和对社会的贡献"③。同时，"教育爱作为积极的社会性情感，能使教师以赤子之心去面对世界，面对人生，保持自身善良、真诚的爱心，不虚伪、不做作、不埋怨、不气馁，始终不忘初心，永葆教育激情"④。

卢家楣教授从心理学角度对"情感性教学"进行了深入研究，探索在教学过程中所出现的情感现象，揭示情感现象背后隐含的功能，及如何发挥情感对教学的优化作用，以更小的切口捕捉情绪情感表现，发展和扩展了情绪心理学在教育教学中的作用。

纵观这些专家学者的研究，笔者以为，情感功能不是外在注入的，而是教育本身就蕴含着情感。我们今天探讨的是如何引导、激活教师主动认识和培养这种教育要素，并不是强加成分或另起炉灶。正如梅仲孙讲道："在家庭教育中，为什么会出现一种现象，就是父母爱心愈给愈多，而孝心愈来愈少？其中一个重要的原因，父母的爱心没有被孩子感受到。"⑤因此启发我们，教师在教育中要和家长一道提高学生的感受能力，增强他们的情感感受能力，为发展情感体验创设

---

① 刘胡权. 关注教师情感人文素质，提升教师教育质量——北京师范大学朱小蔓教授专访[J]. 中国教师，2015(1)：85-88.

② 朱小蔓. 情感教育论纲[M]. 南京：南京师范大学出版社，2019：103-107.

③ 梅仲孙. 教育中的情和爱——儿童、青少年情感发展与教育研究40年[M]. 上海：上海教育出版社，2018：258.

④ 梅仲孙. 教育中的情和爱——儿童、青少年情感发展与教育研究40年[M]. 上海：上海教育出版社，2018：260.

⑤ 梅仲孙. 教育中的情和爱——儿童、青少年情感发展与教育研究40年[M]. 上海：上海教育出版社，2018：17.

条件。这也是笔者在研究中，强调家教指导能力中的情感能力，将情感能力列为教师家教指导能力的核心要素的重要缘由。

（二）教师情感能力概述

"情感"对于教师专业发展，人际交往和自身幸福感有重要意义，70年代以来，学界开始了对教师情感的研究，大致经历了三个发展阶段：关注教师个体内心体验阶段、关注情感对教育教学的价值阶段、到如今学者开始关注教师情感与学校管理及课程改革等关系。教师不仅具有一定的情绪情感，而且也能接受外界的情感刺激，并对周围学生施予情感上的影响。同时，由于教师是教育教学活动的组织者和主导者，其主导地位决定了教师这个情绪情感源头对整个教育教学活动具有巨大的能动作用。此外，教师作为成熟的个体，有着相对比较稳定的个人情绪情感，也将对教育教学活动产生积极作用。如果从教育教学活动的背景上划分，教师的情感能力基本可以划分为如下几个范畴，这些也是教师情感能力的本质要素所在：

1. 职业情感

这是教师对自己所从事的教育教学工作本身的情感。教师的教育教学工作不同于其他工作。从社会意义上看，它涉及的是培养下一代的神圣事业，关系到国家的前途、民族的兴旺、社会的发展和时代的进步。其意义之深毋庸置疑。它要求教师对教育教学工作有崇高的情怀。亚里士多德曾这样说过："教师是太阳底下最神圣的工作。"从工作性质上看，它又是塑造人类灵魂的特殊工程，与任何物质生产过程有着本质的区别，其质量的好坏，影响的是一代人的成长。它要求教师有强烈的责任意识。从工作的方式来看，它是不断吸收和输入、输出知识、技能以及思想的过程。因为人们总是把教师职业比作蜡烛："蜡炬成灰泪始干"。总之，教师的教育教学工作是需要情怀、责任和奉献的工作。正如魏书生所说：

任何一种职业，对某些认识片面的人来说，都可能是苦海。反过来，一旦全身心扑在上面，入了门，就能感到其中乐趣无穷，都会成为乐园，对工作的热爱可以创造奇迹，可以使人以苦为乐，看到严冬背后的阳春，享受到成功的温馨。①

由于其性质的特殊性，使教师具有不同的情感，有的从教师工作的社会意义和性质上认识它，认为教师职业不计较个人得失，满怀热情；有的仅仅把它看作是一份谋生的差事，缺乏积极情感；有的较多考虑个人得失和物质待遇，甚至产生消极情感，流露出不满情绪。不同的情感产生不同的"三观"，正是如此，所以要高度重视和培养教师的职业情感。

2. 专业情感

这是教师对自己所执教的具体教育教学内容的情感。教育教学不是抽象的过程，而是十分具体可操作的活动。它规定每一位教师执教哪门学科，从事某个教育岗位。这个规定既来自教师的自觉选择，也取决于工作需要。但无论如何，教师都会对自己所从事的教育教学具体工作产生不同的情感。有的教师能做到由衷喜爱自己所教学科、所任岗位，真正做到"学而不厌、诲人不倦"。对这样的教师来说，教学不仅是在照亮他人的道路，也是自我探索和前行，充满着无穷的乐趣。但也有些教师兴趣缺失，对自己所从事的教育教学具体工作内容缺乏热情，年复一年，周而复始而产生厌倦。

3. 工作对象情感

这是教师对自己的教育教学对象的情感。教师与学生、教师与家长在共同的教育教学活动中必然结成一定的人际情感关系。这里所指的情感不仅包括教师对学生、家长个体的情感，而且包括教师对学生、家长群体的情感。有的教师从肩负的责任出发，对学生有深厚的情感，凝聚着对祖国下一代的深厚情谊；对家长也有深厚的情感，把家长当作教育教学过程中最强有力的合作伙伴。有的教师则只是将师生关系、家校关系看作"教"和"学"的关系，缺乏情感的渗透与升华，更有甚者是当作对立面。

---

① 魏书生. 班主任工作漫谈-献给青年班主任[M]. 桂林：漓江出版社，1993：41－46.

4. 个人情绪情感

这是指教师在教育教学活动中的个人情绪情感状态，包括教师的社会情绪能力、自我认知、情绪调节及社会感知等方面的特质，决定了教师开展教育教学工作时所处的基调。它既受上述三种情感的制约，又是教师性格和气质特征的反映，但也和教师的自我修养有关。有的教师是热情的、振奋的、激情四射的，有的教师是平静、温和、善解人意的，有的教师则是低落、冷漠的状态。

教师情绪情感由于其隐蔽性而易被忽视或者压抑，因此了解教师常见的情绪情感问题也是非常有必要的，教师负面情绪问题是由于教师不能合理应对日常生活中或教育教学工作中的负性事件，未能及时妥善地处理由此引发的不良情绪而出现的一系列身心失调的状态。据一项调查显示，我国教师经常出现的情绪情感困扰主要有：（1）容易情绪失控、发泄牢骚。经常表现出对学生不够耐心，对同事关心不够；（2）自卑、力不从心。表现出没有上进心，对做任何事都缺乏信心；（3）感到上班是一种比较沉重的负担，最大的感觉就是压力大，学生进步，他高兴；学生退步，他非常难过，并且常常把这种负面情绪带回家，对待家人缺乏烦躁；（4）看破红尘，心灰意冷，并且有头晕、头疼等躯体症状[1]。事实上，心理健康的人能够进行适度的情绪表达和控制，个人情绪情感特征在其对事业中的意志力有非常重要的影响，这不仅关系到事业的成败，也关系到个人自身的健康状态。情绪情感对教师尤为重要，不但会影响自身，也会影响学生及周围的教师。当教师个人的情绪情感出现危机时，对教育教学工作也将产生巨大影响。

三、教师情感能力的价值

进入新时代，教师专业的内涵和外延发生着重大变化，专业实践场域由"学校"扩展至"家庭""社会"，密切家校合作关系，指导家长开展家庭教育，更好

---

① 张仁贤. 教师专业发展导引[M]. 天津：天津教育出版社，2010：4.

地发挥家校合力育人功用是新时代教师专业能力建设的关键一环。正如胡白云所说："让教师成为家庭教育的指导者，既是家校共育的突破口，也是国家重视家庭教育指导工作的必然要求。"[1]因此，新时代教师的专业能力结构中不能缺少教师家庭教育指导能力，而情感能力作为教师家教指导力本身能力要素的"分水岭"，必须正确理解其蕴含的重要价值。

（一）教师的教育情感影响教育教学过程中的效果

教育教学过程中，教师的情感会直接影响到教育和教学工作的成败，会潜移默化地影响学生个性特征的形成和发展。教师的教育情感能促进学生身心健康发展、影响学生的情感发展、增强学生智力活动兴趣，树立学生效法模仿的榜样。显然，情感能力强的教师才会在教学当中倾情投入，有爱心和耐心帮助学生探索未知、答疑解惑，将课堂变成是一种学科知识交互生成的"情感场域"，让学生感受教师对于学科教学以及在学科教学中成长的"我"的那种热忱的情感投入。反之，则效果会大打折扣。

（二）教师的教育情感影响学生身心健康发展

生物学的角度讲，人是一种有情感的动物，异于自然界其他生物的特征。即人能够有意识地表达自己的情感，在与他人交往过程中表达自己的情感，这种情感是一种能给人带来美好感受的特殊"事物"，对于人的身心发展大有裨益。事实上，地球上所有生物都有寻求温暖的趋爱性，教师的温暖能把这种亲切感用来引导教育学生，使之健康成长。教师对于学生的热爱能在教师和学生之间形成一种依恋性的情感体验，使得学生乐意与教师进行交往，并在教师那里寻找温暖和知识。在"五育并举"的实践中，每一项教育都需要这种情感能力支撑。以劳动教育为例，很多有经验的老师都会关注。

劳动教育是国民教育体系的重要内容，是学生成长的必要途径，具有树德、增智、强体、育美的综合育人价值。家校应重视共同引导小学生体验关涉劳动的

---

① 胡白云. 让教师成为家庭教育的指导者——家校共育的突破口[J]. 中国德育, 2018(23)：21-25.

积极情感。关涉劳动的积极情感既包括直接关于劳动的积极情感，也包括由劳动产生的间接关乎劳动的情感。关于劳动的直接积极情感，常见的有对劳动的好奇感、兴趣、动手动脑制作的成就感、自我效能感和耐挫的坚韧情感。这些积极情感会推动小学生在劳动中反复实践、精益求精，逐渐形成主动的劳动习惯。由劳动产生的间接情感，包括与从事各类劳动的陌生同胞的联结感，对多种职业的平等感、悦纳感、期待感，服务社区、社会、他人的乐群感、责任感、融合感等。有助于丰富青少年的精神世界，使其积极情感体验细腻、稳定、持久，学会以更多方式表达对家人、同学、老师、邻居等生活圈中他人的积极情感。[①]

（三）教师的教育情感影响学生的情感发展

教师对学生的爱表现在对学生学习积极性和希望学生成才的期待上，他们通过各种方式教育学生，使学生更加自尊、自信、自爱、自强。教师对学生真挚的爱和蕴含的期待，能产生巨大的感召力和推动力。它不仅能诱发学生积极向上的激情，而且影响着学生的智力、情感和个性成长，在心理学上称之为"皮格马利翁效应"。在教育教学工作中，经常会出现这样一种效应，教师喜欢某些学生，希望他们进步，一段时间以后，这些学生常常如老师希望的那样进步了；反之，教师厌恶某些学生，对他们不抱希望，会致使这些学生破罐子破摔。该研究也指出："教师的期望乃学生智商增高的决定因素。"年级越低期望效应越大。小学一二年级的期望效应最为显著。低年级学生比较容易接受教师期望所施加的无意识影响。可见，教师对学生的情感如何，直接激发或阻碍着学生的自我意识发展，影响学生的社会性发展。

（四）教师的教育情感可引起学生心理上的共鸣

教师如能善于观察学生的特点、志向和需求，掌握情绪识别技巧，一旦发现学生有松懈情绪就及时勉励，一旦发现学生有情绪波动就加以疏导。尤其是那些受同学排挤，或因过错而遭受惩罚的学生更加要给予语重心长的启发、呵护，寓

[①]　侯晶晶. 让关涉劳动的道德情感积极而持久[N]. 中国教育报，2021 - 03 - 11(008).

教育于关怀和体贴中，绝不要冷若冰霜，动则讽刺挖苦，恶语辱骂。正所谓，动之以情，深于父母；晓之以理，细如雨丝；导之以行，以身作则；持之以恒，诲人不倦。最终起到"亲其师、信其道"的效果。

（五）教师的教育情感能促进学生的认知活动

教师对学生的情感投射到学生的心灵上，营造良好的教育教学氛围，能唤起学生相应的情感，进而把教师的爱转移到教师所教的学科上。具体表现为：学生普遍喜欢听自己所敬慕的教师的课，积极回答教师所提出的问题，努力完成教师所布置的作业，形成交往性的学习动机。曾经有这样一位老师，学识水平颇高，教学基本功扎实，才华出众。每堂课均能做到教学目标明确、重点突出、结构严谨、板书设计灵活多样，口头表达能力和应变能力极强，讲课条理清晰、层次分明、深入浅出、通俗易懂，但他所教的学生成绩并不理想。究其原因，便是他只专注"教书"，而忽略了"育人"，不注重同学生进行情感的交流与沟通，同时他的情绪自我调控能力也较差，教育学生时时常情绪失控、歇斯底里、歧视、挖苦甚至辱骂学生，极大地伤害了学生的自尊心，使学生心有怨恨，从而产生抵触情绪，对他所教的学科及教育方式存在厌恶感，难以接受，成绩自然很难提高。可见，学生对教师的情感在一定程度上影响了学生的学习积极性。

（六）教师的教育情感会成为学生效法的模板

心理学领域关于模仿的研究证明，人总是趋于模仿爱他或者他所爱的人，也就是说，爱能产生模仿的意向。教育心理学家孟禄提出经典教育"模仿起源论"，即教育的发生缘起于人与人之间行为的"模仿"与"生成"。教师作为学生日常学习的伙伴和榜样，教师的教育情感会成为学生效法的模板。教师真挚的教育情感，会对学生产生一种极大的影响作用，学生往往把教师的外化人格特征，如性格、脾气、能力、特征，乃至言谈举止都内化为自己的人格特征。在古今中外的教育实践中涌现了无数的经典案例。2021年的网红视频之一就是1998年大洪水中被武警战士救起来的在洪水中抱着大树9个小时的湖北省嘉鱼县一名小女孩，23年后成为了一名优秀人民警察。2020年她在抗疫一线中当勇士，受表彰时见到了当年的救命恩人。那一幕，她说出了自己的心里话，就是当年的救命叔叔让自己树立了长大后也要当一名人民警察的理想。这也是情感教育的范例之一。可见教师和英模人物的情感对学生的人格有着巨大的示范和塑造作用。

（七）教师的情感能力在家校合作育人和家庭教育指导工作中的作用和体现

前已述及，中国已经进入家校合作育人的新时代。2021年全国"两会"上，"家校共育"再次成为委员代表们热议的教育话题。对于教师情感能力培育，能够有效推进家校共育的实现。这从新冠疫情期间众多家校共育的教育案例中可见端倪。比如，疫情期间的家校共育呈现出前所未有的紧密状态，教育的突发状况对于教师的家教指导能力呈现出前所未有的新要求，不仅对原来跟家庭接触较多的班主任老师提出要求，对各学科教师亦是如此。这期间畅通的家校沟通是建立在双方情感联系的基础上，正所谓"亲其师信其道"。因此，教师的情感关怀能力、情感培养能力均是做好家庭教育指导工作的基本要求，是使家校共育从"有效"走向"高效"的"分水岭"。可以说，教师家教指导力中的情感能力的有效培养，在家校合作育人和家庭教育指导工作中的存有明显的作用和体现，没有情感能力的教师无法有效连接家长与学校，无法围绕学生培养进行良好的家校共育。因此，教师的情感能力不仅是教师家教指导力的重要能力构成，也是决定一位教师能否有效、有序开展家庭教育指导的"核心素养"和"关键能力"。

第二节　情感能力的实践表达

教育不仅仅是针对未成年人的教育，也是对家长的启迪，只有当双方产生了情感共鸣，教师的情感投入真切地传达给家长与学生，触动他们的心弦，这样才能充分发挥教育的内在张力，最大限度地激发其正面情感、促进其在自省、感悟中获得成长。在这个过程中，教师的情感能力发挥着极大的作用，在教师与家长进行家校沟通、对家长进行家庭教育指导时，始终需要教师情感的投入。正如倪闽景所说，"家庭教育不仅仅是对孩子的教育，更是对家长的教育，家长和孩子共同成长才是家庭教育的特征"①。因此，要珍视教师家教指导力的存在价值。同时，从理论视域转向实践探索需要意识到，教师家教指导力建设需要培养教师的情感能力，实现这一目标需要明确在家校共育过程中，教师的情感能力在教师指导家长开展家庭教育过程中如何体现，这是本节研究的重点。笔者和研究团队在实践中初步归纳了四个途径：

一、家长会活动中的教师情感能力

一般讲，学校家长会在展示学校教育、获取家长理解和支持、挖掘家长资源、吸纳家长参与学校管理等方面都具有重要意义②。开展家长会活动，教师要意识到，人是一种关系性存在，情感是人际关系维系的核心力量，道德情感是人对于周遭事物理解、认识、行动所秉持的道德理解与道德判断。教师作为道德实践者，在家长会中指导家长开展家庭教育，这是教师与家长立足学生成长需要进行合力育人的教育举措，二者"指导性合作"的达成离不开教师情感的融入和指引。

朱小蔓讲过："教育的核心和灵魂是德育，教育的根本目的是育德"，而"育德是教育的灵魂，动情是德育的关键"③，作为教师情感能力依托的教师家庭教育指导能力将情感教育理论视作其存在的理论基础，强调育人过程中教师情感的融入带动教师与家长、教师与学生之间的情感交互，尤其是在家长会活动中，教师情感能力的功用发挥强调以"有情的教师"指导"有情的家长"来培养"有情的学生"，注重激发家校"双主体"的育人能力与潜力。

传统的家长会以教师为主导，家长旁听。整个会上，家长没有话语权，大多数家长从进教室到出教室几乎没有讲过一句话，甚至异化为"批斗会"。传统意义上老师也把家长会当成了给家长上课的课堂，"授课内容"一般为班级整体学习情况、期末考试情况、个别学生进步退步情况等。除了班主任以外，主科老师也会轮流走上讲台，或是根据孩子的学习情况进行总结、表扬、批评，或是反复

①　倪闽景. 构建新时代家庭教育工作大格局的四个建议[J]. 中国教师，2019(6)：5 - 6.
②　李小红，刘嫄嫄. 学校家长会：问题与改进策略[J]. 中国教育学刊，2011(12)：80 - 82.
③　朱小蔓. 育德是教育的灵魂 动情是德育的关键[J]. 教育研究，2000(4)：7 - 8.

强调该科目的重要性并对家长如何抓好这一科目做出指导，家长与老师间的双向沟通几乎没有。而在家长会结束后，有"问题"的家长一拥而上，人多时间少，每人也只是和老师讲上两三句不痛不痒的话。显然这是不合时宜的，这样的场景缺少情感，而丧失情感的家长会，教师无法展现自身对于学生教育的情感、情谊与情怀，家长也无法在这一过程中受益，家庭教育更无法受此影响得到改善。长此以往，家长会的沟通功能无法有效实现，成为一道无形的"心墙"。可以说，家长会是滋养和展现教师情感能力的"微观媒介"，教师与家长都应该注重在此过程中的情感传递与情义交流。可以说，唯有让家长会成为家校情感交流的"场域"，最终才能够让孩子从中受益，助力学生善好的成长。

家校合作育人成为新时代育人改革的必然趋势，家长会已经成为家校共育不可分割的育人主体活动，家长会活动中教师是与家长密切关联的教育主体，"在专业的家庭教育指导者缺乏的当前条件下，教师对家庭教育进行指导是最直接也是最有效的方式"①，教师能够借助家长会活动创造的与家长沟通的时机，表达对于完善家庭教育的情感意愿，传递教师对于学生的真诚关爱与关怀。因此，家长会活动是体现教师情感能力的重要渠道，教师要重视家长会中教师情感能力发挥，从根本上改变家长会的被动局面，让其成为家校共育的"加油会"。

线上家长会，这样开

由于同一个年龄段的孩子在身心发展方面有其共同之处，家长在进行家庭教育时可能面临着共同的问题，因此，用集体指导的方式为家长提供一些应知应会的知识技能，家长会就是家庭指导的好时机。2020 年的疫情加速了在线教育的普及，让老师们体会到一切皆线上的便捷，线上家长会也应运而生。上海市奉贤区明德外国语小学的程老师利用 classin 平台进行疫情期间的线上家长会，它打破了场地的限制，凝聚着家校共育的巨大力量，让爱相伴，相聚云端。当疫情爆发时期，社会处处笼罩在恐慌、紧张的情绪之下，特别是一些回到老家，被迫隔离在家中的学生家庭。线上家长会的召开，让家长们了解到了当前防疫防控最新举措，引导家长指导孩子关注权威真实的新闻和信息，指导孩子学会对信息进行判

---

① 胡白云. 让教师成为家庭教育的指导者——家校共育的突破口[J]. 中国德育，2018(23)：21－25.

断，做到不信谣、不传谣。同时，针对家长和孩子容易产生恐慌、焦虑、担忧等负面情绪，教师充分利用线上家长会，开展心理科普，普及情绪调节、疫情防控心理知识，通过心理疏导让家长负性情绪有出口，学会积极情绪调节的策略与方法，树立积极乐观的心态，营造良好的家庭生活氛围。

二、家委会协作中的教师情感能力

良好的家校沟通、有效的家长参与是家校合作教育成功的基石。作为一名教师，与家长打交道是每天的必修课，教师与家长之间的有效沟通不仅是一门技术，更是一种艺术。然而，面对不同性格脾气、不同家庭背景和接受教育程度不同的家长，他们在参与孩子教育以及和老师沟通交流的过程中也存在着很大的差异。教育部 2012 年颁布的《关于建立中小学幼儿园家长委员会的指导意见》，对家长参与家委会建设作出了制度化安排。强调家长是现代学校治理体系中的重要组成部分，是重要的教育利益相关者之一，建设好家委会，让家长在参与学校治理过程中有充分的话语权既是教师表达自身对于教育本身态度与立场的一种方式，又是现代学校制度建设中的重要课题①。家委会是学校日常专业活动中的一项重要活动，教师在其中担当重要责任。这个过程中必须明晰，教师的师德师风是表达教师情感能力的重要标识。其中，聚焦家委会活动的展开是一种重要表达途径。只有教师在日常的家委会实践活动中表现出为人师者对于教育、对于教师职业、对于学生、对于家长的尊重、理解与关怀，呈现为人师者良好的精神风貌，教师才能够在培养自身情感能力的同时发挥情感能力对于家长群体的教育熏染，使其逐渐理解爱与关怀在家庭教育中的重要价值。

师德师风是教师作为教育工作者精神风貌的重要表现，教师具备良好的师德师风是达成家校合作的基础，是指导家长开展家庭教育的关键要求，也是组织家委会活动必须要体现的教师基本素养。正如习近平总书记强调："评价教师队伍素质的第一标准应该是师德师风。"②于漪先生说过，"为人师者的思想须有高

---

① 满建宇. 论现代学校治理体系中的家委会建设[J]. 中国教育学刊，2014(9)：44-47.
② 习近平. 在北京大学师生座谈会上的讲话[N]. 人民日报，2018-05-03(002).

度，脊梁骨须有硬度，因为肩挑的是立德树人的刚性责任"①。为此，教师家庭教育指导能力培养要关注教师的师德师风，尤其是家委会活动中教师在其中协调、沟通以及管理的具体实践活动，要体现出教师情感所饱含的师德师风表现，建设教师的情感能力要让师德师风建设成为教师专业能力培养的优先事项。

著名肝胆外科专家、中国科学院院士吴孟超教授，生前多次讲过自己从医深受恩师裘法祖先生的言传身教影响，这是他一生的源泉和动力。裘法祖曾对他讲过"德不近佛者，不可以为医；才不近仙者，不可以为医"。正是这种"医者仁心"的大爱大情怀，让吴老生前对每一位病人、家属，对每一位学生、同事，无不充满着慈爱和关怀，既拯救了无数的病人和家庭，也留下了最为丰厚的教育财富。对教师而言，从事家庭教育指导就需要这种深厚的情感和情怀。

三、常态化家访中的教师情感能力

家访是密切学校教育和家庭教育关系的一种有效的教育手段，也是家校合作的最佳切入点和指导家庭教育的重要载体。它具有协调各方面要求、促进良好师生关系形成、激发学生学习的信心和动力以及为因材施教提供条件等多方面的教育功能②。家访是家校共育的一种主要方式，是教师走进学生的家里，近距离接触家长，围绕学生在学校中存在的具体问题或者优秀的表现，展开一场教师与家长之间的良性对话。"家访现场"是教师情感能力发挥的"微观场域"，教师在家访中表现出的言谈举止、音容笑貌、待物接人的众多表现，既显露出作为教师的师者情怀，又传递出教师对于家长的情感态度，通过真诚有效的家访展现教师的情感能力的重要"媒介"，是展现教师情感能力水平的关键时刻。

对于教师来说，到学生的家里进行访问，是开展个别家庭教育指导一种常用的有效方式。它能密切教师与学生间、家长间的联系，是强化学校教育与家庭教育结合的重要渠道。通过家访，教师可以更加深入地了解学生的个人基本情况、家庭情况、家庭教育情况、学生在家庭中的表现以及家庭环境对学生的影响等，

---

① 于漪. 于漪全集·教师成长卷[M]. 上海：上海教育出版社，2018：304.
② 邓李梅，曹中保. 家访："家校"合作的最佳切入点[J]. 湖北师范学院学报（哲学社会科学版），2004（1）：151－153.

同时，教师也能向家长传递学校的办学理念、特色项目、班集体建设目标等信息。知己知彼，充分的沟通能使家校之间更好地形成教育合力，开展后续的教育教学活动。显然，这些微观场景展现出教师对于家庭教育的关注、对于学生教育的关爱、对于让家长理解孩子在校成长的重视，表达出教师作为师者的教育情感与教育情怀，可以有效促进相关问题解决，提高家校共育的效果。

2021 年 3 月 3 日，《中国教育报》有一篇题为《穿越情感与精神的复杂地貌》的深度报道，其中有一段话这样写道：现如今父母常借爱之名，向孩子施加个人意志。孩子为保护自己，就不断制造保护层——把不能够做真实自己时所创造的虚假"自我"层层包裹起来，而"真我"就成了俄罗斯套娃最核心的那个小木娃娃，而这些保护层是一个个迷障法，让父母看不清孩子的真实需求，让教养方式越来越偏离孩子的天性，年深日久，孩子的人格会因压抑发生变形、扭曲，虚假自我是原生家庭最糟糕的遗产①。

显然，上述这段话有点"扎心"，这也印证了一种分析，传统文化强化父母对孩子的控制权，不把孩子当作独立的个体来尊重。也让人们深切感受到，家长缺少家庭教育能力，尤其是情感能力缺失为孩子带来的教育负面影响。而针对这一问题，常态化家访中教师可以以自身的情感能力感化，引导家长以"情"育儿。在常态化的家访中，教师让家长明晰，育儿焦点从控制转向支持发展孩子的体魄、情感和心智，这一微小但深刻的转变定会为孩子的生命注入强大的激情，孩子作为"人"而不是因成功被看见、被认同、被尊重的需求一旦满足，就能走出控制，创建爱的家庭场域，是教育的源动力。因加强了内心的自我认知而充满力量，并转变成对所关注事物的真正热情②。

相 识 在 家 庭

2019 年，上海市奉贤区江海第一小学的张老师接手了一年级的班级。她讲述了自己的家访故事。

在家访前，我提前备课，梳理了学校的基本情况、各类信息和特色活动及家长需要关注的一些习惯培养等，罗列了学生需要准备的各类物品，再根据他们的

① 郭春华. 穿越情感与精神的复杂地貌[N]. 中国教育报，2021 - 03 - 03(10).
② 同上注。

住址信息进行路线的规划和电话的预约。第一天家访，我电话预约了 4 户家庭，每户家庭预留了 1 个小时左右的时间。我第一家走访的是学生小月的家。

走进小月的家中，小月的母亲和外婆热情地接待了我。在走入她们家的时候，我观察到小月家收拾得比较整洁。客厅里放置着一些画纸和彩笔。客厅的角落里有一个书架，摆着一些儿童绘本。绘本有些褶皱，一看就是经常翻阅的。我先向他们进行自我介绍，再与小月进行交流。在问到兴趣爱好的时候，小月非常开心地和我表达自己喜欢看书，也喜爱画画，并展示了自己的大量画作。我告诉她学校里会有语文课和美术课，她会学习到更多字，也会有老师教她画更多的图画。小月显得非常的期待和兴奋。之后，家长让小月进入房间休息，我和家长进行了交流互动。家长表示孩子平时比较活泼好动，学习能力还不错，喜欢看书和画画。谈及家庭情况，小月妈妈眼眶红了，表示另一方不负责任，从不管这个孩子，主要由自己和自己的父母在抚养这个孩子，而自己比较忙，主要还是外公外婆带的多。我向家长介绍了学校的一些基本信息，如上下学时间、主题活动、拓展课等，并将开学需要准备的一些事宜告知了家长。家长表示自己早早就做好了物质上的准备，并表示一定会配合老师，对小月多加引导。我便继续前往其他家庭进行家访了。

以上案例在实践中经常可见，提醒广大教师要做有心人，让家访成为家校情感交流的动力场。

四、特殊时期显现的教师情感能力

新冠疫情是一场规模空前的家校协同育人的"试验场"，也是一场教育回归生活的"实战场"。居家学习使家校共育呈现出前所未有的紧密状态，对教师的家教指导能力也呈现出前所未有的高要求，不仅对原来跟家庭接触较多的班主任老师，各学科教师亦是如此。而家校共育过程中，畅通的家校沟通应该建立在双方情感联系的基础上的。过去，教育的重心在学校，疫情导致的重心短暂偏移使家庭这个生活场所成了"教室"、家长变成了"教师"，使"神兽"一词成为人们心领神会的流行语，一些地方甚至出现了令人心痛的恶性事件，暴露出家庭教育水平普遍不高，亟待专业的引导与支持。而一些经验丰富的优秀教师，往往能够抓住这些特殊时期的教育资源，开展有针对性的家教指导活动，起到了"事半功倍"效果。

师爱在云端绽放

伴随着疫情防控常态化时期的到来，家长上班工作、孩子居家学习已经成为常态。随之也出现了一些孩子生活起居无规律，不听父母的教育，线上课程不认真收听、作业拖沓、沉迷网络游戏等问题。部分家长因长时间陪伴孩子而感到身心疲惫，产生了担忧、焦虑和无奈等情绪。针对这种现状，奉贤区育贤小学的张老师对学生家长进行了调查。其中，有一半以上的家长希望教师能够每周与孩子进行有效沟通，家长期盼教师适时给予居家在线辅导，孩子在居家学习中出现的问题亟待家校进行沟通解决。教师充分利用信息技术，在手机、电脑、iPad 等电子设备的支持下及时与学生及家长进行线上可视化交流，这就是"云家访"。"云家访"利用网络优势，聚焦学生具体问题，切实解决学生学习压力、心理困惑等问题，可有效形成家校教育合力。走"心"的"云家访"，开启了学校与家庭、老师与家长之间的沟通新模式。其中，依托互联网的"云家访"，环境相对独立，且能达到面对面沟通的效果。教师可以在自己熟悉的工作区域，针对学生的行为、表现和思想动态，提出有效建议。同时，学生在自己熟悉的家居环境中，感觉没有紧张和拘谨感，较容易吐露心扉，让教师获得更多真实信息。这既能弥补电话或者语音家访的欠缺，又能通过视频观看到师生实时情感交流，拉近学生与教师、家长与教师之间的情感距离。

后疫情时代，虽然教育的重心依旧在学校，但是要建设家校社共育新格局，便要在变化中坚守爱，在家校关系的"失重"中找到新的平衡。笔者认为这个新的平衡点存在于"情感教育"中。情感是人与人之间最亲近的体验，它必然贯穿在教育的全部过程中，充满情感的教育也将促进教师、家长、学生三方的共同成长。

此外，特殊时期的家教指导需要教师的情感共鸣，即家庭教育指导过程中，教师还需要关注一些特殊群体。随着社会的发展，家庭结构日渐复杂，出现了越来越庞大的单亲儿童、留守儿童、身体残缺学生等群体，这类学生由于无法得到正常的家庭教育和情感关怀，或身体残缺导致自卑心理，在学习、生活、品德和行为养成等方面都出现了各种各样的问题，这些问题不仅影响了他们的学业，更为严重的是影响了孩子的心理健康，容易衍生多种问题，他们的内心情感更需要得到老师和同伴们的关注和呵护，这也是对教育公平理念的体现，努力实现每个学生群体都得到教师们的情感培养，让每个学生都身心健康，全面发展。此时，教师应对其进行有针对性的教育关照和情感关怀，凸显教师情感能力的功用与存在。

第三节　情感能力的培养策略

教师的情绪情感不仅影响教师自身的身心健康，也会影响到教师的工作效率，影响师生和家校之间的关系，同时影响教师专业成长。教师提升自我情感能力，有助于在工作与生活中调动积极情绪，使自己保持轻松愉快的状态，避免工作和生活的情绪化；有助于教师有意识地觉察学生和家长的情绪，理解他们看似异常的情绪和行为背后的真实需要和感受，建立良好师生和家校关系。情感能力固然有遗传和性格的原生态作用，但情感能力更多来自后天的学习培养，是在具体的环境和依靠主观能动性提升和培养的重要能力素养。正如苏联教育家阿扎罗夫曾指出："在情感世界里，任何什么东西也不会自然地产生，因为这是与学习或者其他工作一样复杂和费力的心、脑、精神工作。"①对于以依靠情感交流和沟通为主导的家庭教育指导工作，教师的情感能力高下是影响甚至决定着家教指导能力和家校合作育人效果的重要因素，在实践中要高度关注。

一、教师要正确认识和悦纳自身情绪情感

情绪是个体因自身需要是否得到满足而产生的心理体验，如同一个坐标，需要我们正确认识和把握。教师首先要学会体察自己的情绪状态，接纳自己的情绪。同时，正确辨析包括感觉、认知和行为等方面释放出的各种情绪信号。如，

---

① 朱小蔓. 情感教育论纲[M]. 南京：南京师范大学出版社，2019：12.

抑郁情绪主要表现为沮丧、无力、对一切活动提不起兴趣。生理上可能出现嗜睡、头痛、持续的疲劳感等现象。认知方面则常有"生活毫无意义，对未来不抱希望，我一无是处"等想法。行为方面，则表现为不想出门，活动性降低，不想见人，甚至什么都不想做等。而悦纳自己，是拥有良好情绪的基础，即喜爱自己，完整、一贯、无条件地接受自己。

一般讲，有两大类情绪情感经验对于教育工作者特别重要：一是积累正面情绪情感经验；二是澄清负面情绪情感经验。积极情绪情感经验多多益善，且不断分化与复杂化。如何有效澄清负面情感？要考察、观察、求证原因。失调的情绪需要经历情感澄清。①

对于教师而言，悦纳自己的第一个重要方面，就是悦纳自己的教师角色，有身为教师的自豪感，全面客观地了解教师职业，如教师的使命、素质要求、现实地位和工作特点等，既要了解其神圣的一面，也要接受它可能存在一些不尽人意的方面，无法满足自己的各种需求。其次，悦纳自己的第二个点是设定适度的目标，很多教师均胸怀抱负，然而抱负过高或过低都不利于自我悦纳。

有"情"的张桂梅老师

2020 年"感动中国"十大人物之一、2021 年"七一勋章"获得者的云南省丽江华坪女子高级中学党支部书记、校长张桂梅是新时代"四有好老师"代表。从张老师感人至深的事迹里我们能够看到，她对学生的情感、对家长的情谊、对教育的情怀是如此深厚，这"三情"是张老师在平凡的教育岗位上成为不平凡事业的重要原因。有报道称："为了孩子们，她全身心投入教学，将病痛置之度外，她把学生送进中考考场后才去医院——医生从她腹腔切出一个超过 2 公斤的肿瘤。她把生命献给了这片贫瘠的土地，除了孩子们，她别无所求——如果我是小溪，就流向沙漠，去造就一片生命的绿洲。"张老师是千万教师中的普通一员，但是张老师却将教育事业放置在自己的内心深处，时时处处践履一位人民教师的光荣职责，她是有"情"的，这份"情"支撑着张老师与病魔抗争，她的情感、情谊与情怀，充分展现出一位有"情"的教师能够散发出的人格魅力，能够

① 朱小蔓，丁锦宏．情感教育的理论与发展-朱小蔓教授专访［J］．苏州大学学报（教育科学版），2015（4）：70-80．

做出的重大成绩。

张桂梅老师扎根一线办女子学校，再苦再累不抱怨、即便身患重病也不放弃自己的学生们，也没有对于自身热爱的事业产生一种坏情绪。显然，张老师这是教师内心深处对于教育的情怀感染自身的教育行动。她对于学生有情感、对于家长有情谊、对于教育有情怀，这是教师的情感能力在发挥作用，"三情"也是教师成为优秀教师的必备素养，是十分宝贵的教育资源。正如感动中国颁奖词中所说："自然击你以风雪，你报之以歌唱。命运置你与于危崖，你馈人间以芬芳"。张桂梅老师将自己的一生甚至健康奉献给了教育事业，用自己的人格美影响着学生、传递着精神。

同样，被评为"时代楷模""全国教书育人楷模"的优秀教师、杭州学军中学原校长、贵州台江民族中学原校长陈立群老师，放弃退休后可以拿百万年薪的机会，只身一人，分文不取到贵州大山深处的台江县领办一所原本十分薄弱的学校——台江县民族中学，足迹走过村村寨寨，与学生和家长建立了深厚的情谊，说服家长让孩子入学，让一个个曾经濒临失学或者对学业失去信心的学生，不仅重新走进了课堂，而且找到了学习的动力，获得了人生出彩的机会。用他自己的话说，"就是把台江的孩子当作自家的孩子来对待，用心哺育台江的未来。"他的行动生动地诠释了教育最为本源的动力是情感驱动，这种情感能力是家校合作育人中弥足珍贵的能力资源。

无数的案例告诉我们，育人过程中出现问题，无一不是因为缺少情感。缺少情感的教师无心为教育事业付出、缺少情感的家长对孩子和家庭缺少责任、缺少情感的学生无法成为有用的人才。情感能够调动教师职业本源、调动教师个体的内在的情感驱动力，通过自身情感能力培养去影响家长，影响学生，影响周围的人，成为黑夜中的那一束明亮温暖的灯光。由此，情感能力也就成了教师家教指导能力组成的核心要素。

二、教师要培养管理自身情绪情感的能力

情绪能够以一种与生理性动机或社会性动机相同的方式激发和引导行为。有

时人们会努力去做某件事，只因为这件事能够给我们带来愉快与喜悦。从情绪的动力性特征看，分为积极增力的情绪和消极减力的情绪。快乐、热爱、自信等积极增力的情绪会提高人们的活动能力，而恐惧、痛苦、自卑等消极减力的情绪则会降低人们活动的积极性。有些情绪同时兼具增力与减力两种动力性质，如悲痛可以使人消沉，也可以使人化悲痛为力量。其中，情绪管理能力是一种能对自己情绪认知、监控和驱动的能力以及对周围情境的识别与适应反应的能力，是个体在遇到与自身发展不利的情绪时，积极寻找策略，以有效方式解决不适的能力。

（一）认知调整策略

美国著名情绪心理学家艾利斯提出"情绪 ABC 理论"，A 指行为事件，B 指对事件所持的观念和看法，C 指所产生的情绪。该理论认为，情绪不是诱发性事件本身决定的，而是经历这件事件的个体对事件的解释和评价决定的。有这样一个故事：

两甲乙秀才一起去赶考，路上他们遇到一支出殡的队伍。看到那黑乎乎的棺材，甲秀才心里立即"咯噔"一下，凉了半截，心想：完了，赶考的日子居然碰到这个倒霉的棺材。他的心情一落千丈，走进考场后，那个"黑乎乎的棺材"一直挥之不去，结果文思枯竭，最后名落孙山。乙秀才看到棺材时心里也"咯噔"了一下，但转念一想：棺材棺材，有"官"又有"财"，好兆头。乙秀才十分兴奋，情绪高涨，走进考场后，文思泉涌，最终金榜题名。同样是遇见一口棺材，甲乙两秀才赶考的结果为什么截然不同？

认知调整策略源于情绪产生的认知理解，因此通过重新理解情境，从不同的角度看待事件，有助于降低情绪体验，消减负向体验。以下是关于某教师认知调整策略的一则案例：

学校规定全校教师轮流在午餐时间前往食堂监督学生就餐，刚开始我认为这是可有可无甚至是浪费教师时间的行为，毕竟我并没有担任班主任工作，中午的休息时间被剥夺，这也让我感到很恼火。不过，冷静下来，从学校的角度思考，教师到食堂维持秩序，不仅可以避免学生吃饭吵闹、浪费粮食及其他安全隐患的发生，也可以增加教师和学生日常交流的机会，可以增进教师对学生的了解。如此一想，也能接受学校的工作安排了。

（二）恰当表达情绪的策略

教师在与同事、家长和学生沟通时，恰当的表达技巧非常重要。许多研究表明教育教学目标受阻是教师产生消极情绪体验的重要原因之一。有时候，教师将自己的情绪表现出来非常重要，一方面教师需要让学生感受到自己的情绪状态；另一方面这种表达也使教师有一个释放的窗口。例如，教师在教育工作中，经常会不自觉地采用"你向信息"方式与对方沟通，说出诸如"你无可救药""你犯了不可挽回的错误"等不恰当的语言，这种攻击性的方式很难让对方接受。相反，正确的表达方式应运用"我向信息"，如"作为你的老师，我对你的行为感到担心"，来表达自己的感受，这样既可以影响对方的行为，又使负面的状态不被触发，从而创设轻松愉快的氛围。

三、教师要培养引导家长和学生情绪情感的能力

情绪也可能与动机引发的行为同时出现，情绪的表达能够直接反映个体内在动机的强度与方向。所以，情绪也被视为动机潜力分析的指标，即对动机的认识可以通过对情绪的辨别与分析来实现。动机潜力是在具有挑战性环境下所表现出的行为变化能力。例如当个体面对一个危险的情境时，动机潜力会发生作用，促使个体做出应激的行为。对这个动机潜力的分析可以由对情绪的分析获得。当面对应激场面时，个体的情绪会发生生理的、体验的以及行为的三方面的变化，这些变化会告诉我们个体在应激场合动机潜力的方向和强度。

家庭是情感教育的第一课堂，情感教育是家庭教育的主旋律，个体情感（包括亲情、友情、爱情）等基础都会在家庭中形成。疫情期间，上海市奉贤区24小

时心理健康与家庭教育指导服务热线个案和区域内面询个案统计后发现（表 5 -
1），亲子关系是被咨询相对较多的问题类别，还有手机网络成瘾、学习、情绪问
题等。亲子关系问题位列榜首，成为未成年人身心健康发展的主要阻碍。因此，
教师家教指导力建设需要教师培养协调引导家长和学生情绪情感的能力。

表 5 - 1　上海市奉贤区 24 小时心理健康与家庭教育指导服务热线咨询类别表

2020	亲子关系	情绪问题	手机网络成瘾	同伴关系	行为问题	学习问题	心理危机
1. 20 - 6. 10	59 人次	32 人次	55 人次	32 人次	29 人次	44 人次	8 人次

其中，教师家庭教育指导能力蕴含着教师的情感、情谊、情怀，也蕴藏教师
对于家长的家庭教育选择基本的道德理解和道德判断，指导家长开展家庭教育
中，教师会将道德情感转化成与家长交往的认知基础，并使其引导家长作为学生
成长道德榜样的德育标杆价值实现，这使得"道德情感"既是教师家庭教育指导
能力的存在基础，更是教师家庭教育指导能力的主体要义。同时，教师情感能力
的提升，需要教师了解作为教师的情感维度，不断地学习并且敏感地意识到情感
素质的重要价值和意义，根本上依赖于教师自身的行动。在课堂上，教师要在与
家长沟通交流的实际中善于学习、勤于实践，形成行动自觉，提升师生、家校情
感交往质量。

情感匮乏的家庭，互相是"看不见"对方的，情感匮乏的父母，是"看不
见"孩子的。情感匮乏是家庭关系和家庭幸福的隐形杀手。在情感匮乏的家庭
中，情绪感受让道于道理是非，理性关系取代了感性关系，家庭关系难以为继，
家庭幸福无从谈起。[①]教育教学的工作对象为人，注定了情感的沟通将贯穿这个
过程始终，教师除了管理好自己的情绪之外，还应掌握情感交往的能力和技巧，
梅仲孙认为，教育教学中的情感交往能力与技巧，具体表现为：

（1）善于观察识别学生的情绪反应，能恰当地对这些情绪做出相应的应答。
（2）善于倾听学生的情绪袒露，灵活地处置其情绪宣泄。（3）能够自然地与学生
平等相处，进行情感交流。（4）善于用语言、体态、手势等方式鼓励和激励学生

---

① 王占郡. 情感匮乏是家庭关系的隐形杀手［N］. 中国教育报，2020 - 05 - 07(009).

的积极情感，引导学生的情感方向和情绪强度。（5）善用鼓励性语言，慎用惩罚性语言。（6）营造良好积极的情感氛围，并用幽默机智调节情绪气氛。（7）初步诊断学生的情感病症，并给予初步的教育治疗。①

显而易见，首先教师要掌握"察言观色"的技巧，善于观察识别他人特别是家长和学生的情绪反应，认真倾听学生的心声。心理学理论将此定义为"同理心"，即"移情"或"共情"。同理心能够使教师在与家长、学生的交往中觉察、关注对方的感受，理解他人的立场，从而接纳和尊重家长遇到的家庭教育困惑和学生身上出现的各种成长问题。其次，教师要掌握基本的心理障碍识别技术，在认知方面提升自身知识储备，具备初步诊断学生的情绪异常，给予及时处理。例如能及时关注学生因考试引发的焦虑情绪、学生因生活遭遇而产生抑郁的情绪等。再次，教师的情感交往能力还体现在教师与家长、学生交往时所展现的外部语言、体态和手势等，美国心理学家艾博特·梅拉别因（Albort Mehrabian）的研究结果指出，人们获得信息总量分配＝文字7%＋声音38%＋姿势55%"，被称为"55387"定律。②身体语言在信息传递中颇为重要。教育教学中，正确、适度、巧妙地运用身体语言，能够修饰、润色口头语言，甚至能表达言语所不能表达的情感，起到"此时无声胜有声"的效果。

四、教师要培养自身的健全人格与积极心态

教师情感能力培养的一个关键要素就是教师自身。作为塑造人类灵魂的教师应该在成长道路中不断完善人格，客观地、全面地、辩证地去认识外部世界，以形成积极的"三观"，进而通过内在人格力量，以性育情。所谓教师人格，是指教师作为教育教学活动的主体，在工作过程中形成的优良的情感意志、合理的智能结构、稳定的道德意识和个体行为的行为倾向性，包括经验、乐观、自信、乐群性和智慧性等，人格魅力在师生沟通中具有"潜在的心理示范""崇高的美学感召""特殊的社会塑造"和"无形的柔性管理"等四个方面的潜"话语"力

---

① 朱小蔓，梅仲孙. 儿童情感发展与教育［M］. 南京：江苏教育出版社，2003：385.
② 马荣. "教师情态"在教育教学中的作用［J］. 大语文论坛. 教学一线，2015（12）：9－10.

量。教师的人格健全与否都会在潜移默化中影响教育对象。①

笔者认为，在塑造教师自身的健全人格时，除了如前文叙述的培养对教育事业的爱、掌握教育规律和学生身心发展规律，注重与教育对象的情感交流之外，教师还应该具有开阔的视野。全球化时代的教育，必然是面向世界、强调国际理解的教育。作为新世纪的教师，要有放眼世界的眼光，以开放、理解、包容和尊重的心态参与国际对话和社会沟通，把自己置身于人类文明共同发展进步的广阔舞台和当代教育发展的大潮中，让自己成为视野开阔、胸怀世界、积极参与时代变革和推动时代发展的现代人，从而在学生和家长面前展示出大气的风格，与时俱进，终身学习，勇于进取和创新。教师必须不断潜心学习，努力拓宽自己的知识视野，不断地提高和扩宽自己的知识面，不断更新自己的知识结构，以满足学生的求知欲。尤其是现在科学技术迅猛发展的时代，教师不善于学习、不善于操作，则跟不上时代发展需要，也容易与学生、家长产生巨大的鸿沟。

情感呵护能力对于青少年的成长至关重要，对于教育者的主体，无论是教师和家长都必须理解和掌握。教师要指导和帮助家长认识到，必须严肃而真实地保护好孩子的心灵，这是家庭教育的核心要义所在。美国学者沙法丽·萨巴瑞在其著作《家庭的觉醒》中讲道："孩子来到我们的生命中，是让我们去尊重他们真实的声音，培养他们真实的自我，而不是为了成为我们的复制品。"作家蒋勋在《生活的美就在于从容不迫》这篇文章中讲了自己的一件往事。

　　童年的时候，父母与我的关系很深，尤其是母亲。记得小时候，有一次考试父亲问我考了第几名，我说第二名。父亲就严厉地问："为什么没有考第一？"我正发抖时，母亲一把把我抱走，说："别理你爸爸。"我好感谢那样的拥抱，仿佛把一切我无法承受的压力都解了。

　　这样的经历在我的记忆中扎根了，我感谢母亲有一双魔术师般的手，感谢母亲的陪伴。

以上案例，实质上就是讲述了在儿童成长过程中父母亲的情感关怀，刻骨铭

---

① 赵玉英. 论课堂教学中教师情感的构成及其培养[J]. 教育艺术，2006(9)：42－44.

心的童年记忆，折射出父母正确的情感培养是何等重要！情感对一个人成长的一生都会产生重大的影响。发生在作家身上的往事，进而启发教师，情感能力的培养和提升十分重要。指导家长关注孩子的情感教育不仅重要，而且是有方法和智慧的，有无科学的方法指导十分重要。情感教育不是一味的溺爱，而是要有准确的情感关爱，要会培养，通过教师对于情感的掌握和情感能力的培养，指导家长掌握有效的情感培养方法，共同为孩子的健康成长打下情感基础。

情感能力有多种表现，也是一个从低阶向高阶的转化过程。其中，家国情怀也是情感的一种，是一种高级的表现形式。培养家国情怀对教师无论是提高专业指导力还是提高个人的素养都十分重要，既有利于家教指导能力建设，也是自身综合发展实现人生价值的重要素养。对于每位教师而言，都必须自觉践行。正如著名教育学者朱永新所讲①：

温饱得到满足后，人们需要超越心灵来获利更多的成就感和存在感，人的心灵成长有一个利己利他的关键点。利他精神的三个层次（尊重他人的利益，为了他人获得方便与利益而自觉自愿进行义务的愿望）最初都发生在家庭之中，而且在心情愉悦、内疚补偿、人格提升这三种心理状态下，容易出现利他行为。通过正确的家庭教育，利他精神就会形成一个良性循环，从家到国、从小家到大家。

提高情感指导能力，有效开展情感教育指导，对广大教师而言十分重要，在开展指导过程中，还要实行分类指导，提高指导的针对性，进而提高有效性。

概言之，家庭教育指导中教师的情感能力，实质是与家长和学生的情感沟通和影响能力，以情动人。通过教师情感能力的学习、理解和内化，要达成一个基本的价值取向，那就是通过两个成人的情感交流去激发、激活儿童世界的情感。这种驱动能力是教师教育与其他社会教育的根本区别所在，是教师育人价值的核心所在，也是提高和培养教师家教指导力的价值所在。

---

① 朱永新. 重构新时代语境下的家国情怀[N]. 中国教育报，2019－11－28(009).

第六章　教师家教指导力的协作能力建设

本研究认为，在教师家教指导能力的五大能力结构组成中，协作能力处于"金字塔"的第四级，在很大程度上具有引领教师家庭教育指导能力走向专业化个性化的标杆作用。本章围绕深化协作能力的内涵，探寻协作能力建设的有效途径以及以"六步策略"为代表的提升协作能力策略，引导教师培养和提升协作能力。

第一节　理解协作能力的内涵

一、协作能力的内涵阐释

"群体动力理论"认为："一个人的行为，是个体内在需要和环境外力相互作用的结果。"行为科学家在此基础上还就群体凝聚力和生产率的关系进行了研究，指出，群体凝聚力与生产率受控于群体目标和组织目标是否一致。如果一致，群体凝聚力高固然会使生产率有极大的提高，但即使群体凝聚力低也能提高生产率；如果不一致，则群体凝聚力高反而会使生产率下降，群体凝聚力低则对生产率不会产生明显的影响。[①]

家校共育亦是如此，要达到育人合力最大化，需要一致的目标，需要持续强化内在需要与各种环境外力之间的相互作用、相互协调，以满足内在的需求。在共同育人的过程中，教师与家长、教师与学生、教师与教师、教师与学校、教师与社会机构等都可能会产生"互动关系"，通过有效的相互协作产生更有针对性的育人力量，而这种良好互动关系的建立与维护，尤其需要教师具备一定的"协

---

① 罗肇鸿，王怀宁，刘庆芳. 资本主义大辞典[M]. 人民出版社，1995 – 05.

作能力"。

协作能力是教师能力结构中的一种关键能力，教师协作共同体在教师专业成长中起着激发教师主体生长性，提升教师的实践性智慧，提高教师的合作意识和能力的作用①。从理论篇的阐述中我们知道，培养和提高教师协作能力就是围绕"实现孩子身心健康成长"这个整体一致的目标，力求通过有效的、高效的协作，实现矛盾化解，达到"关系"平衡，将不确定性、不和谐转化为一致性、和谐性，这是教师家教指导能力的重要功能体现。

协作，也可叫"合作"。教师开展家庭教育指导可以理解为教师与家长基于学生成长的教育合作，这种合作需要教师能够协调教师与家长、学生与家长、教师与教师、家长与家长、教师与社会之间的关系，在围绕"实现学生身心健康成长"这一根本目标形成一种"互动—互惠"的关系。

由于家庭教育指导对象具有多元化个性化的特点，即家庭教育工作涉及到多重人际关系。这种协作关系主要有四对主体：一是教师与家长（家庭），这是最主要的也是最需要有效协作的关系；二是教师与学生，不管是否直接与学生接触，但最根本的是围绕学生的"问题"和"需求"进行协作；三是教师与教师之间，比如，班主任与一般任课教师、任课教师与任课教师之间；四是教师与家校合作育人相关的社会主体，如社区、居委、实践基地等。这些清晰地告诉我们，教师开展家庭教育指导，这种协作更强调的是"互动"和人与人的"关系"。互动，可以是简单的单维度，也可能是复杂的多维度；有语言的，也有行动的；有空间的，还有情景的，是一种"关系""关联"，达成互相理解、接纳和理解，为解决"问题"和满足"需求"，实现目标提供方案和行动。

现实中，教师开展家庭教育指导，往往都是在相关对象、内容、时间、需求等之间存在某种不确定、不一致甚至是不和谐的情况下开展的。主要是针对一些家庭教育的缺失、方法不科学、关系不和谐等现状，在一种矛盾的不平衡状态下，通过有效地协作，力求实现矛盾化解，达到"关系"平衡。这些清晰地告诉我们，教师开展家庭教育指导，协作必不可少，对协作能力要求就十分迫切。

---

① 徐丽华，吴文胜. 教师的专业成长组织：教师协作学习共同体[J]. 教师教育研究，2005（5）：41 - 44+15.

二、协作能力的现实意义

教师育人不是自身的"一言堂"，也不是教师单一主体能够完成的教育任务，新时代家校合作育人需要家校之间的协同。受此影响，教师专业能力结构的丰富和完善离不开对于协作能力的培养。"协作能力"是教师家教指导力结构体系的一项重要能力，它不仅限于教师与家长之间基于家校共育的协作，还包括教师与教师之间、教师与学生之间，立足更好推进家庭教育成效的协作。缺少协作能力的教师无法与家长有效沟通，二者之间很难形成教育合力，进而也无法吸引家庭教育的力量参与到学生教育的整个体系中去。反之，教师协同与学生教育相关的教育力量，尤其是针对家庭教育优化的教育力量，推进家庭教育指导工作的有序、有效展开，化家校之间一度存在的"阻力"为"动力"，推动家校合作育人理想目标的达成。因此，教师协作能力的培养具有重要的现实意义。

2020年疫情期间，上海市某幼儿园在摸排全园幼儿居住地和健康状况时，班主任老师了解到某个小朋友的爸爸作为上海医护志愿者已经前往武汉抗疫，而妈妈一个人带着双胞胎孩子在广西过年。于是教师就开始不间断地关心双胞胎孩子和妈妈，定期和孩子们聊天。尤其在她们决定从广西返回上海时，教师还急家长所急，不仅帮助预订车辆直接从机场接回小区，还提前网购了生活用品和食材，既消除了孩子妈妈单独带孩子返沪隔离的担忧，也免除了孩子爸爸身在抗疫一线的后顾之忧，更是教育和影响了全园的其他家庭。这种从细节入手、满足家长安全需求的关怀，是特殊时期最打动人心的互动协作。①

在"停课不停学"的这段特殊时期，家校协作空前紧密，教师尤其是班主任的作用不断凸显。在学生远离教师视线的情况下，教师及时和家长沟通，了解学生的情况，帮助家长指导孩子的居家学习生活。老师通过云班会引领学生关注社会热点，通过组织居家亲子锻炼、家庭合唱表演、亲子课外阅读、居家家务劳动

---

① 郁琴芳."非常态"家校合作第一要义是情感关怀[N].中国教育报，2020－03－19（09）.

等展示活动指导家庭丰富自己的居家生活，指导家长培养孩子的好习惯，做到五育并举，家校协作的力量不断增强。

在家校协作过程中，教师的协作能力也不断得到考验和提升。良好的协作能力往往表现为善于观察分析、系统思考、表达理解、情感关怀、策划组织、沟通协调、运用资源、决策判断、问题解决等多方面的能力。有了良好的协作能力，教师就能聚焦矛盾、找准问题、找到对策、采取措施，最终实现问题的解决。反之，如果缺乏协作能力，教师对处理不和谐的关系心有余而力不足，就很难处理好不平衡的矛盾状态，有时甚至还会激化矛盾。

一位初中老师说过这样一件事，班里有位女生，爸爸妈妈离异，孩子的抚养权判给了爸爸，但爸爸几乎不管孩子，孩子各种问题不断，老师多次电话联系爸爸，爸爸总说忙，于是老师找到了孩子的妈妈，但妈妈说抚养权判给了爸爸，她也不方便管。爸爸妈妈都不管怎么办？于是，老师约了爸爸妈妈一起到学校，想要当着大家的面好好谈谈，结果却变成了爸爸妈妈双方的控诉会。妈妈抱着女儿开始控诉爸爸的种种不好，爸爸指责妈妈的种种不是，女儿坐在妈妈的腿上一脸淡漠，老师则在一旁一脸无奈，最终以一场闹剧收场。

这样的案例在生活中其实不少见，为什么老师花了很大的力气最后不仅没能解决问题反而变成了一场闹剧呢？其实，主要还是老师缺少了协作的能力。正因为协作能力不足，老师没能准确把握关系特点，不仅没能对症下药、化解矛盾，反而还让自己陷入了矛盾圈。

教师针对家庭教育缺失、方法不科学、关系不和谐等现状开展协作，力求实现矛盾化解，达到"关系"平衡，需要教师在认知、沟通和情感等三种能力共同作用下，懂得是什么、明晰为什么，实现情感上接纳，通过相互协作产生更有针对性的育人力量，这也是面临的重要教育课题，更是倡导培养教师家教指导能力的价值所在。

第二节　培养协作能力的途径

需要说明的是，本研究所指的协作，是特指教师开展家庭教育指导能力组成部分的协作，是基于"五个能力"体系中的组成部分进行分析。如前所述，这种协作，是教师在认识、沟通的基础上，能够跨过情感能力这道"坎"，对于家校共育具有较深入的实践和理解后，上升到建立更加长效的家校合育格局，内生为一种系统的专业能力要求。基于当前的家校合作现状，教师可以充分利用家委会、家长志愿者、家长沙龙、亲子活动等多个载体和途径来开展家校合作，在活动中促进一致性和和谐性，同时也在实践中培养和提升协作能力。

一、让家委会成为家校协作的有力支点

深圳市福田区教育科学研究院第二附属小学李泓霖校长认为，当今社会，要办好一所学校，离开家长的支持将寸步难行。为此，学校每个学期的第一个月，都会邀请全校家委会代表召开家校促进会，在向他们汇报学校办学成绩、办学方向的同时，积极听取家长们的意见和建议。学校每年举办开放日，请家长们进校园、进教室，体验孩子在校的学习生活，并以此为契机引领家长参与到学生的学习和教育中。通过多年的实践，学校工作得到了家长们的支持，取得了意想不到的效果，家委会成为了家校协作的有力支点。

事实上，笔者在工作实践中关注到，凡是办学质量高的学校，都很重视家委会建设，积极发挥家委会在家校合作育人中的作用。以上海市奉贤区教育学院附属实验小学为例，每年9月都会对家长进行问卷调查，招募一批有责任心、乐为大家服务、具有一定组织协调能力的家长组成班级家委会；再由班级家委会推选出的优秀代表组成年级家委会；经过竞选，最后产生校级家委会。经过几年实践，家委会坐班制已经成为学校的品牌。每天早上，都会有家委会成员在不同地点执勤。每周一都会有家长到学校参加"七个一"活动，包括观摩一次升旗仪式，聆听一次课堂教学，倾听一次学生心声，与一位老师进行交流，品尝一次学校午餐，巡视一次校园安全，畅谈一次观摩感悟。至今，已有近千名家长参与过此类活动。增进了家校交流和理解，促进家庭教育与学校教育协调一致，办学品质不断提升，学校成为上海市家庭教育示范校，2020年被全国妇联、教育部命名为"全国家庭教育创新实践基地"。

在建设和推进家委会运作的过程中，教师的协作意识和协作能力也不断得到提升。面对家校沟通中的某些冲突，教师也积极发挥班级家委会功能，充分协调家长的力量，积极开展协作，努力实现关系的平衡。

笔者在调研实践中经历了这样一个典型案例。上海市奉贤区某所学校，学校年轻教师多，教师婚假、产假应接不暇，师资安排很难保证相对稳定。刚开学不久，三年级的班级群里就炸开了锅："三年级那么关键的时刻，我们班为什么又换老师了？孩子们的成绩本来就不好，还要适应新的老师，这成绩什么时候能上来？学校是不是放弃我们班了？"群里你一言我一句，各种说法沸沸扬扬，家长们还商量着要到学校讨个说法……见群里家长们的讨论愈来愈激烈，年轻的班主任静下心来，首先联系了班级家委会，认真聆听家委会的想法，表达了对家长们担忧的理解及对孩子学习重视的肯定。随后，班主任向家委会详细说明了班级具体的情况，介绍了新接班老师的特点，希望对新上任的任课老师给予支持。在取得家委会的理解和支持后，请家委会成员与家长们进一步沟通。在家委们努力下，班级群安静了下来，家长的情绪有了很大改善，家委会将家长们的普遍想法、意见建议等反馈给老师。为了进一步打消家长们的担忧，班主任和家委会又商量策划起班级开放活动，邀请家长分时分批到校，驻一天校，办一天公。当家长近距离地看到老师们认真负责的工作状态后，家长的担忧也迎刃而解。在这矛盾的化解中，家委会发挥了非常重要的作用，教师家校协作能力得到了历练。

因此，教师要学会建设家委会，善于发挥家委会的作用，搭建家校交流沟通的桥梁，让家委会成为家校协作的支点，撬动起整个班级甚至学校发展的力量。

二、让家长志愿者成为家校共育的重要力量

家长志愿者对学校各项教育活动的支持、投入是改善家校关系的重要方式，更是家长参与学校教育和管理的实践形式，已成为整合家庭、学校和社会的资源，形成教育合力的有效依托和抓手。让家长志愿者成为教师工作中的好伙伴，这既是对教师工作的有力促进，也是对教师协作能力的一种锻炼。

上海市奉贤区四团小学是一所农村百年老校。随着城市的发展，学校一半以上的学生都是外来务工人员随迁子女。学校经过调查发现，这些随迁子女在家里的阅读现状不容乐观。于是，学校把提高阅读能力作为随迁子女综合素养培育的主抓点。可是，要提高孩子的阅读能力，良好的家庭阅读习惯必不可少。如何营造良好的家庭阅读氛围呢？

于是，学校将阅读指导活动向家长开放，组建家长志愿者队伍，指导家长全面参与学校阅读指导活动，在活动中掌握阅读指导的方法，从而构建家校互动、多元开放的阅读环境。他们的具体做法是：（1）家长志愿者招募培训。由家委会发出倡议，各个班级推荐有时间、有兴趣、有阅读基本能力的家长参与志愿者活动，活动前先组织家长志愿者培训，通过不同类型的培训让志愿者们熟悉孩子的身心特点、阅读状况，了解阅读指导的具体操作流程和方法，提高家长志愿者的指导能力，同时也在培训中促进沟通与合作。（2）家长志愿者持卡上岗。学校统一下发家长志愿者胸卡，每周的亲子阅读时间，家长志愿者佩戴好胸卡，到各自班级阅读区域开展阅读指导工作，家长志愿者还会及时和班级家长反馈孩子们的阅读情况。（3）活动总结表彰。根据家长志愿者工作的表现及教师、学生、家长的评价等，评选出优秀家长志愿者，根据孩子们的阅读表现及进步情况，评选出"阅读达人"，并进行表彰及交流分享。在整个过程中，教师与家长不断沟通、协同，不断调整工作方法，家长育人主体意识不断被激活，这样的活动成为家长与孩子共同成长的助推器，在合作与互动中凝聚起家校育人合力。

在此案例中，家长既是学校开放活动的志愿者，其实更是孩子成长过程中的陪伴者。家长在参与学校开放活动的过程中，家校育人理念不断趋向一致，家长开展家庭教育也有了抓手和方法。

当下，推进劳动教育亦是如此，需要家长的指导和陪伴。教师要善于创设共同成长的氛围，鼓励和引导家长参与孩子成长的过程，在互相帮助、督促的过程中，养成良好行为习惯，帮助孩子实现有价值的自我成长与进步。

三、让家长学校成为破解家校共育难题的平台

随着时代的发展，家长学校除了作为一个系统传授、专题普及家庭教育知识的平台，更是家校之间进行思想交流和智慧分享的有效平台，是一种很好的家校协作方式，对破解家庭教育难题具有重要意义。要提高家长学校的有效性，需要学校和教师不断创新家长学校发展的理念、模式和内涵，真正聚焦孩子和家长的共同需求，破解家庭教育难题。

某中学周老师接到一位妈妈的求助，原本乖巧的女儿，最近沉迷于手机，经常凌晨还不睡，家长不知道她在做什么，问她又不耐烦，于是妈妈到处找女儿的同学打听，结果换来孩子的一通指责；妈妈想找女儿谈谈心，孩子关上了房门，妈妈怒砸手机，孩子离家出走……各种受挫和无奈后，家长找到了老师。经过调查了解，周老师发现班里类似的亲子矛盾还有不少，孩子们觉得家长管太多，家长们觉得自己的一片苦心不被尊重，大家都有一肚子的委屈……

针对青春期学生家庭比较普遍的亲子冲突问题，周老师组织开展了一次班级家长学校活动，主题定为"当'不放心'遇上'青春成长'"。根据学生的性别，周老师先分成了男生家长组和女生家长组，并落实好各组的主持人。在主持人的组织下，两个小组各自进行小组分享——我家的"青春男"和"青春女"。在平等、互助、信任的氛围中，家长敞开心扉交流自己教育孩子的困惑，共同讨论和分享有效的方法和策略。在小组讨论的基础上，两个小组选定某个共性的问题，集中开展大组沙龙活动，大家分析问题、交流经验、碰撞智慧，教师作为指导者及时进行方法指导。活动之后，家长更多了解了青春期孩子身心发展的特点，通过倾诉和同伴的鼓励，感受到了情感的支持，通过经验分享和专业指导，家长们获得了不少技巧，有效地缓解了焦虑。这样的班级家长学校活动真正走进家里心里，在教师精心的设计中达到了很好的效果。

上海市建平实验中学在家校共育机制的探索与实践中，兴办共同成长的家长学校，亲子共同入学，聚焦共同成长。学校认真梳理问题清单，如辅导作业鸡飞

狗跳、青春期叛逆情绪化、单亲父母教养失当、厌学拒学动力不足、电子产品痴迷沉溺、人际交往障碍受挫、二胎家庭心理失衡……问题清单切中焦点、正视难点、直击痛点、把握生长点，在此基础上共享家教经验，共商家教难题，共谋孩子发展，培养教师家教指导素养，提高家长家庭教育能力，建立了有效的家校协作关系。

从近年来对家长学校的研究中发现，家长学校的时代性、互动性、情境化、多样化等越来越强。随着"互联网+"时代的到来，家长学校的形式也在不断改变。尤其2020年寒假，受疫情影响，开启了居家学习的新模式，面对居家学习中的亲子关系及家庭教育等各方面的挑战，线上家长学校成为了热门。针对家庭教育中出现的问题及家长的普遍需求，学校老师们积极收集和整合各种网络资源和信息，如上海市奉贤区家教指导微信公众号"贤城父母"、上海家长学校在线课堂等，及时向家长们转发信息及资源，发动和组织家长观看直播课程，并在网上沙龙及时分享交流学习的体会和收获，通过专家的专业指导不断学习和丰富家庭教育的方法，很好地营造了学习的氛围。在帮助家长解决家庭教育过程中遇到的问题的同时，调动一切可用的家庭教育资源，打造合作育人新环境，有效提升了教师家校协作育人能力。

四、让生涯教育成为助推家校共同成长的动力

当今时代，生涯教育成为了家庭教育及学校家庭教育指导中重中之重的内容。作为孩子的第一任老师，父母当仁不让地是孩子生涯教育的原生力量。笔者和课题组在调查中发现，家长对孩子未来的职业发展普遍都有比较明确的要求和期待，但在家庭教育的过程中往往忽视对孩子的生涯教育，家长在孩子生涯教育中的缺位现象非常突出，急需学校进行针对性的家庭教育指导。教师在对家长开展家庭生涯教育指导时，需要平衡各种关系，使教育资源效益达到最大化，这就需要教师良好的协作能力，助力学生与家长的共同成长。

针对家庭生涯教育的缺失，上海市奉贤区各所学校积极依托"家长职业导航课程""假期跟着爸妈去上班活动"等，以亲子活动为载体，通过有效的协作，让家长参与到孩子的生涯教育中来。教师积极发动家长的力量，挖掘各种教育资

源，如家长自身的专业优势，家长所在的工作单位资源等，在整合各类资源的基础上，积极设计和开展丰富多彩的亲子活动。孩子们在老师和家长的组织带领下参观洗涤设备厂，了解洗衣设备制造过程；走进"两网"融合中心，探索垃圾分类处理的秘密；走进信息技术有限公司，学习了解 3D 打印技术；走进生态合作社，学习翻地耕种，感受现代农业的发展和特点；走进服装设计工作室，体验服装设计制作的过程及魅力；走进特警中队、消防中队等，了解官兵的生活及工作；走进陶艺工作室、烘焙工作坊等，体验手工劳作的技巧及坚持等；走进社区医院，了解中医中药的特殊魅力；走进大学校园，感受成长的力量；更多的孩子走上父母工作的岗位，学着做售票员、仓库管理员、商场货物管理员、服装销售员……

在活动中，学生们认识职业角色，了解职业特点，感受职业要求，体验岗位实践，培养职业兴趣，启蒙职业理想。学生们更通过对父母工作的观察了解，学会体谅和理解。有同学在职业体验活动后写到："今天我来到了爸妈工作的工厂中，来亲身体验一下他们的工作。工厂里没有空调，巨大的风扇呼呼作响，吹来的却是阵阵机器的热浪。看着满头大汗仍卖力工作的爸爸妈妈，原来所有的工作都需要坚持，爸妈的工作也真不容易，想想平时自己花钱大手大脚，真的对不起爸妈的辛劳。"家长也在和孩子的互动中加深对孩子的了解、对职业的认识，对孩子的职业规划也更理性，有家长说："孩子们的学习成长需要广阔的平台，作为家长，能用好自己的资源，其实是在帮助自己的孩子，让我们的孩子受益。"一位妈妈说："带孩子参加职业体验活动，让孩子体验到社会上有不同的职业，无论你做哪种职业，只要你感兴趣，愿意好好去做，都会成为自己的一种骄傲、一个本领。"

有知名校长曾说："教育技巧的全部奥秘，在于爱护与陪伴。"父母同孩子在相互陪伴中彼此帮助、共同进步、共同成长，这是家庭教育的重要目标。学校立足满足学生成长的需求，通过积极的协作，挖掘家长资源，调动家长力量，设计亲子活动，引导家长重视并科学开展生涯规划指导，通过家长榜样示范引导学生尊重劳动，培养"辛勤劳动、诚实劳动、创造性劳动"的意识和准备，成为了推动家庭生涯教育的有力支撑，协作的力量由此可见！

第三节　提升协作能力"六步"策略

培养和提高教师家教指导力的协作能力就是指导教师通过双向或者多向的协作，达成互相接纳和理解，为解决"问题"和满足"需求"，实现目标提供方案和行动；在实践中，提升协作能力的策略呈现多元化的姿态，既有传统的，也有现代的；既有中国的，也有外国的。在多元化的能力培养策略中，笔者带领团队成员立足实践，基于协作实现的逻辑维度，提炼了"六步协作策略"，这六步分别为：搭建载体——找准话题——设计方案——引导参与——突出成效——反思提炼，形成协作能力提升的模式及培养路径。

第一步：搭建载体

家庭教育指导需要有方法，教师协作能力的提升需要有抓手。要通过有效的协作实现问题解决、矛盾化解、关系平衡，首先要找到并搭建起适合的载体。

前几年，一档综艺节目《爸爸去哪儿》火遍全国，受到了很多人的关注和追捧，也从另一个角度反映了家庭教育中爸爸的缺位。"爸爸缺位"现象在上海市奉贤区也甚为普遍，尤其是区内外来务工人员家庭更为严重。众所周知，父亲在孩子教育过程中有着巨大的作用，扮演着母亲所无法取代的角色，而年轻的爸爸们总是忙于生计或事业，甚至各种应酬，没有时间和精力陪孩子，有时虽然陪在孩子身边，还忙于自己的事或玩手机、电脑等，对孩子只是敷衍，甚至还表现出不耐烦。在老师与孩子的谈话中发现，父子之间的相处存在的主要问题有：爸爸对孩子的学习、生活陪伴太少；爸爸教育孩子的方法过于简单、粗暴；父子之间缺少沟通和理解等。在孩子成长的关键期，没有什么比陪伴更重要的事情了。物质满足不等于陪伴，物质满足可让父母自己内心平衡，却无法填补孩子内心缺少爱的虚空，现实生活中，我们常常看到孩子因感觉到家庭冷漠而产生一些社会问题。如何改变这一现象？

针对"爸爸缺位"现象带来的问题，学校积极寻找并搭建载体，形成了幼儿园、小学、中学一体化的区域"爸爸成长链"。上海市奉贤区胡桥学校率先开始了"优质爸爸成长营"项目的探索，针对存在的具体问题，以解决问题为目标，通过成长营积极开展爸爸沙龙、亲子班会、亲子游戏、亲子绘画、亲子阅读、亲子沙盘团体辅导等活动，呼吁爸爸们回归家庭，增进爸爸和孩子之间亲子互动，加强对爸爸亲子沟通方法和技能的训练。"优质爸爸成长营"这一心理辅导与家庭教育相融合的双向互动辅导模式也成为了家校协作、合力育人的有效载体。随后，"优质爸爸成长营"项目在全区各校扩展，区域也成立了面向全区的"优质爸爸成长营"，取得了良好的效果。成长营正是基于孩子健康成长的目标，积极发挥家校沟通与家庭指导的载体功能，营造有效亲子交流的氛围，很好地体现了协作功能。

第二步：找准话题

找准话题就是找准双方的需求，话题往往就是家庭教育的缺失、方法不科学、关系不和谐等不平衡状态的焦点。学会找准话题是提升协作能力的重要基础。

不同阶段学生身心发展的特点及成长的需求不同，不同结构家庭的特点及家庭教育指导的需求也不同，学校家庭教育指导的内容也应当相应不同。如何聚焦家长和孩子最迫切的需求呢？这就需要教师找准话题。要发现和找准话题，可以通过教师日常的观察去分析学生家庭及家庭教育的特点，可以通过对学生的访谈来了解学生的困惑和需求，可以通过对家长的问卷调查发现家长的教育理念及关注的焦点问题，还可以通过教师的研讨教育中的具体案例发现存在的问题等，以此来找准并聚焦问题。

上海市浦东新区教育学院实验中学在实践中发现家长普遍文化程度较低，很多家庭亲子沟通存在问题，父母往往为孩子做了大量的事情，却得不到正面的回应，很多家长表示"遇到问题不知道该如何进行沟通，反而搞僵了，还不如不说"。为了使家庭教育指导真正落在实处，帮助家长在亲子沟通中"有话可说""有话好说""有话巧说"，甚至做到"无话不说"。学校创作了家庭教育漫画绘本《老爸老妈"学"说话》。绘本制作前，学校以"某场景中亲子沟通话语"情况为线索，设计了问卷，根据对大量数据的整理汇总，确定了 12 个较为贴近学生真实家庭生活的场景，收集了相关场景中家长经常会说的反面话语（孩子不愿意听到的话)和正面话语(孩子爱听或希望听到的话),以情景小故事的形式编制了漫画绘本,简单易懂,富有趣味性,印刷成册后分发给了全校师生。家长们表示都有"人在画中"、似曾相识的感觉。正因为学校找准了话题,引起家长的触动和共鸣,使家长开始反思自己家庭教育理念和方法中存在的问题,并尝试改变自己的教育方式。绘本中的一个个情景也成为了家校协作中重要的抓手和突破口。

南京师范大学教育科学学院儿童发展与家庭教育研究中心副主任殷飞提出家校合作要尊重家庭的结构,要引导不同结构的家庭找到优势,看到希望,获得力量。江苏省昆山市永平小学3 400多名小学生大多是来自全国各地的新市民,很多孩子入学前都没上过幼儿园,不少孩子开学第一天会哭喊着"奶奶"往外跑。基于这一问题,学校因地制宜设计家校合作平安课程,引导家长认识到孩子正在从留守状态变成跟着父母流动的状态,指导家长学会和孩子建立新的安全依恋。基于实际需求的课程不仅保证了孩子的安全,增强了家长的育儿信心,更起到了帮助家庭从乡村文明向城市文明平安过渡的作用。①

由此可见,精准的话题,不仅能吸引家长的积极参与,激发家长主动学习的意识,同时也能真正聚集孩子和家长的需求开展家校协作。

第三步:设计方案

有了话题之后,还要把话题逐层并有效地展开,这就需要教师精心设计活动的方案。活动方案一般包括活动的目的、主题、时间、参加人员、活动场地、活动形式、具体环节、活动准备、安全保障等。

上海市宝山区泗塘新村小学以学校特色劳动教育为基础,以家校共建家庭教育课程"帮帮亲子劳动家教指导课程"为载体,以亲子劳动为话题,设计目标、内容、途径等,取得了良好的效果。

目标内容:

① 殷飞.像尊重儿童那样善待家长[N].中国教育报,2019-05-30 (09).

年　　级	内　　容	目　　标
一年级	口布折花、诗情画意折纸	增强家庭教育责任感，转变家庭教育理念，促进亲子沟通，增进亲子情感，培养劳动技能。
二年级	武术、豆贴画	
三年级	立纸浮雕、气象	
四年级	编织网袋、电脑 DIY	
五年级	园艺、剪纸	

主要环节：

1. 亲子劳动操作指南：以图文并茂的形式让家长和孩子明确每次亲子劳动内容、制作步骤和制作要点。

2. 亲子劳动家教小贴士：用温馨提示的形式向家长传递科学正确的家庭教育理念，普及家庭教育的基本技能技巧。

3. 亲子劳动实录：记录亲子劳动时间、内容、感受以及老师的话。

4. 亲子劳动星星榜：引入少先队雏鹰争章机制。

5. 亲子劳动获奖区：设置了最佳默契大奖、最积极参与奖、最佳爸爸奖等。

6. 亲子劳动作品展台：展出亲子共同合作的成果。

实施途径：

1. 散点式亲子劳动

以家庭为单位，在各自家庭中进行。操作流程为：确定亲子劳动内容——居家亲子劳动——记录"居家劳动反馈表"——教师书面家教指导。

2. 集中式亲子劳动

以班级为单位，利用家长学校时间在校集中进行活动。操作流程为：阅读亲子劳动操作指南——温馨提示：亲子劳动家教贴士——亲子劳动与现场家教指导交替进行——记录帮帮亲子劳动手册——分享与评价

……

细致的方案有效保证活动的有序开展，落实方法的指导，达成活动的目标。而设计的方案能否成功直接关系到"六步"策略的最终实现及协作能力的提升。

第四步：引导参与

设计好细致周密、可操作的活动方案，接着就是方案的实施。要保证方案的落地与活动的开展，教师要引导家长、学生、教师或其他相关人员积极参与，引导参与需要让活动参与者明白活动的意义、活动的安排等。如何让参与者感受到活动是符合自身需要的，这也是对教师协作能力的考验和锻炼。

以奉贤区"优质爸爸成长营"为例，为发挥"优质爸爸成长营"的最佳效能，各成长营制作了精美的宣传手册，招募爸爸们主动报名参加，主动报名参加的家长基本都有强烈的学习需求和改变调整的意识。除了主动报名，老师也可以根据日常的观察和了解，有意识地鼓励和推荐遇到实际问题的家长参加，真正帮助解决家长家庭教育中的实际问题。

每一次活动，教师都认真做好活动的引导，周密的组织安排能保证家长的参与、活动的开展及效果的取得。

活动前的通知。每次活动前，提前发放活动邀请书，做好活动的宣传，向家长介绍活动的目的、意义、需要家长配合和注意的事项等内容，便于家长提前安排好工作及其他事物，保证出席并做好活动的准备。

活动中的关注。活动中，教师细心观察，及时发现家长在家庭教育中的有效做法、成功经验以及存在的各种各样的问题，对活动中发现的成功经验及时予以鼓励，并开展分享学习；对发现的问题耐心进行指导，帮助家长树立信心。

活动后的交流。活动结束后，教师主动与家长交流，听取家长对活动的反馈、评价及意见建议等，不断调整优化后续的活动方案，更好地开展工作。

因为有了活动前、活动中、活动后全方位、全过程的积极引导，爸爸们积极参与，教师与家长、家长与孩子充分互动，构建了和谐的亲子关系及家校合作关系，在良好的家校协作中激发家长自我觉醒、自我教育、自我改变。

第五步：突出实效

一般来说，协作往往是基于"不平衡"的状态进行，家长也都是带着自身的需求、带着急需解决的问题参与到家庭教育指导的活动中来。因此，活动能否突出实效直接影响到家长需求的满足及指导活动的可持续发展，更直接关系到教师协作能力的可持续提升。

要突出实效，需要教师不断思考、不断调整和不断聚焦。2020 年疫情防控期间，由于长时间居家不能外出以及线上自主学习的全新要求，孩子和家长难免出现焦虑情绪，亲子冲突也频频发生。很多学校开始组织线上家长会开展在线家庭教育指导。线上家长会是特殊时期的一种家校沟通方式，毕竟不同于线下家长会，不能一味照搬线下家长会的模式和流程。线上家长会最重要的就是减轻家长的焦虑，于是，有教师尝试开"小会"，2—3 个家庭为一组，利用视频连线的方式家长"拉家常"，科普疫情防控知识、指导开展居家活动、共同制定生活学习作息等；家长和家长间、孩子和孩子间还可以亲切的聊天，分享居家学习生活的点滴。"小会"让人人都能说，视频让大家"面对面"，在倾听和沟通中很好地缓解了家长的焦虑，指导了居家学习生活，也拉近了因疫情而隔开的距离。这次小小地调整，很好地达成了线上家庭教育指导的目标。

要突出实效，还需要教师学会提炼、总结和分享。上海市静安区闸北实验小学以"家长沙龙"为载体，通过分组讨论、专家科普、家长现身说法、互动游戏、情景表演等引导家长科学育儿。每次"家长沙龙"结束后，学校都会将总结的方法和专家给予的建议制作成宣传手册，供更多有需要的家长们翻阅参考，同时通过校园网向全体家长和学生进行宣传，分享育儿金点子，集思广益，成效颇为显著。在提炼、总结、分享方法建议的过程中，教师与家长、专家及各类外部资源积极沟通协作，教师的家教指导能力不断提升。

第六步：反思提炼

在经历了搭建载体—找准话题—设计方案—引导参与—突出实效的一系列实践锻炼后，教师还需要及时反思提炼，分析问题、寻找对策、总结经验、发现不足、反思改进，进而实现"实践—理论—再实践—再理论"的螺旋式提升。实践证明，"实践—反思—再实践"是引导和培养教师提升家教指导能力的有效路径。在实践中我们往往发现，教师的反思能力、提炼能力是导致教师家教指导能力差异的区分所在。

全国著名特级教师李镇西列举了自己身体力行地影响家长的六大途径：通过阅读启迪家长，通过写作改变家长，通过书信沟通家长，通过孩子促动家长，通过家长转化家长，通过家访感染家长。后来他当了校长也要求老师们这样做，尤其重视家访，给自己规定每天晚上访两到三家，深感面对面促膝谈心的沟通效果远胜过微信群里冷冰冰的三言两语。"只有听到彼此心跳，感受对方的脉搏，教育才可能真正发生。"

与此同时，教师还得掌握，家校协作必须是达成家长和教师一致性基础上的协作，协作还是有边界。苏霍姆林斯基说过，教育的效果取决于学校和家庭教育影响的一致性，如果没有这种一致性，学校的教学和教育过程就会像纸做的房子一样倒塌。这就深刻地提示教师，在寻求一致性的过程中，明确家校双方的责任边界非常重要。

深圳市盐田外国语学校校长谢学宁在《寻找家校共育的幸福密码》一文，讲过这样一个案例。有一年开学不久，学校接到一起家长投诉，反映某班数学老师教学水平低，要求换掉这个老师，家长言辞激烈，认为这个班师资不好，是所谓的差班，甚至认为"再不换老师，孩子就会被浪费掉。"而事实上，学校根本没有进行好差班分班。被投诉的这位老师有着多年的教龄，教学业绩一直不错。事实上，是这个班的部分学生基础比较薄弱，开学初的测试成绩不理想，出现波动。本来这属于正常情况，老师也有信心提升学生的成绩。但一些家长心存疑虑，缺乏耐心，凭主观判断认为老师有问题。类似家长过度参与的现象在现实中时常见到，大到教师任免，小到班干部竞选，家长都可能要参与，这对于学校管理和教师提高协作带来了挑战。①

教师要提高自己的协作能力，需要适时开展反思和提炼，寻找和提炼有效的家校协作的途径和通道，真正搭建起家校合作的"立交桥"，进而形成合作育人的"连心桥"。

---

① 谢学宁. 寻找家校共育的幸福密码［N］. 中国教育报，2020. 03. 19（09）.

　　笔者和研究组提出的"六步策略"只是从实践逻辑出发的一家之言。而在实际工作中，教师家教协作能力的内涵和外延非常丰富，提升协作能力的策略也可以是多角度的、多途径的，希望老师们在结合自身的实践和反思中进行积极地提炼，以不断提升协作能力。

第七章　教师家教指导力的管理能力建设

教师家庭教育指导能力是一个复杂的有机系统。经过几年的跟踪调研、实践探索和理论提炼，本研究将教师家教指导力概括为五大主要能力，各大能力要素之间相互作用、相互联系，共同构成了从低阶向高阶迈进的一个"金字塔式"的结构闭环。在五大能力要素中，管理能力是教师家教指导力的最高阶能力组成部分。古今中外，有不少管理学家和教育家从不同的视角对"管理"进行了精辟论述。美国卡内基财团组织全美教师专业标准委员会制定的《教师专业化标准大纲》，对教师提出了五项要求，涉及五个领域，即学生、知识、管理、研究、合作[①]。这些启发我们，提升和培养管理能力成为教师家教指导力建设的重要内容。

第一节　管理能力的内涵理解

"管理"是一个常见于商业领域的语汇，比如"工商管理""企业管理""人力资源管理"等，这种"管理"带有显著的"指派""命令"的特性，蕴藏管理者与被管理者之间对于管理设计、内容与规范"不容违逆"的特征。显然，这种"管理"是指向人与人之间立足"上下级"存在状态的关系维系与处理。学者从不同的研究视角对"管理"有着不同的解释，较为通行概念是指一定组织中的管理者，通过实施计划、组织、领导、协调、控制和决策等职能，实现既定目标的活动过程。因此，管理能力是指在实施计划、组织、领导、协调、控制和决策的过程中表现出来的综合能力。相对于认知能力、沟通能力、情感能力和协作能力，管理能力是教师家庭教育指导能力结构中的高阶能力，是指在家校共育过程

[①]　陈永明. 教师教育学[M]. 北京：北京大学出版社，2012：55.

中，作为管理者的教师以提升家校教育合力促进儿童成长为基本的价值取向，确定开展家庭教育指导的目标、任务，制定行动计划，统筹安排，把各种资源有效地组合起来，协调一致地保证指导工作顺利实施的能力。它涉及到对开展家庭教育指导的各要素资源的统筹、协调、分配和布局调整，以实现家校合作育人的目标效益最大化。作为高阶能力，教师家教指导过程中的管理能力获得是一个不断学习与实践积累的过程。从管理的角度看，开展家庭教育指导的过程是教师自我管理、资源、平台等多方要素有机联系的动态管理过程。从当下的现实情况看，教师家教指导能力中管理能力建设要重点关注几个方面。一是教师自身的内在自我管理。主要有家校合作过程中教师自我的情绪管理、语言管理、行为管理、时间管理等，围绕有效开展家庭教育指导自觉提高综合素养，为有效开展提供基础。二是基于管理对象的外在他者管理。主要是针对家庭教育指导的对象家长、学生、相关的教师、社会中相关主体等教育主体，在教师指导家长开展家庭教育过程中发挥良性作用的有效管理。三是信息化为代表的技术应用管理。进入了"互联网+"时代和自媒体时代，家校合作育人的途径和渠道发生了革命性变化，尊重传统的家庭教育指导方式的同时，如何提升运用媒介能力是提高教师家庭教育指导中管理能力的重要内容。

一、自我管理

教师自我管理包括在不同空间中面对不同对象时的自我言行、情绪等方面的管理，以及面临多事项时对个人时间的管理。自我管理是指教师使自己保持积极的状态投入到教育中，投入到家校沟通中，最大限度地发挥自身作为理性的教育者、专业教育者的作用。

（一）言行管理

教师是学校教育的构成主体，在学校场域中，教师处于特殊的地位，是教育实施者。教育的对象——学生具有较强的向师性和模仿性（这一特点在低学段学生更为突出）。教师教育教学行为具有较强的个体性和独立性，这些都要求教师具有自我管理意识和能力，真正立起"学高为师，身正为范"的师者形象，让学生"亲其师而信其道"。

在家校共育场域中，教师作为专业教育者，其言行举止影响着家长对教育、教师群体的看法和理解。这就要求教师在与家长的交往过程中规范管理自己的言行，向家长传递的是符合社会和教育发展的信念、价值追求，以符合专业教育者身份的言行赋能家长，引导家长树立正确的家庭教育观念、学习科学的育儿知识和行动。教师的自我言行管理能力，从宏观上讲，就是主动地更新自身的专业认知与能力，使自己的言行主动地按照社会和教育发展的新要求来调整，使自己教育言行符合社会对专业者的要求。从微观上讲，就是在教育教学过程中敏感地接受和分析来自学生的反馈信息，从而调整教育教学计划和教育行动。在家校共育的过程中敏感地接受和精准分析来自家长反馈的在家庭教育中的问题与困惑等信息，从而调整与家长沟通的言行和家庭教育指导的方式。近年来家校关系出现的一些典型案例，与教师在家长沟通中的言行不当带来的问题有关直接相关，有的甚至造成了严重的负面影响。

(二) 情绪管理

人是情绪化的特殊存在，对于个人情绪的管理是人社会化行为不可或缺的组成部分，能够管理好个人情绪的人往往具备较高的修养和素质，由此情绪管理也成了很多行业对于从业者素质考评的指标之一。教师的情绪管理从管理对象来看不仅包括对自己情绪的管理也包括对他人情绪管理。在教育教学的过程中教师通过准确感知、理解自己和学生的情绪、合理表达情绪以及对自身和学生情绪进行有效管理，以使其保持良好情绪的能力。

教师情绪管理能力与教师教学效果的显著相关。具有较强的情绪管理能力的教师，能使自己处于积极情绪状态。而积极的情绪使教师保持理性而积极的思维和敏感的"专业"反应，能较为全面地捕捉学生的语言、面部表情、肢体动作等反馈信息，理性地分析学生的学习状态和心理活动，有利于教师及时调整教育教学行为。同时，教师积极的情绪状态对学生具有较强的感染性，教师积极情绪通过"和蔼可亲"面部表情、激励性话语和接纳式友善的肢体动作(点头、拍拍肩)等可视可感的形式表现出来，渲染形成积极情绪流通教与学共生课堂，学生在这样的课堂里体验并习得积极的情绪情感，学生积极的情绪状态有利于对知识的掌握和理解，有利于学生亲社会情感和行为的培养。

正如杨婧玉所说："教师情绪管理对学生个体发展、教师专业发展与和谐师生关系的建立有积极的影响。"①在家校合作共育的过程中，教师的情绪管理对象指向教师和家长情绪（当然有时候也包括儿童情绪），在与家长交往（交流）的过程中教师能准确的感知、理解自己情绪，理性地把控自己的情绪，并在此基础上积极主动地以家长的情绪情感体验为出发点，感知和觉察家长的情绪及其变化，理性分析情绪产生于变化的原因，有意识地对家长的情绪进行积极疏导和调节，使其保持良好的情绪状态的能力。情绪管理能力较好的教师，与家长沟通较为通畅，其工作易于获得家长的认可，家长乐于参加其组织的家校合作活动，并在活动中发挥自身的积极作用。相反，情绪管理能力差的教师在教育教学与家校沟通中容易出现情绪失控，如防疫期间网上教学过程中有教师因学生多次未交作业而情绪失控，出现与教师身份不相适应的言行，导致教师、儿童和家长的关系紧张，对儿童的发展造成伤害。

（三）时间管理

教师的时间管理是指教师为了提高自身的时间利用率和有效性，应用科学的原则和方法对自身时间的耗用进行有效的控制和安排。合理规划、利用时间是教师推进专业工作的重要立足点。现如今"教师忙""教师累"是很多教师的"口头禅"，面对外在于己的专业工作，总是围绕"没时间"问题进行一系列的"抱怨""诉苦"，这是教师缺少时间管理能力的重要表征。家庭教育指导中教师的时间管理包括对各类家校合作共育活动的理性计划、安排统筹，也包括对具体一项家庭教育指导活动的合理安排。

正如王蔚所说："时间管理是管理学中的概念，即以时间为对象的管理活动，是对时间的运筹与控制。作为管理资源之一的时间不同于人、财、物等资源，它无法再生、储存或替代，时间过去了，就不可能再回来。"②一些家长不愿意或者不能够开展家庭教育的理由，大多也是"没时间"。笔者认为，这样的理由固然值得理解，但并不值得接受，毕竟教育孩子是家长的责任和义务，且教

---

① 杨婧玉. 以教师情绪管理促进中小学和谐师生关系[J]. 长江丛刊，2020(21)：150-151.
② 王蔚. 运用时间管理理论 促进教师可持续发展[J]. 基础教育参考，2009(8)：55-58.

育好孩子比家长眼中的"繁忙工作"更有价值，家长需要且必需为孩子的家庭教育分配足量的时间。受此影响，教师进行家庭教育指导必须具备时间管理能力，它不仅指向前文所讲的管理自身拥有的时间，更要有一种指导家长合理分配自己时间，使家长明晰特定时间段(点)，孩子成长特性需要家长为孩子的家庭教育分配合理时间，教师要指导家长为家庭教育进行时间规划。

显然，前文提到的时间管理是以时间的合理安排来落实家庭教育各类指导，以确定的时间安排常规个别指导、集中指导，并以行事历的方式告知家长，争取家长的支持，以及预设可能突发问题后的家校合作行动。而后文提到的是教师在培养自身理性的时间管理能力的基础上，为家长开展家庭教育指导提供理性的时间管理意见和建议，帮助家长理解为孩子的家庭教育分配适宜时间的重要价值和意义，进而引导家长理性分配自己的时间，为家庭教育提供足量的时间，借此提高家庭教育的实效。

二、资源管理

本研究讲的资源管理主要是指对家校共育中的各种相关资源的挖掘、根据具体问题和行动目标整合资源等。资源管理是教师管理能力之所以称为家庭教育指导高阶能力的重要方面，是指教师在开展家庭教育指导的过程中，挖掘、整合学校、家庭和社会各类教育资源，充分地发挥不同教育主体的资源优势，形成多元融合的资源库，促进家校合作育人，实现"1+1+1>3"的实效。

（一）学校资源的整合与运用

学校资源的整合是指将学校这个空间内的一切可以用的资源，包括物质资源和人力资源根据一定的目标进行优化组合，以发挥学校现有资源合力效益，推进学校整体(团体)在家庭教育指导中的作用。学校资源中人力资源即教师是核心资源，因年龄、性别、成长环境、教育经历、岗位等不同，教师资源呈现出差异性和多样性。在家庭教育指导中，作为管理者就是针对不同的家庭教育的问题和需求善于发现、挖掘、发挥学校教师专业教育者的优势，更好地服务于家庭教育，达到协同育人的效果。

如，学校管理者（校长、德育主任）引导全体教师树立家校共育教育观，全面分析教师各自的专业优势，优势互补，组建学校家庭教育指导团，参与家长学校的课程建设与实施，参与学校整体家庭教育指导和家校共育活动策划、组织，整体发挥学校作为专业教育机构在家庭教育中应有的担当和作用。

班主任教师则应整合本班级多名教师（各学科教师）资源，形成班级家庭教育指导教师团，在家庭教育指导的过程中转变问题视角，建立资源视角，发挥不同学科教师专业特长、看问题的独特方式以及各自独特的生活与教育经验所形成的优势，对班级学生发展问题进行集体式会诊，全面分析问题，并开展组团式家教指导，发挥自身的专业优势从不同方面帮助家长。班主任教师通过这样方式管理，把班级各学科教师凝聚在一起，共同参与家庭教育指导。

（二）家长、社会资源的挖掘与运用

当今历史与现实、传统与现代、物质与精神、外域与本土等文化交织在一起，不断冲击人的理性社会观念的构建①。苏霍姆林斯基说过，教育的效果取决于学校和家庭教育影响的一致性。如果没有这种一致性，学校的教学和教育过程就会像纸做的房子一样倒塌。事实上，家长们具有不同的社会背景、不同的教育观念，有着学校所不了解的关于自己孩子独特的知识以及作为非教育专业人对教育独有的看法。如何有效地挖掘家长和社会资源实现家校合作的效果最大化，是教师家教指导力中的重要内在要素和外在的标志。常见的是要把握如下几点：

一是要挖掘每位家长家庭教育中的优点。发挥自身的优势和了解局限，包括家庭中的幸福和沮丧。

二是构建家庭互助苑。让"问题"家长走进家庭教育经验丰富的家庭、家长课堂，进行家长经验分享。

三是组织家长联盟。对学生发展问题进行集体式会诊，开展有家长参与的组团式家教指导的社会资源的运用。

此外，教师管理能力强表现为教师能够具有"大教育"思维特质，能够跳出仅从自我、学校教育、家庭教育单方视角的窠臼，整体地看教育，自觉运用整

---

① 赵冬冬. "真需求"还是"假精致"？——对青少年非理性消费的辨识与矫正[J]. 中国德育，2019（20）：30-33，38.

合、协作、共同成长的理念，打破"密室教学""密室抚养"造成的学科教育阻隔、家校教育的阻隔，在知晓对方、彼此理解的基础上，进行家校合作共育。教师的管理就是要创造条件让家长走进学校、教室、课堂，了解学校的教育和孩子在校的行为和课堂上表现，在家庭中对孩子的生活、学习与学校要求保持一致，相互衔接。也引导家长以开放的心态接纳教师、社区人士协助，改善自身家庭教育理念和行为。

三、媒介管理

进入了"互联网＋"时代和自媒体时代，加之随着家长的教育素养普遍提升，家校合作育人的途径和渠道发生了巨大的变化，尊重传统的家庭教育指导方式的同时，运用信息化能力是教师家庭教育指导中管理能力的重要内容。其中包括，信息化时代家庭教育及其相关的外部环境产生海量的与之关联的数据管理，教师开展家庭教育指导必须具备一种数据思维，即数据管理能力，这种能力让教师适应信息化时代教育场域内现代教育方式和教育手段的变革，充分把握技术变迁代表的是不同代际人的生存境遇的变化，以一种现代化的管理思维应对现代家庭教育指导。同时，面对新媒体家校信息平台的多样化，面对数字"原住民"的新一代家长和学生，如何选择网络平台，引导家长遵守相关规则，提高数字媒介素养，构建清朗的网络教育空间环境也是教师管理能力的重要体现。

再者，现代通讯技术的发展和网络技术的普及为人们的交流和联系带来了方便和快捷，在教育领域，学校与家庭之间沟通的渠道很大程度不再局限于在家访、家长会、家长委员会和教学开放日、电话等形式，网络沟通成为家校沟通的新载体[①]。新的家校沟通媒介催生新的交流平台，这让教师对于平台管理的能力成为开展家庭教育指导重要的能力构成。平台管理是指教师在开展家教指导过程中，对于各种实现管理目标的平台的筛选、运用和监控，使各类平台发挥效益最大化。

随着微信的普及，教师在家校沟通中使用班级微信群，及时发布学校通知、

---

① 封勇.建立信息化沟通平台 实现家校共育[J].课程教育研究，2013(34)：14－15.

反馈学生情况、播报活动信息等，寻求家长的教育合力，取得家长的教育支持，家校一起解决教育中的问题。但此类信息交流平台也需要有效的管理，避免一些问题的出现，如无关孩子教育的问题充斥班级群；一些不实信息传递而形成群体教育的偏差。

事实上，无论在哪一个领域，"管理能力"中的"管理"都指向人对于共同体内资源优化整合的能力，目标在于借助有限的资源实现管理效益的最大化。一般而言，商业领域的管理者管理能力体现在对于商业运作资源进行有序、有效的调配或再分配，从而实现资源效益的最大化。教育领域教师的"管理能力"多体现在教育教学中对于学生学习、生活行为的规范；而聚焦到教师家庭教育指导能力层面的"管理"，它是一种对于家庭教育指导所需教育资源优化整合利用的能力，也指向教育资源产生的育人效益的最大化。教师家庭教育指导能力中的"管理能力"与商业领域的"管理能力"既有相似之处，又有本质差别。商业领域的"管理"聚焦商业利益的获得，缺少对于人本身作为共同体参与主体的考量；而教育领域教师"管理能力"的"管理"没有物质资源获取的驱使，这种"管理"带有显著的教育属性，更多地秉持人本立场，围绕人（学生）的健康成长，发挥这种"管理"的教育作用与价值。

总之，教师家庭教育指导能力是一个多种能力融合构成的"能力聚合体"，"管理能力"是教师家教指导能力的高阶能力，它建立在教师开展家庭教育指导工作所需的认知能力、沟通能力、情感能力和协作能力之上，往往是这四种能力具备之后形成的教师在家校共育过程中坚持目标导向，将家庭教育指导工作开展相关的教育要素和资源进行优化整合后实现效益最大化的专业能力。

第二节　管理能力的培养路径

现代学校是一个开放的系统，家校社合作育人是现代教育发展的要求。如何让学校和家庭这两个学生发展重要的"教育者"保持行动一致，对学生提出统一的要求，并能志同道合，抱有同一的信念。这就要求教师善于为学校的发展寻求各类社会资源，同时具备社会责任感，有意识地服务家庭、社区，主动构建家校社合作育人的信念价值系统和行动系统。同时，通过家长学校、家长会、家长开放日等形式，指导和帮助家长了解学校工作情况和学生身心发展特点，掌握科学育人方法。实现这一目标需要教师培养管理能力。

一、建立家校合作价值信念系统

进入新时代，"命运共同体"成为广受各界热议的主题。正如习近平总书记指出的，参与国际社会合作、与他国共处的中国方案是"构建人类命运共同体，实现共赢共享"[①]。事实上，大到一个国家，小到一个社会，则更具体地聚焦到教育领域，"命运共同体"理念对于家校合作育人有很大的指导价值。"学生（孩子）"是家长的家庭教育与教师的学校教育共同关照的对象，二者因"学生（孩子）教育"而建立密切的教育关联，彼此之间存在共同的教育利益，有建立命运共同体的重要基础。在这样的背景下，站在学校的角度，基于命运共同体理念，建立家校合作价值信念系统对于开展教师家教指导力建设具有重要价值和意义。

需要强调的是，只有家校合作的各主体都认同家庭教育、学校教育以及协同共育对于儿童成长、社会发展的意义，家校合作的行动才成为可能，才能有效。否则，不仅合作的工作难以持续，甚至招致教师和家长、社会人士的质疑和抵触。如，由于没有确定理念与价值观，教师可能会排斥家长参与听课评课，认为家长不懂教学会干预自己的业务活动，还影响教学的进度；学校管理者可能会认为家长、社区过度参与学校的管理会削弱自身权利，甚至暴露学校问题，给学校发展带来风险；家长则批评学校组织志愿者活动，是希望家长成为学校、教师免费劳动力以减轻教师的工作量；有些家长认为教师要求在孩子作业本上签字是把教师的工作转嫁给家长。

2020年突如其来的新冠肺炎疫情，使当年寒假成为学校有史以来的超长假期，教育部实施学校"停课不停学"政策，学校和家庭以前所未有的直观的方式感受到多方教育主体休戚相关的命运共同体关系。但两个多月的实践中，家校这一命运共同体在面对现实问题时却矛盾重重，一方面是由于在毫无准备的前提下被迫进入需要家校共同参与的"停课不停学"居家学习，但新形势下家校各自的

---

① 习近平. 共同构建人类命运共同体[N]. 人民日报，2017-01-20(002).

边界是什么，在居家学习中教师与家长角色定位和如何配合等问题认识不清；另一方面，或者是更重要的方面，是家校间、教师与家长间还未真正地确定共同的价值观，出现问题往往相互指责和推诿，缺失真正意义上的沟通。

"家校合作的首要推力便是明确教育主体的价值信念，明确家庭与学校是合伙人、伙伴，是命运相连的两类主体，即为家校命运共同体。"①从儿童角度上看，家校合作沟通学生最重要的两个生活世界，实现学生教育在时空上的有效衔接，为学生成长构筑完善的空间；从教师和家长的角度上看，家校合作能增加教师和家长的理解和互动，促进教师和家长更好地自我反思和成长；从学校发展的角度上看，家校合作能为学校带来更多的教育资源，造就学校改革发展新的动力。学校、教师对家庭的指导能帮助弱势群体更好地为孩子成长提供有效的支持；在一定程度上，阻隔了贫穷的代际传递。在"长达数月的学校关闭对教育体系带来前所未有的冲击与挑战，经合组织开展大型调研——全球教育如何跨越数字鸿沟"调研报告中，较多的受访者提出了"对于家庭条件不利的孩子，在家无法得到父母的悉心照料且没有舒适的学习环境，那么教师应密切与学生家长沟通，向有困难的学生提供个别化的支持与指导"。这就意味着学校教师对家庭、家长的帮助具有体现教育公平的重大社会意义，这种社会意义随着数字化鸿沟不断加剧教育不公平而不断加大。

学校和家庭确定共同的价值观，不仅仅是指家校在某一个具体的活动的意义上达成共识，更是指双方在理念上确立共同承担教育儿童职责的信念。然而，教师和家长共同的价值观和信念并不是天然就具备的，需要对双方进行良好地引导。这里强调，校长应是家校合作共同价值观的引领者。首先，引导教职工参与学校愿景时，把家长、社区列入到助力学校发展的动力行列，也积极推动学校作为专业机构对社区、家庭教育的参与指导的责任担当。其次，通过对家校合作的大力宣传、指导、支持和鼓励使学校教职员工对家校合作充满信心和热情。并在管理中确定开放办学的理念，以积极的姿态，主动地去寻求家庭和社区的合作，最终使学校的方方面面都呈现出对家长参与的欢迎，营造出学校与家庭合作、通力共育新人的新气象。

---

① 左坤，李亚娟. 家校合作：教育时空系统对话互动与联通——以南京市家校合作教育追求与实践探索为例[J]. 上海教育科研. 2019（4）：49-52.

二、完善家校合作育人机制

家校合作共同育人的理念需要相应的机制来使其落地，健全的机制能激发和保障多方主体共同参与到儿童成长教育中。以校长为首席的管理者应积极探寻家校合作的路径，选择、设计适合本校学生发展、家庭需求的合作方式。

从国内相关理论和实践研究梳理来看，我国家校合作主要三种形式，即交流式合作、人际参与式合作和管理式合作[①]。不同形式的合作方式有其独特的价值和适用的范围。

交流式合作是以教师和家长的交流为主，其主要目的是让家长了解孩子在学校的表现，教师了解孩子在家的情况，以便双方制定和调整教育的行为，使家庭和学校这两个空间相对保持一致。

人际参与式合作主要是指教师和家长互相参与到对方活动（教育场域）中，帮助对方解决问题。家长以学校活动的志愿者身份参与学校和班级工作，为学校、学生提供服务，帮助学校、班级解决实际问题；教师以家庭指导者的身份参与到家庭教育中，帮助家长解决家庭教育中的问题、困惑，提升家庭教育中的亲子关系的品质。

管理式合作是指社区、家长作为学校教育的决策参与者，参与学校的管理，以教育共同体的身份为学校的发展出谋划策，协作学校优化管理。家长参与学校管理，使学校能接触到家庭的隐性知识，并有可能将这种隐性知识转化为可利用的显性知识。家长们具有不同的社会背景、不同的教育观念，具有学校所不了解的关于自己孩子独特的知识以及作为非教育专业人对教育独有的看法。因此，管理式家校合作，有助于学校获得更多的发展空间及更广泛的支持。

家长会是常见的交流式合作。学校定期邀请家长到学校了解孩子的学习和生活。家长能够亲眼所见、亲耳所闻孩子在学校的真实情况。班主任和任科教师被家长们认为是学生在校表现最有权威的发言人，家长们乐意与教师沟通，听取他们有关孩子的意见和看法。通过家长会，家长可以从中获得孩子在学校的表现和

---

① 江平，李春玲．教育治理体系现代化视角下家校合作创新实践[J]．上海教育科研，2020(2)：58-62.

态度等信息，及时发现问题，调整和孩子相处的方式方法。同时，教师也可以了解家长是如何思考和行动的，探知他们教育孩子的价值观和生活哲学，从而更好地了解孩子的成长背景和家长对孩子的期望。教师也可以据此调整自己的行动方案和观察孩子的角度，理解并妥当处理孩子的需求。

　　现实中，有的家长会仅仅是在学生考试之后才组织，教师是家长会上的主导者，家长会上主要是讲学生的成绩，甚至是各学科教师轮番向家长讲解试卷的知识点和班级学生得分率，甚至成了"批斗会"，成了学生和家长心中的"痛"。要想实现家长会中家长与教师双方所期待的目的，达成交流式家校合作，需要校长引导教师认同家长会对于家校合作的价值意义，确定家长和教师的双主体关系，在此基础上设计、策划能够让各方乐于接受的家长会。

　　除了常见的家长会外，校园开放日活动、家长教师约谈也是交流式合作，在校园开放日中教师向家长开放课堂，让家长直观感受学校教育教学的理念、了解儿童在校的学习和生活。约谈是家长和教师任何一方根据沟通的需要向对方发出交谈预约，就儿童的发展问题展开"一对一"的交流。除了这些面对面的交流式合作外，运用新媒体开展线上交流式合作成为重要补充。

　　家长委员会是管理式合作。2012年教育部下发《依法治校——建立现代化学校制度实施纲要（征询意见稿）》，明确指出要建立健全中小学家长委员会制度，建立健全班级和学校两级家长委员会。家长委员会承担参与教育工作、参与和监督学校管理、促进学校与家庭沟通合作等职责。

　　现实中，有不少成功的范例。浙江省舟山市教育管理部门从教育治理的角度探索家长、社会与学校管理式合作，多方举措保障家校共治机构的建设。有学校积极推进家长委员会网格化发展渠道建设，成立"班级、年级、校级"三级联动，"督学督政部、宣传策划部、实践活动部、家长助教部、家庭教育部、安全教育部"六部共存的"三级六部"家委会组织模式，既建构了家长参与学校治理的组织载体，也扩大了家长参与学校治理的领域和方式，有学校变"家长委员会"为"家校合作委员会"等。家校合作（共治）委员会在人员组成上突破了单一的家长群体，将校长、教师代表、学生代表乃至教育专家代表也纳入其中，这就创新了家校共治组织的建构方式，拉近了学校和家庭的距离，有效提高了学校管理的民主性。

三、指导家长解决个性化需求

　　教师指导家庭教育的管理主要是聚焦于学生的成长中一个个具体"点"，而这一个小的点却成了不少家长和家庭头等大事，因此，做好这些"小点"的管理就是通向家长需求解决的"大门"。大量的案例表明，当下家长开展家庭教育中最现实最迫切也是公认最焦虑的问题是对孩子的作业、手机、睡眠、读物和体质管理，简称为"五项管理"。这"五项管理"也就是教师指导家长开展家庭教育的重要载体，是提高教师管理能力的重要途径。

　　"五项管理"中，作业管理又是家长普遍感到的难点。据有关调查显示，有九成的家长对孩子的作业问题存在焦虑情绪，90%以上的家长表示陪孩子做作业时吼过孩子。作为学生学业的直接指导者和权威人士的教师，理应抓住家长们这些需求难点，从家长家庭教育中最急最盼最焦虑的问题入手，探寻适合的方法指导家长，让家长的焦虑和需求得到缓解和满足。而事实上，由于每个学生的学习基础、习惯和状况的差异，作业管理不可能有唯一的灵丹妙药。2021年5月，北京大学教育学院副教授丁延庆"吐槽女儿"的视频十分"火"。这位博士教授真实地表达了自己女儿学业情况，如同2021年热播的电视剧《小舍得》中的场景再现，既表达了一位父亲的真性情，也是一名教育学者与广大家长的真实沟通。笔者以为，这是教师们指导家长进行作业管理的活教材。关键是要引导家长们从"别人家的孩子"误区走出来，认识到"人间真实"。能够转移关注点，从单一的作业转移到孩子其他方面的优势。而不是一味地培养"鸡娃"，更不能将父母所谓"自身的人生经验"出发来确定孩子的学习和成长路径。教师要尽量减少低效无效的作业，严格按照分段作业需求，不进行学生学业成绩排名更不公布名次，让孩子有一个良好的学业环境，自然能够减轻家长的焦虑感。如果教师通过这样的引导有效地解决家长个性化需求，也为其他几项"管理"打下坚实合作基础，从而达到在有效"管理"中提升管理能力。

第三节　管理能力的提升策略

不管是一线学科教师、班主任，还是德育干部和学校校长（书记），自觉提高和培养家庭教育指导的管理能力，对提高家校合作育人的实效，提高教师自身的综合素养，都具有十分重要而现实的意义。笔者和研究组成员在调研和推进区域实践的过程中看，教师开展家教指导中的管理能力亟待提升；同时，这也是一个漫长的专业积淀和感悟提升的过程。本研究介绍几种提升策略，以期抛砖引玉。

一、在构建家校学习共同体中提升教师管理能力

理解"共同体"的概念是"在构建学习共同体中提升管理能力"的前提和基础。"共同体"是德国社会学家滕尼斯（Tönnies, J.）提出的社会学概念。滕尼斯认为："人的意志在很多方面都处于相互的关系之中；任何这种关系都是一种相互的作用"，"关系本身即结合，或者被理解为现实的和有机的生命——这就是共同体的本质"，而在杜威（Dewey, J.）看来"人们因为有共同的东西而生活在一个共同体内"，"为了形成一个共同体或社会，他们必须共同具备的是目的、信仰、期望、知识"，因此可以说"共同体"是"基于共同目标和自主认同、能够让成员体验到归属感的人的群体"①。

群体动力学创始人勒温指出，在合作性的群体中，个体具有较强的工作动机，往往能够相互激励，相互理解，个体间的信息交流频繁，工作效率明显高于非合作群体。日本知名的教育学者佐藤学认为，现在的教育危机的核心是"密室抚养""密室教室"所引发的教师与家长之间的信任缺失。为了增进教师与家长之间的信任，为儿童的学习创造好的环境。1994年，佐藤学开始与一所小学的校长一起推进"学习参与"实践，并将学习参与作为21世纪学校"学习共同体"中的一环，将之前的家长参观学校变成家长辅助教师教学的共同的学习参与。

多位教师在感受到家长学习参与的魅力后，开展了尝试。内藤老师就是其中

---

① 赵冬冬，曾杰. "互联网+"视域下跨区域教学共同体建设研究——兼议"三个课堂"应用[J]. 中国电化教育，2021(2)：97-104.

一位。最初内藤老师，发挥自己在诗歌教学方面的优势，让家长和孩子一起放声朗诵诗歌，面对有些紧张的家长，儿童们快乐地帮助父母，使朗读参与进展顺利。初步尝试后内藤老师懂得了参与学习的意义。从儿童角度看，家长参与课堂学习，儿童们会更加柔和，能够安心地集中精力学习。从家长角度看，家长参与课堂学习不仅使家长间建立了联系，还为家长了解儿童的现实和教师的思考提供了绝好的机会。随后内藤老师又开展了读诗、品诗的学习参与课，儿童、家长和老师一起鉴赏诗歌，儿童还挑战了家长群体的朗诵。学习参与的挑战促进了家长的参与。在进一步经历学习参与后，家长收获很多，从参观者变为参与者、共同学习者后能进一步贴近孩子；老师从教学参与实践中感受到家长合力参与教学的重要性和乐趣，获得了家长与儿童共同学习的可贵经历。在进一步实践中，内藤老师把家长学习参与的方式固定下来。在综合学习实践中，家长们作为教师的助手参与进来，使教师难以独立完成的学习活动顺利拓展和发展起来，教师、家长在学校这个空间形成了教育的协作者。

从佐藤学及其研究团队在"参与学习"的实践研究中，我们可以获得建立教师、儿童、家长学习共同体的启示：学习共同体是"利益相关"的命运共同体，应具有共同理念、认知和行动目标，并能确定适合"儿童、家长和教师"共同参与的活动内容，设计逐渐推进活动过程，使家长、儿童和教师在共同体中感受到自身的成长和共同体中的他人对自己的帮助。在这样的共同体中要特别关注儿童的需求和发展，构建的学习共同体应让儿童感受到来自学校和家庭更多的个人关注，在学习和生活中获得来自家庭和学校一致的要求与帮助，促进其取得更大的进步，形成自信、乐观的个性。这样的一个"理念—实践—反思—模式"的过程，就是家校合作尤其是对家长参与家校合作的有效管理。

实践中，也有很多这样的成功案例：

构建家长"自助式"学习生态圈

"帮助儿童最好的方法是帮助家长"是苏州科技城实验小学教育集团的重要办学理念之一。为了帮助家长提高家庭教育的素养和能力，苏州科技城实验小学集团构建家长"自助式"学习生态圈，通过学校教师的统筹协调和谋划实践，盘活了家长资源在家校合作育人体系中的价值和功用。基本策略是让家长帮助家长，由学校提供平台和课程，家长自愿组团，通过形成"自助式学习圈"来提升家长的学习力。重点是研发家庭教育培育师"自助式"学习的校本课程，共计十节代表性课程：第一课，探寻本质：教育到底为了什么；第二课，内在自我：整合内在自我资源；第三课，正向安抚：人人都要的是什么；第四课，戏剧三角：不会爱，爱变伤害；第五课，情绪管理：情绪的来源和管理；第六课，学会倾听：听到、听懂的艺术；第七课，因材施教：懂得孩子，才会教；第八课，学会提问：好问题胜过好建议；第九课，自我预言：改写你的人生剧本；第十课，终身成长：遇见最美的自己。

该课程有三大特征：一是导师和学员都是家长；二是学习内容以升级心智模式与提升认知能力、沟通能力为主；三是学习的方式遵循"正确的学习＝思维模型＋刻意学习"这个学习公式。此外，"家庭教育培育师"共开4门课程——亲子沟通能力提升班、正面管教体验班、心灵驿站俱乐部、亲子伴读工作坊，对所有学生家长免费开放，以课程建设为抓手，密切家校合作关系，提高家长的家庭教育素养与能力。在课程学习过程中，家长们纷纷表示对于培育师课程的喜爱和对学校搭建的学习平台的感谢。短时间内，家长通过"学习共同体"感到课程学习的有用、有效，这也是激发家长持续学习的最大动力，能解决现实生活中具体情境下的真实问题。

在"自助式"学习模式的影响下，陪育师一期52名学员中有12名学员自发组建了"家长聊天吧"组委会，自己开会，自我培训；在聊天吧里，根据自己所学模拟上课，通过模拟课演练的学员又到班级去分享。由此，苏州科技城实验小学的学生家长，受益于学校构建的家长"自助式"学习生态圈，家校合作的实效性提高明显①。

二、在实践家校合作项目中提升教师管理能力

商业领域的管理强调"控制"与"服从"，容易弱化人本思维和立场；教育领域的"管理"强调"引导"与"合作"，富寓教育性，将人作为管理活动关照

---

① 徐瑛，陈妍. 家庭教育培育师——父母成长新课堂[M]. 南京：江苏凤凰科学技术出版社，2020：1-5.

的主体。同样，探讨教师家庭教育指导能力应当明晰，即便"管理"都是指向"资源整合"，可是切不可将教育领域教师的"管理能力"与商业领域企业家的"管理能力"等同起来，毕竟二者"管理"活动发生的场域不同、情境也不一样，而且管理的对象及其目标更是相去甚远。

美国比较教育学家爱泼斯坦认为，儿童的发展受多重熏陶作用。他提出了交叠影响理论，设计综合性家校社合作体系，形成六类参与行动工作框架，即抚养子女、沟通交流、志愿服务、在家学习、决策制定、社会协作等，并积极探索每一种合作类型行之有效的活动项目。"抚养子女"，其行动的重点是帮助家庭营造一种勉励子女学习的家庭环境，并设计和落实多种具体项目。如研讨活动、录像带和手机短信告知家长该如何抚养每一年龄段和年级段的少年儿童；在学生刚升入（进入）学前班、小学、初中、高中的升学过渡期间进行家访等活动项目。"沟通交流"是在学校——家庭之间构建一种有效的双向交流机制，以便就学校的教学计划和学生学习进度进行沟通。"志愿者服务"是做好家长志愿者的招募与组织工作，让他们为校方提供帮助和支持。"在家学习"是为家庭方面提供各种信息和思路，让他们知道该如何在家里帮助学生完成家庭作业和其他课程活动，并帮助他们做出种种抉择与未来规划。"决策制定"是让家长参与到学校的决策制定过程中来，同时还能培养一批家长领袖和家长代表。"社区协作"是将社区提供的各种资源和服务并将其整合在一起，使其能为学校教学计划、家庭活动以及学生的学习和发展带来益处。

爱泼斯坦及其团队的研究为家校合作中的项目设计提供了很好的思路，教师管理能力和教育能力、家长家庭教育能力以及孩子的发展在具体的家校合作的项目设计与落实中获得发展。学校、教师就是要善于寻找合作载体或者搭建载体项目，配置有效的资源和通道，形成共同关注内容，确定家校合作的项目内容，使学校、社会、家庭，教师、家长和儿童投身其中。这些恰恰就是教师管理能力的体现和提升。

从中国的实际看，也有新的尝试和有效的思路。2020年3月出台的《中共中央国务院关于加强新时代大中小学劳动教育的实施意见》，清晰表明，劳动教育就是家庭、学校和社会合作育人的新载体新视角。尤其是对于青少年学生的习惯养成、责任心培养和健全人格形成至关重要，这些培养的目标是学校教育和家庭教育共同的目标。中央文件就是基于培养德智体美劳全面发展的社会主义建设者和接班人的高度来部署的。新时代劳动教育不是简单的知识性学习,更具有投身真实世界、付出辛勤劳动、收获劳动成果的特征。尤其是 2020 年的疫情期间,就呈现了一大批劳动教育家庭化和家校合作的典型项目。

在常态化的教育教学实践中,可以创设劳动教育家校合作系列项目活动,针对家长存在的"好胜"心理,即通过孩子的胜利而得到的满足和自我实现感受,创设劳动教育比赛和评价。通过比赛,让家长的教育观得到提升和转变。特别是一些原先对孩子"溺爱",只要学习成绩好,其他诸如劳动全由家长代劳,甚至是衣来伸手、饭来张口的学生在这种现实的比赛和评价中拉开了差距,让家长们在现实中明白"只有学业成绩是有缺陷的",除了学业之外还有劳动素养;反之,让一些原本学业可能没有优势甚至还处于劣势的学生,由于在家长平时的教育引导下,养成了良好的劳动习惯,具有较强的劳动素养,在家校共育项目中脱颖而出,自己储备的素养"有了用武之地",使家长从看到孩子的长处中有了获得感和成就感,更加坚定了家长们对自己的教育方式和内容的认同,客观上形成了教育价值导向功能,远比"说教"有效,充分体现了合作项目提升管理能力。比如:

上海市奉贤区育贤小学"自我服务,服务家人"的家校合作项目

项目目标:教育学生自己事情自己做,家里事情帮着做,弘扬优良家风,参与孝亲、敬老、爱幼等方面的劳动。

项目实施:

1. 整理家庭劳动岗位清单。制定家庭劳动岗位指南,便于老师和家长能正确且科学地指导居家劳动,不断引导学生掌握劳动技能,提高劳动素养。

2. 开展"家庭小岗位"认领活动。每个家庭根据孩子实际,以学年为单位认领不同的岗位,一个岗位服务期限为一学期,通过五年的家庭岗位服务,掌握多种的家务劳动技能,体验为家人服务的快乐情感。

3. 班主任利用家长会、家长开放日与家长一起召开岗位认领仪式。每个家庭向老师、家长、小伙伴们介绍自己的岗位规划,设计《家庭劳动记录册》,由儿童记录好岗位的名称、技能、需要的工具,介绍岗位情况。利用在线网络家校

服务平台，统一制定打卡周期，以文字和图片的形式记录学生和家长一起的劳动过程。

4. 科学客观评价。每学期末在班内以小视频、现场操作、绘图分享、劳动小故事等不同形式介绍自己的岗位服务情况，参与岗位劳动小能手期末述职。述职评价的依据为：劳动打卡情况、期末介绍、《家庭劳动记录手册》、家长评价、教师评价等。分为"不合格"、"合格"、"优秀"三个等第。评价结果为"优秀"的小能手可以优先选择下学期其他劳动岗位，结果"不合格"的学生，将在"优秀"小师傅的指导下继续参与该项劳动，直到下一个期末考核合格。

项目预期效果：引导和指导家长在一种新的刚性目标（劳动价值观、劳动习惯和劳动素养）引导下，主动作为，培养和创设孩子劳动的环境和条件，转变家长对孩子参与劳动的观念，让家长成为孩子家务劳动的指导者和协助者，形成教育合力。

三、抓住家校共育"窗口期"提升教师管理能力

事实上，家校合作育人成效的获得，关键在于教师与家长在日常的教育生活中立足自身所处的场域特征，发挥自身的优势与特长，在孩子需要"教育"的时候"及时"给予专业性的指导和帮助。显然，教育活动的开展只有受教育对象"需要"教育之后，"施教者"对"受教者"予以"及时"的专业支持，这样才能取得事半功倍的教育成效。这启示我们，教师管理能力的培养要善于抓住管理"窗口期"提升管理能力。

"窗口期"是一个借用词，原义是指医疗上的时机。在家校合作育人中尤其是教师开展家庭教育指导毕竟只是教师工作中的一部分，如果抓住重要节点，可以起到事半功倍的效果。教师开展家庭教育指导常见的"窗口期"有入学衔接时期、中高考前、学生成长节点如青春期，还有特定的环境和时期，最典型的莫过于疫情发生的居家防疫期。实践证明，这些节点是教师开展家庭教育指导的"窗口期"。

中国有句古话，"机不可失，时不再来"，如果将其运用到培养教师的管理能力上，就印证了教师要善于抓住"窗口期"，为家长提供家庭教育指导和帮

助。显然，了解"窗口期"只是一个方面，关键是要能够"抓得住"。如何抓得住家校合作"窗口期"就有一系列的要求。正如著名的课程理论专家威廉·派纳说，"行为之源的转变意味着行为本身的改变，于是实践就被改变了。"

奉教院附小用"五个准备"破解"入学衔接"难题

小学入学初期是"幼小衔接"一个重要节点，也是广大教师开展家教指导的"窗口期"。如何让孩子开学后尽快适应小学生活、进入学习状态，是家校双方共同关注的命题。作为"全国家庭教育创新实践基地"的上海市奉贤区教育学院附属实验小学（简称"奉教院附小"），围绕"有效合作""平稳衔接"主题，在实践中摸索了教师要指导家长做好心理准备、健康准备、习惯准备、能力准备和物品准备等"五个准备"，使"五个准备"发挥了家教指导中的"五个资源"效应，成为破解家长容易产生"入学焦虑"的"法宝"，有效提高了一线教师的家教指导管理能力。

从心理准备开展家长指导。刚开学时有些孩子心理上会有不适应，以至于哭着不肯进校。教师可以引导家长和孩子有意识地聊一聊，讲一讲小学里有趣的事情，或者让家长由衷地祝贺孩子升入小学，让孩子从家长的口吻中感受成长的自豪，这可以帮助许多家庭克服心理上的紧张。同时教师也要提醒家长不能用上小学这件事给孩子施加压力，一些恐吓的话可能会让孩子产生恐惧心理，导致不愿意上学。

从健康准备开展家长指导。小学不同于幼儿园，课外活动量加大，午间没有午睡，教师需要关照家长有意识进行调整孩子的作息，锻炼孩子的体魄。通常每位教师在新生入学时都有一次家访任务，引导教师认识这是一个好机会，可以深入了解孩子的身高、视力、性格等方面的信息，特别是通过与家长的深入沟通了解孩子是否存在体质差、多动、学习困难的情况，以便对家长提出针对性学习建议或者其他兴趣课活动建议。

从习惯准备开展家长指导。包含作息、倾听思考、站坐行以及饮食习惯等多方面内容。作息方面教师可以按照小学的时间表为孩子列出一份作息计划提供给家长，例如早睡早起，减短午睡时间、晚饭后看书等。引导家长培养孩子认真倾听，比如听故事、看着孩子眼睛聊天对话等。引导家长注意孩子看书、写字时的正确坐姿习惯。

从能力准备开展家长指导。教师可以建议家长通过陪孩子阅读、陪孩子绘画等培养孩子的注意力。引导家长培养孩子独立意识，认识小学生活中学生家长和老师必须逐步"放手"。在生活中、学习上遇到问题和困难时，尽量让孩子试着自己想办法解决，家长可以协助但不能代劳。引导家长提高孩子的自我管理能力，如怎么整理书包、怎么使用文具等规范，可以拍成视频放到家校群中，便于家长在家中进行指导。

从物质准备开展家长指导。教师可以将所需准备的物品列一项清单发给家长，比如书包多大，铅笔盒怎样才不影响学习，铅笔需要什么规格，怎样的水壶才方便孩子自己灌水等等，最好附上详细的图片，这样家长才不会买错，少走弯路。教师可以建议家长选择适当的时间与孩子一起购买，这样可以激发孩子上学的欲望和对上学的期盼。引导家长在购物的过程中，要尽量尊重孩子的意见，选择孩子满意、喜欢而又实用的文具。

以上案例中的家长遇到迫切需要指导的家庭教育难题，这个时候需要教师的指导和帮助。可以说，这个时间点就是教师培养自身管理能力的"窗口期"，而抓住家校共育管理"窗口期"提升教师管理能力，就是教师家教指导力建设的关键一环。

提升管理能力的策略和路径是多元的，没有所谓普适性模式，关键在于每位教师在家校合作实践中勇于实践、勤于学习和精于反思。无论哪种模式提升管理，都要提倡贯穿"和谐管理"的理念。和谐管理体现在目标管理、民主管理、科学管理和自我管理等多方面，这其中，需要把握一个重要的关注点，就是教师开展家庭教育指导需要有管理"边界"，无论是教师指导家长，还是引导家长培养亲子关系，都要有"边界"意识和"边界"策略，通过有效边界管理，建立舒服关系。比如，引导家长对于亲子关系就不能"以爱的名义"进行道德"绑架"。不能是在电影院看家庭剧时泪流满面，回到家后仍然是矛盾不断。我们相信，功夫在平时。如果广大教师通过平时用心，不断积累，一定会产生量变引起质变的效果，在实践中培养出色的"管理能力"。

/第三部分/

实践篇

引子：家校合作，让教育充满温情

写作此文时，正值辛丑牛年春节，由于还处于防疫常态期，提倡"非必要不出沪"，也变成了我"非必要不出户（小区）"，为的是能够在忙碌和喧嚣中获得宁静的学习和研究时光。

在研究"教师家教指导力建设"这个还只是刚刚起步的探索性话题时，笔者脑海中不断呈现着几位同事在课题研究和实践过程中的疑问，特别是赵冬冬博士提出的一个问题："前面讲了这么多的道理，固然不错，但如果我是读者和一线教师，首要关注是'到底如何提高家教指导能力，奉贤区做得怎么样'？"迄今为止，这句话一直萦绕在我的脑海，当时他那种"初生之犊不怕虎"和"童言无忌"的率真给我留下了深刻的印象。这句"博士之问"，让我对本课题后期的研究和实践思路有了很大调整，这也是"实践篇"的源头。

是的，也就是在那段日子，对外界传递的各种教育信息特别是有关家庭教育方面的信息，笔者不断进行反思，尽力让研究更接地气。笔者以为，如果要对2020年的教育事件进行归纳，除了疫情教育现象之外，对于深圳、上海和北京这几座"一线城市"而言，最大的年度新闻之一就是"学区房"概念带来的价格猛涨和衍生的众多故事，令人几多感慨，与不久后热播的电视剧《小舍得》许多情节惊人相似。其中有一个引爆社群和论坛的流传，说是在上海某区，一所排名靠前的名校初中分校，由于期末调研考试的成绩不佳，据传是在全区初中排名（据笔者所知，上海早就贯彻落实教育部和相关要求，教育行政部门和各学校早就不准进行考试排名，这个排名大多数为机构和社会人士所为）为第九，"老九"成绩一下子让充满了期待的家长们变得无比的失落，对口学区房价一夜下跌了300万元，家长们"气哭""追悔莫及"。尽管后来证实为假新闻，但人们还是"宁可信其有"。同样的版本后来又复制到了杭州某区某学校。在笔者看来，这种"假信息当作真新闻"且传得"有鼻子有眼"现象，可以归结为教育焦虑传导成为社会焦虑，这种焦虑远远超出了家庭和学校范畴。

再将目光投放到更大的范围，不难感受到，焦虑的家长，鸡血的学生，疲惫的教师，紧张的家校关系……让本应该是充满温情的教育变得是不堪重负。

每当与朋友们小聚时，当朋友特别是朋友的朋友知道我是在教育部门工作且是基层领导时，他们仿佛有一种找到了组织和救星一样的感觉。从入学要求问起，到升学考试的规则，还有"摇号""分班""上什么样的培训班"……似乎我无所不知、无所不能，问到最后，大多会留下一句"我的孩子上学要您帮忙哈"。我除了回答一句"我尽力"之外，再也找不到更多的"外交"辞令。

放眼望去，不仅只有这些新闻，还有另一种流传，讲的是一些家长因为自己原本的小区不是名校学区，自发组织本小区一些具有较高学历且愿意为孩子们的成绩而出力的家长，组成家长"陪学团"。大家分工负责，钻研教材考卷，苦陪孩子们读书，硬是通过孩子们的成绩上升幅度和骄人的升学成绩，让本不是名校学区的小区变成了远近有名的学区。于是就有了一个新名词"上岸"，远比时下的热词"内卷"要生动。这样的故事或多或少有一些演绎和赚流量的成分，但主干却总是源于现实，而且个别真实场景远比文字夸张和吸睛。有人夸张地说，当代父母的焦虑，学区房是第一位的。从另一个侧面透视出学区房浓缩了中产群体日益增长的阶层稳定需要与教育资源不均衡化之间的矛盾。

再看看，教育部长在年度教育工作会议上提出的对于各类培训机构和学生作业有关的讲话内容和社会关注的程度，让人们不能不承认，教育无小事。这些曾经只是在校内班内发生的"小"事，而今堂而皇之地走上了共和国教育部长和全国"两会"委员代表们的重要议事日程，可见教育焦虑已经到了什么样的程度！

对于教育焦虑这样一个成为普遍的社会现象，学界也十分关注。苏州大学余庆的观点比较有代表性，"由未来发展引起的教育焦虑，实质上是将教育因素看成终身发展的核心和关键，通过教育投入来应对社会分配的不平等"。[①]学者蒋广宇认为："当前的教育焦虑问题也是中产阶层家庭家长们自身焦虑的一个投影。"[②]

在笔者看来，这些最终还是要回到一个元命题，如何让孩子的教育环境变得更好一些，如何让教育成为人们美好生活的起点而不是美好生活的重负。需要全社会不仅只是关注，更要从根本上进行解决。

① 余庆. 家长教育焦虑的前提性反思及个体应对[J]. 中华家教，2021（1）：84-85.
② 蒋广宇. 从社会阶层的角度透视中产阶层家长的教育焦虑[J]. 中华家教，2021（1）：86-87.

解决教育焦虑，固然是一个社会问题，非一人一地之力能解决，但又绝不是无计可施。而且解决这个问题不能靠自动生成，需要从"一"抓起、从"我"做起。正是基于这样一个理念，"十三五"以来，笔者与同事们一道，从教育供给侧"教师端"抓起，从倡导、培养和提高教师家教指导能力抓起，对于优化和改善教育生态起到了一定的促进作用，也积累了点滴思考和体悟。于是，以南上海奉贤区为起点，围绕"奉贤何在""奉贤何为""奉贤何去"这"三问"，粗浅但却真实地向读者介绍奉贤区在推进家校合作育人工作中，教师家教指导能力建设的初步探索。

写到这里时，笔者想起了知名教育专家李镇西先生一直倡导的教育理念："学生课堂减负，睡眠充足，体质健康；教师清爽工作，安心教书，静心育人；家长素养提升，懂得教育，家校合作；城市教育水平必然升高。"

奉贤区的实践和探索，让笔者深信，实现这样一个充满温情的教育场景，其实并不遥远。

第八章　过去之问：奉贤何在

上海，一座因海而生、因商而兴的城市。在世人的印象中，上海曾经有"十里洋场"的繁华，是远东第一中心；上海是风云际会的都市，是诞生中国共产党的红色圣地，是中国共产党人的精神家园。改革开放以来，伴随着新时代大潮，以浦东大开发、建立中国（上海）自由贸易区、推进长三角一体化和举办世博会、进博会等重大变革为标志，上海这块热土焕发出勃勃生机，发展成为一座融经济、金融、航运、贸易和全球有影响力的科技创新中心于一体的"国际化大都市"，铸就了"海纳百川、追求卓越、开明睿智、大气谦和"的城市精神，正在以"改革开放的排头兵、创新发展的先行者"的崭新形象，引领着长江三角洲，屹立在东海之滨和太平洋西岸。

第一节　奉贤教育：追赶、跨越到品质"三部曲"

在上海 6340 平方公里的版图上，有一块北枕黄浦江、南临杭州湾的丰饶土地——上海市奉贤区。奉贤区位于上海南部，东与浦东新区接壤，西与金山区和松江区毗邻，北与闵行区隔（黄浦）江相望。境内河网密布，出门即遇桥，人家尽枕河，素有"桥乡"之称，也是充满诗情画意的江南水乡。奉贤区地理版图面积 740 平方公里，2001 年由原奉贤县撤县建区。现辖 9 镇，3 个街道，1 个开发区，至 2020 年，全区户籍人口 55 万人，常住人口 120 万人。

一方水土养一方人，这里是一块充满文化气息的"文墨之乡"。相传孔子高徒言偃①晚年遵从"吾道其南"的圣师遗训，携孙子言丰重返故土传道讲学。言

---

① 言偃（前 506—前 443 年），字子游，今江苏常熟人。言偃是孔子三千弟子中唯一的南方人，是孔门"七十二贤人"之一，又列"十哲"之九，还被尊崇为"道启东南"的"南方夫子"。

堰取道姑苏，到东海之滨青溪（今奉贤青村）讲学，境内学风因而大盛，"凡有子弟者，无不令其读书"。清雍正四年（1726 年）奉贤设县时，为纪念这位贤人，起名为"奉贤"，为"奉言子贤"之意。奉贤也因"敬奉贤人、见贤思齐"而闻名，并在悠久的历史长河中形成了地域文化"贤文化"，凝练为上海文化的重要组成部分。

进入新世纪，奉贤区以"贤文化"为基石，以文化人，敦风化俗，持续开展以"学贤、齐贤、践贤"为主要内容的"市民修身"系列主题活动，使"贤文化"价值观内化于心，外化于行，奠定了这块热土的文脉基础。2015 年，经中央文明委批准，奉贤区荣获第四届"全国文明城区"，成为上海郊区第一个获此殊荣的地区，为"文墨之乡"添上了新时代崭新的注解。2020 年，实现地区生产总值 1 200 亿元，区级财政收入 161.6 亿元，规模以上工业产值达到 1 880 亿元，战略性新兴产业完成产值 635 亿元，居民人均可支配收入达到 49 400 元。

教育是民生之首，深厚的文化底蕴培育了奉贤崇文重教的优良传统。在现实环境中，教育的发展一般和所在区域经济发展紧密相连，特别是经济发达地区往往能提供更优质的教育资源。但实践告诉我们，发展教育不能唯经济论、唯条件论，经济发展相对滞后的区域也能够产生好的教育。奉贤作为上海的郊区，尽管经济发展相对上海中心城区滞后，但历届奉贤区委区政府高度重视和支持教育事业发展，树立"投资教育就是投资未来"的理念，落实教育优先发展的战略，不仅使奉贤教育走出了一度相对滞后的"重围"，而且在发展中逆势而行，谱写了从追赶到跨越、从跨越迈向品质"三部曲"。

新世纪以来，特别是进入"十二五"以后，随着奉贤新城的建设，奉贤教育进入了快速发展轨道，先后荣获"全国学前教育先进工作区"、"全国职成教育先进工作区"等称号，被中国教育科学研究院列为国家"义务教育均衡发展标准研究"100 个试点区县之一。

"十二五"期间，奉贤区坚持"优质均衡、内涵发展、开放融合、转型提升"四大理念，引领了区域教育科学发展，克服转型发展中由于经济相对薄弱、优质资源向中心城区聚集等不利因素，实现了从追赶到跨越的历史性发展，奠定了"办人民群众满意的教育"良好基础。

进入"十三五"，奉贤教育人没有停止追求的步伐，始终融入上海城市发展的大格局，与时俱进，开启了从跨越到品质的新征程，在实践中也获得了比较满意的答卷。2014 年，国务院确定上海市率先开展教育综合改革试点，提出到2020 年，上海要率先构建起系统完备、开放有序、高效公平的区域现代教育治理体系，率先实现教育现代化。在这个大背景下，奉贤区作为上海市委市政府确定的城乡一体化试验区。2015 年 5 月，《奉贤区教育综合改革方案(2015—2020)》正式颁布，提出建设"自然、活力、和润"的南上海品质教育区发展目标，创新推动奉贤教育由跨越式发展到资源足、质量优的品质化发展转型。2018 年以良好的成绩，接受并通过了国务院"全国义务教育均衡发展区"督导验收。

到 2020 年，奉贤区全区归口教育局指导管理的教育机构共 159 个。其中，公办教育机构 129 个：幼儿园 44 所、小学 22 所、初中 16 所、九年一贯制学校20 所、高中 7 所、中等职业教育学校 2 所、特殊教育学校 1 所、少体校 1 所、成人学校 8 所，其他教育机构 8 个；民办学校 30 所(民办幼儿园 8 所、民办三级幼儿园 19 所、民办九年一贯制学校 1 所、民办十二年一贯制学校 1 所、民办高中 1所)。全区基础教育阶段学生 86 828 人、教职工 8 081 人。在推进教育综合改革发展中，奉贤教育质量不断提升，实现了从追赶到跨越，从跨越走向高品质的发展轨道，区域教育治理体系和治理能力建设不断完善和提升。

回眸"十三五"，在统筹发展过程中，奉贤教育重点推进了四个方面的工作。

优化教育资源布局。呼应全区城镇发展规划，科学配置教育资源，加快推进公建配套学校建设，新建和改扩建各类学校 18 所；适度引进优质民办教育资源，落实外来务工人员随迁子女教育同城化待遇。

探索整体育人机制。实施创新育人"三大工程"，实现全员、全程、全方位育人，形成科学有效、特色鲜明的"贤文化"育人体系。实施"人文蕴育"德育创新工程，编撰《i 奉贤·贤文化》教育读本，开展"名家进校园"、中小学生重走"红色之路"和开展开启"世界之窗"研学实践项目；实施"人文课堂"教学改革工程，以举办一年一届、一届一主题的教学节活动为抓手，打造南上海"永不落幕的教改舞台"，全面提高课程教学质效；实施"七彩成长"学生发展工程，内容包括道德实践、少先队活动、健康促进、艺术人文、科技创新等五个版块，激发每一个学生的成长活力。

促进城乡教育一体发展。努力办好每一所家门口的学校，深化教育集团化办学，组建"1+1+X"教育集团（区域优质学校为核心、市中心城区优质资源为外援、成员学校组团），快速提升新建学校、薄弱学校、乡镇学校教育质量和办学水平。截至2020年，奉贤区共组建了11个教育集团、10个紧密型办学资源联盟，集团化办学覆盖全区中小幼学校；推进义务教育学校标准化建设，积极落实城乡义务教育学校生均经费、"一场一馆一池"、学校教育装备配置、教育信息化以及教师配置与收入等五项标准，实现本区义务教育阶段公办学校基本设施和资源配置的标准化、均等化；大力实施初中学校强校工程，制定《奉贤区公办初中强校工程实施方案》，通过创新"十大机制"，促进初中学校办学品质整体提升。

创新教育队伍建设。构建教师队伍建设"3233"体系，坚持市、区、校三级联动，教师、干部双轮驱动，基础、骨干、名优梯次推进，聘用流动、培训晋升、表彰激励形成合力的思路推进教师队伍建设；实施"卓越教师培养工程"，评选区名校长、名教师、优秀骨干校长、优秀骨干教师、优秀青年教师共计816名，成立特级校长工作室、名校长工作室、特级教师工作室和名教师工作室共计56个；实施"乡镇教师支持计划"，每年投入专项人才资金超过3 000万元，推动城乡教师的合理流动和城乡教育的优质均衡发展；深化教师全员岗位聘任，全面优化教育人力资源配置。

一任接着一任干，一张蓝图画到底。奉贤教育实现了由跨越式发展向资源足、质量优的品质化发展转型，区域教育事业发展整体水平上升很快，特色工作在上海和全国有一定的知名度。根据2018年4月份上海市综合督政数据显示，奉贤老百姓和社会各界对奉贤教育的满意率达到95%以上；2020年12月奉贤区8万多名学生家长参加的教育满意度调研显示，家长满意度达96%，为"十四五"奉贤教育事业发展奠定了坚实基础。

第二节　家校共育：新时代教育的奉贤"突破"

奉贤自古就有传家训、重家风的优良传统。作为具有优秀传统文化教育资源的全国文明城区，奉贤区在推进教育事业发展过程中，尤其关注家校社合力育人工作。

"十二五"期间，奉贤区深入开展"传承好家训、培育好家风"等弘扬优秀传统文化的"贤文化"家庭教育活动项目，彰显了奉贤创建全国文明城区的重要精神成果；教育系统老园丁"夕阳红"讲师团和开通上海市第一台"早教流动车"等工作品牌成为"一道亮丽的教育风景线"；不断完善区家长委员会、学校家长委员会和班级家长委员会建设，探索了家委会主任轮值制等有效机制，为家校合作育人建立了沟通桥梁和纽带；由全国优秀志愿者张惠老师主持的全国家教品牌"张惠老师谈家教"专题栏目，成了"家教智库"；全区有40多所学校成为上海市家庭教育基地学校。

写到这里，笔者需要说明的是，奉贤家校共育工作特别是教师家庭教育指导能力的培养工作并不是"先知先觉"，也不是一片"太平盛世"。置身于改革转型的社会大环境下，奉贤同样面临着许多的问题和困难，也正是教育发展过程中的各种现实问题和困难，催生了奉贤教育人的思考和探索。

一、奉贤区家庭教育历史基础回顾

从学生家庭端看。除了与全国各地区各学校有共性问题外，奉贤从"十一五"以来，还有一个更加突出的显性困难，那就是数量庞大的外来务工人员随迁子女教育。从2005年—2020年，连续十五年的统计数据显示，随迁子女比例居高不下（数据见表8-1），个别边远乡镇地区学校本地户籍就读九年级的学生为个位数。由于随迁子女的特殊家庭现状和当时的体制原因，这个群体的教育成为一道亟待解决的难题。从彰显教育公平的角度看，尽力承担好这些随迁子女的教育是流入地政府和学校应有之义。事实上，上海市和奉贤区都一直在做不懈的努力。但从教育实施和真实场景的视角看，必须正视，由于家长的文化程度、经济地位、生活方式和资源禀赋等情况各异，外来务工人员随迁子女群体的家庭教育问题和家校合作育人的难度是空前的，这既是中国经济社会城市化进程中相对发达地区的共性，但对于当时的上海远郊区奉贤区又更加独特，主要是从流入的人口整体情况看，家长的文化程度偏低、从业端更加偏劳动密集型产业、家庭的经济条件薄弱，一些家庭甚至可以用"家徒四壁"来形容，尽管不一定是经济条件差，也可能是由于流动性大为节省成本而造成的。这方面曾经有许多报道，最典型的是某学校教师一开始看到有的学生的作业本上总是布满油渍，屡教不改，老师家访后才知道，学生在父母租住的狭小的临时住所，只能在饭桌和灶台上做作业。得知实情后，老师就留学生在学校将作业完成，这里不作赘述。而当时的奉贤，可以说是承载上海中心城区的转移和低端产业人群的主要聚集区，事实上"一边倒"的虹吸现象，让家校合作育人面临着更多的挑战和困难。尽管今天回头看，这种现象已经得到很大改善并且数量减少了很多，这个过程也可以说是城市化进程的历史代价，但对于每一个置身其中的教育人而言，面对当时的每一个具体的事实和案例，不能不说是一种教育之痛，也是触动笔者和团队成员更加主动关注家庭教育和家教指导的直接原因所在。

表 8-1　上海市奉贤区学前教育、义务教育阶段非户籍学生入学数据统计（2005—2020 年）

	学前教育		小学学段		初中学段		非户籍占比（%）			中小幼学生数合计		
	总人数	其中非户籍	总人数	其中非户籍	总人数	其中非户籍	学前学段	小学学段	初中学段	总人数	非户籍	非户籍占比
2005 年	14 017	2 224	26 710	1 994	19 335	2 398	15.87%	7.47%	12.40%	60 062	6 616	11.02%
2006 年	14 761	3 375	29 589	2 671	20 311	3 494	22.86%	9.02%	17.20%	64 661	9 540	14.75%
2007 年	14 798	3 597	30 166	12 948	20 473	4 756	24.31%	42.92%	23.23%	65 437	21 301	32.55%
2008 年	15 492	4 220	37 025	19 316	21 810	7 051	27.24%	52.17%	32.33%	74 327	30 587	41.15%
2009 年	17 767	7 274	44 066	26 379	23 320	9 536	40.94%	59.86%	40.89%	85 153	43 189	50.72%
2010 年	22 760	11 820	46 884	29 497	23 114	9 964	51.93%	62.91%	43.11%	92 758	51 281	55.28%
2011 年	26 279	16 720	48 693	31 578	24 120	10 864	63.62%	64.85%	45.04%	99 092	59 163	59.70%
2012 年	27 463	17 923	50 529	33 971	24 943	11 683	65.26%	67.23%	46.84%	102 935	63 577	61.76%
2013 年	27 784	18 594	48 588	32 696	25 403	11 391	66.92%	67.29%	44.84%	101 775	62 681	61.59%
2014 年	25 889	16 980	44 070	28 791	23 099	9 041	65.59%	65.33%	39.14%	93 058	54 812	58.90%
2015 年	26 487	16 716	40 728	26 039	21 685	7 711	63.11%	63.93%	35.56%	88 900	50 466	56.77%
2016 年	26 836	16 743	37 946	23 704	20 690	6 946	62.39%	62.47%	33.57%	85 472	47 393	55.45%
2017 年	26 866	16 783	34 096	19 864	18 961	5 977	62.47%	58.26%	31.52%	79 923	42 624	53.33%
2018 年	25 940	15 979	33 869	19 044	18 093	5 553	61.60%	56.23%	30.69%	77 902	40 576	52.09%
2019 年	25 902	15 525	34 350	19 297	17 943	5 800	59.4%	56.18%	32.32%	78 195	40 622	51.95%
2020 年	25 579	14 961	35 256	19 868	18 094	6 352	58.49%	56.35%	35.11%	78 929	41 181	52.17%

从学校教师端看。由于新世纪初的几年，奉贤的经济发展相对于上海中心城区滞后，教师待遇和资源条件的落差，使得当时区内每年有大量优秀骨干教师流向中心城区。加之流入人口增多和新城发展公建配套学校增多，只得大量招聘年轻教师弥补这个"缺口"，"一出一进"的巨大落差，使得一线教师队伍不仅年轻化程度高，在一些公建配套的新建学校，除了学校班子成员外，几乎清一色都是新面孔。年轻固然有"一张白纸好画图"的潜在优势，但毕竟是"潜在"，而不是现实。这些年轻教师基本上都缺乏家庭教育经验和能力，很多人都还没有组建家庭，不了解学生的身心发展特点和思想变化规律，缺乏与家长交流沟通的经验，很多年轻教师还害怕与家长打交道，不知道如何开家长会，如何家访。很多学校从开办起，就面临着众多要解决的问题，尤其是就家庭教育和家校合作育人而言，一边是家长的"无时间、无能力、无兴趣"的复合因素，另一边是年轻教师"有心、无力、无奈"的现实，双向叠加，顿时涌现出"捉襟见肘"的窘状。

二、来自家长和一线教师的真实问题赋予了责任

在本课题研究与写作时，笔者的脑海经常会浮现许多有关家庭教育和家校合作中产生的各种问题的现实场景。特别是一些家长育儿和教师家校沟通时的那种无奈无助无力的神情和叹息声，时常萦绕在笔者的脑海，久久不能散去，有时竟让人彻夜难眠。而且这样一些场景其实至今不时上演，数量庞大，很有代表性，奉贤区也不例外。也正是这样一种现实，开启了笔者和团队成员们关于教师家教指导能力的实践与理论探索之路。这里随手列举几例：

案例一

笔者的一位朋友，是一位成功的创业者，从事物流行业多年，积攒了较强的经济实力。他有一儿一女，老大是女儿，在一所高中国际部上学，老二是儿子，刚满六岁。2021年春节后的一天，朋友在电话里与我商量，谈及了自己孩子成长问题，是满腔的愁苦。他说，女儿的学习一直不好，性格也不够好，让他伤透了脑筋。现在儿子马上就要到了入学了，但现在看起来，习惯也不够好。自己平

时一直忙生意，没有时间管教孩子，爱人的文化程度不高，也没有能力管教孩子们，真的不想这种状态再延续到儿子身上，已经对不起女儿了，如果儿子又是这样的话，怎么都不会原谅自己。所以一定要请老朋友帮忙出个主意。他还说，有人给他推荐了一个方法，可以高薪聘请一位"家庭教师"，专门来对儿子进行教育，不知道是否可行，所以要听取笔者的意见。

当详细地了解了这位朋友讲的情况和想法后，笔者没有简单地回答"行"与"不行"，只是真诚地告诉他一点参考意见：一定要找到目前子女教育方面存在的问题本质。从他家的情况看，主要是对于家庭教育欠缺方法和耐心，亲子关系不够融洽，孩子家庭教育的缺失是比较严重的。要认识到，家庭教育的主体责任人是父母，父母是孩子的第一任老师，孩子从小在生活习惯和性格上出现的问题，很大程度上与父母的家庭教育方法不当和没有及时科学地进行教育有关，所以要多多反思家长的问题；再一个，即使是父母工作忙和文化程度不高，也要明白一个道理，亲子关系要靠当事父母自己，具有不可替代性的要素，家庭教师无法解决亲子关系和家庭教育本身的问题。不是不能请家庭教师，而是家庭教师只能起到一定的帮衬陪护作用，可以帮助解决小孩子的身体、生活起居照料和一些学业辅导、业余爱好的培养等技术性问题。家庭教育是父母的责任，家庭教育缺失是外力很难弥补的，家长同样是需要学习的，特别是家庭教育，无师自通的时代已经一去不复返了。听到笔者的建议，这位朋友连声说自己要好好思考，认真改进。

案例二

一对年轻的高知，分别是国企和外企的技术骨干。从内地县城考入国内外名校，毕业后作为人才留在上海，物质条件比较可以了。夫妻双方都有着良好的教育背景，而且都很重视孩子的教育。可事与愿违。据他们讲，孩子从进入小学高年级后就不爱学习，与父母经常发生冲突。进入初中后，这种情况更加突出，父母用了种种方法也不奏效。尽管老师和家长都关注到孩子可能是由于进入青春期，青春期的特有叛逆性产生了种种问题，也进行了相关咨询，但好像都不管用，情况越发严重，现在发展到孩子经常不愿意回家，即使回家，也不愿与父母交流，反而愿意到同学家去做作业，有时还会留在同学家住。父母十分发愁，托人找到笔者，说想请人帮忙找一所寄宿制学校，让孩子转学寄宿。说这种请求时，笔者明显感受到了父母的无奈。

笔者十分明确地对孩子的父母讲，这种情况的出现很大程度上是你们的家庭教育出了问题，一定要找到根源，多从家庭教育方式方法和父母自身找问题，与班主任、任课老师、要好的同学进行合适的沟通，了解孩子真实的情况，想出转变的方法。而不是找一所寄宿学校，一送了之，这既不可行也十分危险。听到他们那种失望和无奈的叹息声，笔者的心情一下子也变得沉重了。因为笔者知道，这样的案例并不鲜见。

笔者要说的是，不是只有家长出现这样的问题。同样，一线的教师尤其是青年教师，在家校沟通和家校合作过程中，不时出现各种各样的问题和困惑。他们与笔者沟通交流时，流露的无奈和无力的神情也不时刺激着笔者的神经。这里，笔者列出几位青年教师在教育实践中遇到的案例实录。

案例一

吴同学，小学二年级，性格内向，不善表达，学习成绩中等，学习自觉性差。自疫情网课开始，他多次无理由旷课、迟到、早退、作业不提交。网课期间无视课堂纪律，受到老师批评，甚至直接退出。

返校复学后，吴同学开始对学习提不起兴趣，整天无精打采，上学迟到，无法按时、按质完成作业。他的父母将其送进了晚托班，之后吴同学每天的作业能及时完成，质量及态度却令人堪忧，缺乏独立思考，学习成绩一落千丈。

吴同学母亲为外地来沪人员，日常忙于保险销售工作及自我提升（书法、滑板、健身），父亲退休在家。由于父亲是二婚，父母年龄相差较大，家中再无他人关注吴同学的学习和成长。

我分析问题成因有以下三点：一是低龄段的孩子本身多表现为自制力不足，缺乏自觉性。二是吴同学父母因缺乏责任心，网课期间放任不管，小吴原本养成的好习惯逐渐淡化。三是吴同学缺少老师的及时表扬和鼓励。多方面因素，致使吴同学逐渐对学习失去信心、兴趣。

寒假里，我通过微信多次联系家长，催促吴同学提交作业，家长以工作太忙为由，对孩子无能为力。

本学期开学后，我开始改变自己对他的教育方式，少些批评，多些鼓励。为了培养他的责任心，我让他担任小组长，每天负责作业的收发。课堂上，我尽量向他提出简单易答的问题。

在我的日常监督下，吴同学能逐步端正自己的学习态度，但最多只能坚持两天，两天后又恢复到原来的样子。对于小组长这个岗位，他并不在意，上学迟到的坏习惯依然没有改正。

我明白孩子犯错都有反复性，可缺乏家校配合的教育收效甚微，低龄段孩子的学习好习惯如何养成？几次线上家长会，小吴的父母双方都是迟到或者无故不参加，我经常在会后给父母打电话强调会议要点。作为一名年轻教师，该怎样进行有效家校沟通？我陷入了困惑……

同样是这位年轻教师，告诉了我她亲身经历的另一个案例。

案例二

小旭是一名小学二年级的男生，性格外向、倔强，脾气急躁，喜欢动用"武力"解决同学之间的矛盾。一年级刚开学一个月，小旭已用"武力"欺负过班内20多位孩子。每次询问其"动粗"原因，小旭都将责任推到他人身上，认为别人对他的行为充满恶意，好撒谎，班内没有孩子愿意与他交朋友。

课堂上，他总是以"扮丑"的方式引起其他孩子哄堂大笑，被老师批评后也表现得无所谓，反而乐在其中。课间，喜欢奔跑、追赶其他孩子，总要找人说说"废话"。我多次联系小旭父母，却收效甚微，每次犯错后，其父母都是以一顿打骂收场，小旭在学校里依旧我行我素。

镜头一：一次课间，我正在手忙脚乱地批改课堂作业，小旭跑到我的身边，不合时宜地问道："老师，《影子》这篇课文在书上第几页？"我放下手下的笔，对他说："这么简单的问题，不需要问我，你自己可以解决。"小旭笑笑走开了。晚上，我给小旭妈妈发了条微信，提醒她在家尽量让孩子自己解决问题，养成孩子独立思考的习惯。第二天课后，小旭走到我身边，对我说："老师，我妈妈说你有点烦，一点点小事都要告诉她。"我气得差点当场晕过去。

镜头二：班内一位家委会家长告诉我，早上亲眼看到小旭因不会佩戴红领巾，在校门口被妈妈当众扇了一记耳光，感慨小旭妈妈实在太不尊重孩子了。

入学时通过家访我了解到：小旭父母皆为来沪务工人员，文化程度不高。爸爸忙于工作赚钱，妈妈是家庭主妇，两人与孩子沟通极少。小旭小时候被寄养在亲戚家，这造就了他的不安全感，认为外来世界对其充满恶意。小旭还有一个哥哥，在上海之外读大学，哥哥为人老实敦厚，小旭则喜欢使用小聪明来应对事情，兄弟俩人性格大相径庭。由于兄弟二人年龄、性格相差较大，再加上小旭父母的文化水平较低，面对小旭的调皮，父母无可奈何，总是用暴力解决问题，缺乏耐心沟通、倾听，严重缺乏家庭教育能力。

通过观察分析，小旭的成长过程中，父母大多时间是溺爱、放任。而在孩子犯错时，小旭妈妈不管三七二十一，就是一顿打，这也直接导致小旭在与同学交往时，常动用"武力"解决问题。

我向学校德育主任讨教经验，将小旭的基本情况向其说明。德育主任和小旭交流后，提议邀请小旭的父母来校面谈。通过交谈，我了解到小旭的父亲迫于生活压力，忙于工作，而母亲则脾气暴躁，缺乏家庭教育能力。通过本次交谈，小旭父母认识到家庭教育的重要性，表示愿意家校协作一起帮助孩子适应学校生活，改正不良习惯。

案例三

镜头一："啊呜——"一声"狼叫"从耳畔响起。"你再发出声音，请你出去！"搭档老师愤怒的话语让我一震。今天是入学准备期第一天，眼前这个笑嘻嘻发出"狼叫"的男孩正是我今年迎来的新生——小豪。我突然回想起暑期家访时，小豪丝毫没有初见班主任时的拘谨，反而不断地向我介绍他画的恐龙作品，上蹦下跳，父母则在一旁笑呵呵。此时，一个孩子大声喊道"幼儿园的时候，我们老师都叫我们不要和小豪玩。"这句话把我拉回现实，我开始注意到班内这个特别"突出"的孩子。

镜头二：小豪因为身高比较高，被我安排坐在教室的最后一排。课堂上，他总爱学着恐龙的样子，用手不断地"扒墙"，等到老师点到他名时，他才欣喜地端坐几分钟，没多久又恢复原样。插嘴、唱歌、跷二郎腿，这些都是日常操作，多数时间他都在地上"爬行"。时间久了，课堂经常被他打断，几位任课老师纷纷怨声载道。

镜头三："这是你第几次迟到了？！"度过了一个多月的入学准备期，我开始狠抓学生的日常行为规范。住在学校附近的小豪，每天都会在朗朗读书声中踏进教室，而每次迟到的理由都是早上起不来。

镜头四：任课老师邀请小豪的父母来校面谈，向我反馈：与小豪父母交谈时，小豪在教师办公室地上爬来爬去。小豪父亲无视孩子的行为，而母亲却对他说着不痛不痒的话"你爬吧，把衣服弄脏也没事的啊。"小豪依旧我行我素。

镜头五：疫情网课期间，小豪每天都会留到最后一个退出教室，与我的交流答非所问，全然诉说自己身上的新鲜事。

镜头六：二年级的一节体育课后，到了上课时间却不见小豪身影。"小豪去哪里了？""他被体育老师留下来了。"此时，正好响起了体育老师的来电。"赶紧来一楼大厅接一下小豪。""我派班长来接，我正上课呢。"没多久，就看到小豪全身水淋淋地踏入教室。"你怎么了？""隔壁班的一个男孩打了我一下，我就很生气，冲进雨里了。"……"赶紧把这件湿衣服脱了，擦一擦，换另一件穿上。"

下课后，体育老师对我说小豪的情绪控制方面存在很大问题。课堂上因为别班的孩子一个无心的举动，他便认为自己遭受到欺负，冲进雨里，边跑边喊"我不要读书了！"体育老师赶忙将他从雨中抱了回来，否则小豪将准备在地上打滚。

回家后，我向小豪妈妈反馈了孩子今日在校内激进的举动，小豪的母亲却不以为然，还向我"吐槽"今日小豪又忘把作业带回家，为了惩罚小豪，他们不准备陪同孩子回校拿作业，今日作业没法完成了。同时，她还打趣地说道小豪想得到父母的陪同，竟然以跳楼相逼，孩子的半只脚已经踏出窗外，这着实吓坏了我！

自小豪"跳楼事件"后，我立刻向学校心理老师反映了小豪的情况，并试图劝说小豪的父母对孩子的心理及时进行干预，可小豪的母亲干脆冷处理，不回复心理老师的消息，父亲则嘴上答应，却不付诸行动。多次联系小豪的父母未果，我准备寻求校长的帮助……

写到这里，笔者还要说的是，这些案例可以说只是冰山一角。笔者还接触到了一些由于家庭教育失当造成亲子关系恶化，一个本来很小的导火索，竟然让孩子在家里作出了极端的行为，让一个家庭瞬间成为人间悲剧，那种伤害让人莫不痛心疾首。还有，一些青年教师，自己在学校里是教学能手甚至还是优秀的班主任，可令人尴尬的是，带不好自己的孩子，发展到最后，只好将自己的孩子转到另外学校，委托其他的同事多多关照。那种"医生治不好自己的病"的无奈神情，一样让笔者刻骨铭心。

限于篇幅的问题，笔者无法将平时积累的案例一一录出，但每每写到这里，那种仿佛进入浩瀚的太空，一时间无法找到更好方法、惠及更多的人的沮丧感还不时涌现。尽管笔者知道，这些案例并不是奉贤一地发生的事，换上一个地名、校名和人名，这些案例都成为当下普遍存在的"标配"，是家庭和教育之"痛点"。

这些，正是笔者和同事们关注家庭教育的源头。作为一名教师教育者，如何提高和培养教师家教指导能力，成了笔者和同事们的责任和使命，促成了大家一道在"十三五"以来的实践行动，也有幸见证了奉贤区家校合作育人和教师家教指导力培养和提升之路。

三、直面奉贤区家校合作育人问题

正是这样一个现实条件下，进入"十三五"，奉贤区更主动更深入地探索家庭教育工作实践。笔者和团队成员一道从 2015 年起，围绕家校共育和教师家教指导能力建设作了多次专题调研分析，发现区域家校共育工作主要存在以下四个主要问题。

一是家长的家庭教育胜任力不够。2016 年，组织奉贤区家教中心面向 5700余名中小幼家长做了家庭教育需求调研，90%以上的家长表示"有必要"和"非常有必要"接受家庭教育指导。在对本区 3000 教师的调研中发现，64.27%的老师认为家长的家庭教育能力一般。2017 年组织对全区三年级以上中小学生开展的"七彩成长"满意度的全样本调研显示，随着学生学段(年龄)的递增，对家长的关心与理解体验满意度呈现递减趋势(见图 8-1)。这真实反映了青少年的成长规律，但也从侧面反映出，家长的关注和理解并没有随着学生的成长而进行相应的调整，家长的家庭教育胜任力是不足的，有的还比较严重。

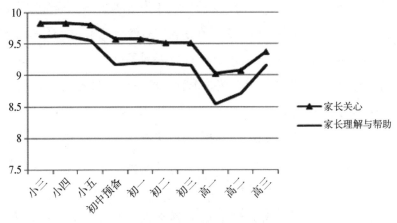

图 8 - 1　"七彩成长"满意度的全样本调研结果

二是教师的家教指导能力不够。受多种因素影响，家庭教育课程尚未纳入师范院校和区域教育学院相关学科建设中，在职教师的家庭教育指导专业培训尚未成为政府行为，家庭教育指导专业化培训尚未形成国家"标准（体系）"。2017年，奉贤区家教中心对近8 400名中小幼家长开展问卷调查，当被问及"班主任和任课教师是否有能力指导您正确教育孩子"时，选择"多数老师有能力"的家长占比达到93.2%，说明家长"认可"教师的家庭教育指导能力，但当被问到"在日常的家庭教育活动中遇到难题时，您是否会积极主动向教师请教"时，选择"基本上会"的家长占比为66.3%。两个数据之间存在较大差距，家长虽"承认"教师的指导能力，行动上却没有真正认可教师能有效指导自己解决家庭教育中遇到的实际困难。事实上，不仅是在2015—2017年，直到2019年，笔者和团队组织专题调研显示，家长的家庭教育胜任力和教师家教指导力需求仍然很大。

三是家校合作力不够。由于传统思想的桎梏，部分教师认为，自己只需管好教学，家庭教育指导是班主任或德育领导的责任，与自己无关。奉贤区2018年的大调研数据和访谈情况显示，仅有30%左右的教师认为班级家长与自己协同合作教育孩子的能力较高。另一方面，通过调研发现，当发现孩子的日常行为习惯出现问题时，超过五成的家长会优先选择求助亲戚朋友、借助书籍网络或通过其它途径问询。充分说明，当前家庭和学校的合作能力远不能胜任基础教育内涵发展新要求。

四是社会相关部门和组织协作力不够。根据 2019 年《上海统计年鉴》，2018年上海 17 岁及以下户籍儿童人口数为 176.5 万，而据民政部门不完全统计，全市儿童类社会组织只有 74 家，在供需上呈现出明显的不平衡①。这只是一个侧面反映，事实上，笔者在推进家校合作育人实践和调研中，关于整个家庭教育指导服务资源的分散性、碎片化、投入不足、相关部门的观念滞后、服务人员专业素养不高的问题仍然十分突出。成了推进家庭教育指导服务的"阻力"因素和"痛点"所在。

四、在组建专业机构中探索教师家教指导力建设之路

问题是时代的最强音。在众多的"问题"中，如何抓大不放小，力求纲举目张，是奉贤区家庭教育工作的重心和入口所在。家庭教育的主体责任人是家长，在开展工作的实践中，奉贤区发现，在众多的问题中，家长家庭教育胜任力是矛盾的焦点，突破口便是信赖和依靠成千上万的一线老师，提高教师家教指导力，帮助和指导家长转变育儿理念、提高家庭教育素养。

科学理念指引正确的行动。2016 年 5 月 15 日，国际家庭日。在上海市教卫工作党委、上海市妇联和奉贤区委区政府的指导下，由奉贤区教育局牵头，会同区妇联、区文明办，依托奉贤区教育学院为承办主体，正式组建了"奉贤区家庭教育研究与指导服务中心"（以下简称"家教中心"）。家教中心以"服务师生、服务家长、服务社会"为工作宗旨，形成了家庭教育工作的整体思路：明确"一个"总体目标，搭建"两个"工作平台，突出"三位一体"育人模式，构建"四大"工作机制，定位"五项"服务功能。

一个目标：通过指导工作专业化，交流平台网络化，服务体系多元化，管理机制一体化，实现"贤文化"育人引领、教育载体丰富、城乡一体推进、工作机制创新的学校、家庭、社会"三位一体"的育人新格局。

两个平台：区域家庭教育工作专业化研究平台和社会化服务平台。

---

① 华怡佼. 社会组织服务上海困境儿童的现状与成效，新时代家庭教育研究[M]. 上海：上海社会科学出版社，2020：191.

　　"三位一体"模式：连起"你、我、他"，形成学校、家庭与社会"三位一体"协作育人模式。

　　"四大"工作机制：构建长效统筹管理机制，教育系统内外协作机制，专业机构内部运行机制，动态发展督导评估机制。

　　五项功能定位：制度管理完善工作机制；课题研究探索家教理论；梯度培训培养家教队伍；专业指导提升家教质量；多元平台服务家教需求。

　　家教中心的成立是奉贤区域家庭教育科学化的里程碑，也是奉贤区家校共育工作走向内涵发展、品质发展的新起点。正是在这样的认识和研判下，奉贤区审时度势，拿出一系列旨在培养和增强教师家教指导力的有力举措，并在实践中凝练出"问题化指导，标准化实施，多元化服务，机制化保障"的工作模式，赋能教师的专业成长，为推进家校社合作育人的良好教育生态打下坚实基础。2020年4月，奉贤区家庭教育研究与指导服务中心被上海市精神文明建设委员会评为"上海市志愿服务先进集体"。2020年5月，奉贤区家庭教育研究与指导服务中心被全国妇联、教育部联合命名为"全国家庭教育创新实践基地"。

第九章　现在之问：奉贤何为

在教师家庭教育指导能力建设工作中，奉贤区围绕"激发家长承担主体责任、发挥学校重要指导作用、指高教师教书育人能力"的目标，形成了"理论建设为先导，队伍建设为保障，课程建设为主体，平台建设为支撑"的工作思路，立足实践，探索了一条"队伍培训—平台建设—教程研发—网课开发—实战练兵—理论提升"的教师家教指导力建设之路。

笔者作为区域教师教育管理者和家庭教育研究者，亲身经历了奉贤教育园地里发生的一个个生动的思想观念转变的案例，有许多案例让笔者经年难忘。也正是这些生动具体的案例丰富了奉贤教育的内涵，打造了奉贤区家庭教育的生动实践和特色品牌。也正是在生动的教育实践中，奉贤教育人体会到推进家校合作育人尤其是提高教师家教指导力的重要性，实现了思想的嬗变和飞跃，让教师家教指导力建设融入了区域教师专业发展大格局。

第一节　理论为先：家庭教育指导的科学密码

伟大的导师恩格斯说过："一个伟大的民族，一刻也不能没有科学的理论支撑"。对于一个实践性很强的教师专业能力建设主题，并且带有开创性的教育主题，理论建设更加重要。在推进教师家教指导力为代表的家校社合作育人过程中，笔者和团队成员一直关注着教师家教指导力理论建设，从教师家教指导力的概念、内涵、外延界定，到教师家教指导力的组成结构、运行机理和培养路径等方面对这门实践性学科进行初步的理论提炼和逻辑建构。奉贤区通过抓教师家庭教育指导能力建设，已经形成一条实践经验，也是一种专业文化，即"重视理论建设"。在推进教师家庭教育指导能力建设过程中，一直按照"理论研究先行"

的研究逻辑，强调在教师家庭教育指导的实践中开展理论探索。

课题组开展理论建设主要源于教育实践，建成实践导向的项目设计和课题引领，开展田野调查，对一线教师、家长、学生进行调研，收集鲜活的案例，尤其针对显性的问题和共性的问题，开展对问题家庭和特殊家庭的深入调研，从中发现教师家教指导力是解决家校社合作育人能够落地、能够产生实效的关键一环。进而树立"扎根本土、聚焦问题、重视循证、关注实效"的研究思想。

在此基础上，回归本原，融合心理学、社会学、教育学、伦理学以及教育实践等相关内容，逐步对教师家庭教育指导能力的概念内涵、外延、组成结构、运行机理和培养路径等作为一门专业的必备要件，进行系统化梳理和专题化研究。

一、丰富教师家教指导理论内涵

教师家教指导力作为教师的专业素养，培养过程注定不是一蹴而就的，需要教师的个人智慧和领悟，也需要专业团队指引。在这样的认识下，笔者和团队成员一直在深入思考：教师家教指导力建设的内容有哪些？包含哪些要素？各个要素之间是如何作用的？如何让它可理解、可落实？

如果说课堂教学技能注重的是教师的"技术"层面，是"术"，那么家教指导力关注的就是教师的育人能力和育人品格，是"道"。从教育之术走向教育之道，抓住了问题的实质，也意味着将面临更大的挑战。在这样的认识下，从 2016 年起，笔者就牵头组建了教师家教指导力建设研究课题组，与上海市教育科学研究院普通教育研究所开展合作项目《区域家校社合力办学的支撑环境研究》，借助国家、上海市级教育智库力量，提升了课题组对于家校社合力育人的认识，打下研究基础。在此基础上，先后领衔成功申报了上海市家庭教育研究会重点课题《家庭教育指导服务中资源整合的策略及实践路径》和上海市教育科研规划课题《区域教育治理视角下提升"家校社"教育合力的运行机制研究》，进入了深度研究的快车道。课题组追本溯源，从最基本的"家教指导力是什么，结构组成是什么"开始追问，联系实际，开展深度研讨。经过近四年的研究探索之后，初步厘清了教师家教指导力的结构组成、运行机理和培养路径，教师家教指导力的五种能力要素之间相互衔接、相互融合、相互渗透，通过共同育人这个目标指引，形成了独特的运行机理和运作机制，建立了较为完备的教师家教指导力理论框架。

二、发挥区域教育学院专业"枢纽"功能

组建区域教研机构是中国特色的教育专业机构设置，多年来，各地进行了探索，名称不一，功能相似。上海市从上世纪九十年代末开始，统筹区县教学研究、教育科研、教师培训和信息化建设等教师发展专业资源，以区县为单位组建了区县教育学院（教师进修学院）。笔者2015年以来担任奉贤区教育学院分管德研、科研工作的副院长，在带领团队开展家庭教育研究和指导服务实践中，因地制宜，提出了要发挥专业功能，将区域教育学院（教师专业发展机构）打造成家校社合力育人的教育生态"枢纽"的理论观点。

"枢纽"，《辞海》释义为"比喻冲要处或事物的关键之处"，常指事物相互联系的中心环节。区域教育学院在家校社合育大格局中需起"总枢纽"作用，理由有三：

其一，家校社合育构建了一个复杂的教育生态系统，此生态系统中有传统教育主体，如各级教育行政部门、学校和师生，也有非传统教育主体，如妇联、社会组织和广大家庭。如何理顺各主体相互之间的关系成为家校社合作育人落地首要解决的问题。

其二，家校社合育需走专业化建设之路，不能仅凭单纯的行政指令，也不能单纯依靠家长和教师的个体力量。现实情况是，广大教师，尤其是"85后"、"90后"的青年教师十分欠缺家庭教育专业指导能力，不加以引导和组织，难以自觉完成家校合育这样一个"专业活"，需要专业指导和专业培训。

其三，家庭教育的社会化服务工作是一种界于行政指导与专业志愿者服务之间的工作，需要一个独特的专业机构或平台来完成。区域教育学院因其"小实体、多功能、专业化、大服务"的职能定位，非常适合承担这一角色。

具体看，区域教育学院在家校社共育中的"总枢纽"功能，主要通过五项工作来实现：家教专业引领、组织指导服务、整合教育资源、建设师资队伍和评价评估监测。其功能实现路线如下图（图9-1）：

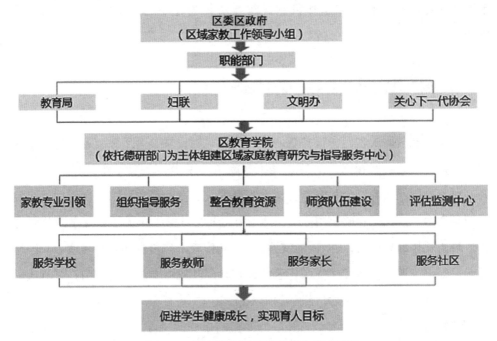

图 9-1   教育学院"枢纽"功能实现路线图

第一，家教专业引领。通过专业化来促进家校社合育科学化，这是家校社合作育人的基础，更是区域教育学院的立身之本。要从"教师改变和提高"做起，研制涵盖中小幼一体化的区域家庭教育指导教师用书，形成区域化的家教指导专业"标准"，为教师家教专业素养提升提供保障；围绕提高家长教育素养开发家长课程，从课程目标、课程内容、课程实施和课程评价等课程建设的"四个维度"，系统架构区域化家长课程；以问题导向和目标导向，鼓励和指导各学校及广大教师参与家校社合作育人专题研究，让有专长的教师参与各类家庭教育专业论坛、会议，拓展专业视野，逐步形成特色化区域家庭教育课题群。

第二，组织指导服务。家庭教育社会化服务工作介于行政指导与专业志愿者服务之间，需要由一个独特的专业化载体和平台来完成。区域教育学院因其"小实体、多功能、专业化、大服务"的职能定位，正适合承担这一角色。奉贤区依托区教育学院德育研究团队为主体先后组建了家庭教育专家团、宣讲团、指导团和中心组，整合区家委会机构职能，组建覆盖各学段的家教指导专业委员会，形成了专业化覆盖的指导服务队伍。

第三，整合教育资源。教育学院在区域教育中有人才、信息和专业等优势，树立"大德育"理念，以德育研究室和学生心理健康教育中心为主体，建立区域家庭教育研究与指导服务中心（简称"家教中心"），立足教育需求，聚集专业力量，跨前一步，主动作为，将区域内分散的家庭教育指导服务资源进行有机整合，开展家庭教育理论研究、业务指导，提供社会化服务。

第四，师资队伍建设。当前的家庭教育工作，无论是培养目标、教育理念、教育内容和方式方法，或是教师的家庭教育指导专业能力，都滞后于教育事业整体发展步伐。2019 年 6 月，中共中央国务院颁布的《关于深化教育教学改革全面提高义务教育质量的意见》（简称《意见》）出台，对教师的家庭教育指导能力提出明确的专业素质要求，这对以培训培养教师为己任的区域教育学院而言，在实践中探索和深化教师家教指导能力的提升路径，将《意见》精神落地生根，成为首要任务。奉贤区将提升和培养教师家教指导能力纳入教师专业建设的重要内容，列入"双金字塔型"教师培训体系，成为了常态化教师专业建设内容。

第五，评价评估监测。发挥专业指导和评价功能，因地制宜，研制开发测评工具和指标，设立区域家校社合作育人示范校、优秀校、合格校等"三校"建设评价标准，以评促建，以评促改，开展教师家庭教育指导服务专业能力评价，形成科学的评价导向。基于发展性评价、增值性评价等理念，秉持"以评促建""以评促改"的评价思维，发挥教育学院在区域教师教育和教师家教指导力建设中的主导作用，在家庭教育评价体系中构建出一套贯穿教师家教指导能力培养全过程的评价行为。一是"事前评价"，主要针对教师家教指导力关涉的主体（主要是学生和家长）对于教师的这种能力本身是不是需要、需要到什么程度以及需要什么具体内容进行调研，清晰地研判教师家教指导力的现实水平和真实需求。二是"事中评价"，主要以问题解决和实效获取为导向，针对教师家教指导力建设过程中开设的课程、教师家教指导力建设的方式方法以及对于家长家庭教育能力提升的发挥方式是否科学有效进行评价，关注教师家教指导力建设过程中的优势与短板，进行"优势凝练"和"短板提升"。三是"事后评价"，主要包括两个方面，一方面是针对教师家教指导力在经过一系列培养活动过程之后的水平进行评价，另一方面是对于一线中小学教师在研习和应用区本化的教师家庭教育指导教程之后，对于自身开展家庭教育指导工作产生的效用的评价，总结开展教师家教指导力建设的经验与不足，及时进行相应地调整。因地制宜，开展教师家庭教育指导服务专业能力评价，形成科学的评价导向，借此激发学校和家长的参与热情，让教师和家长群体的教育理念到教育行为经历一次静悄悄的"革命"，真正实现陪伴孩子一起成长。

三、创建专业化研究平台和载体

构建更加关注教师指导能力专业发展自主化、创造化和实践化的共享平台，能够更好地引导教师主动自发地进行专业研讨，形成研讨与交流的优良学风。奉贤区以专业化研究平台为依托，建立了"课题设计-课题研讨-成果展示"理论研究平台和载体。

以课题设计为切入点，引导教师关注家校社合育。奉贤区以《区域教育治理视角下提升"家校社"教育合力的运行机制研究》《立德树人背景下区域家庭教育指导宣讲课程的开发研究》等多项上海市级课题为引领，在充分听取各方诉求的基础上，开展"教师家庭教育指导的现状和需求调研""奉贤区家长参与家长学校学习情况调研"等各项调研，直面问题，关注需求，鼓励学校和教师将现实问题转化为专业内涵建设的项目化研究。"十三五"期间，先后有上海市教委德育处重点支持项目、市级规划课题、德尚系列课题、市思研会等条线课题、区级重点课题、一般课题等多层级的课题项目群，单列青年教师承担的课题，向家校社合作育人方面倾斜，激发教师研究热情，从而达到"研究指导实践、实践丰厚研究"的作用。

以创新工作室为主路径，培养教师课题研讨能力。开展教学专题研究是将教师的个人经验知识上升到教育教学理性知识的最佳途径。基于此，奉贤区依托名师工作室，以问题为中心开展家校合育教学研究。在研讨过程中，工作室成员集思广益，在主持人引领下，运用所学的教育学理论及研究方法对问题进行重新审视，创造性地开展研究，解决问题。在这一过程中，参与课题研讨的教师对于家庭教育指导的认知能力、管理能力等都得到了有效提升。德研员、优秀教师和参与教师通过确立课题、团队研讨等过程实现共同成长。

以研究平台为主阵地，展示与分享教师成果。对自身科研成果进行总结的过程，也是一次反思与提升的过程。在《奉贤教育科研》开设家庭教育指导专栏，引导教师围绕家庭教育指导等问题进行探讨和交流。在"奉贤教育"微信公众号上开设的"工作室在行动""家校互动"等专栏，为教师提供了广阔的交流空间。比如，2020 年推出《家庭教育小妙招｜图说智慧父母》系列推文，用图文结合的方式娓娓述说家长应该掌握的"智慧教养"，每期讲解两三个家庭教育小知识，内容涵盖有效亲子沟通、客观看待孩子优缺点、学会聆听等多个方面。一经推出，便引发了区域一线教师的广泛关注和传播。

举办"第一届全国家校社协作与教师发展论坛"等聚焦家庭教育指导与教师专业发展论坛。紧握时代脉搏、总结区域家庭教育工作特色，学习其他地区和专家之长。比如，在论坛上，奉贤区家教中心精心策划"家教指导，教师'心'的智慧" 微论坛，通过主持人的循循善诱，一线教师的实践分享，专家的精准解读，将奉贤家教指导工作进行了精炼概括和直观生动的展现。通过专业论坛，为一线教师提供了广阔的舞台，让他们参与、分享、思考、成长。参与分享的老师由衷地说："对一线教师来说，这是另一类更为开放、更有深度的交流平台，是一次集中、聚焦的特色培训指导。"

从确立"家教指导力是教师的必备素养"，到发挥"区域教育学院的枢纽功能"，再到明确"教师家教指导力的结构组成、运行机理和培养路径"，这样一个"三级递进"探索过程，笔者和团队成员一道经历了近五年的摸索。每一次前行，都是踮起脚尖穿过层层迷雾，眺望光明那方；每一次分享，都让团队成员收获更多前行的力量。

第二节 队伍为本：人人都是家庭教育指导者

奉贤区肇文学校，是创建于 2014 年的九年一贯制学校，也是一所典型的郊区农村学校。从创建之时起，学校就高度关注家庭教育工作。在承担上海市家庭教育研究课题《一体化学生自主管理模式下促进家校融合的实践研究》时，对全校学生家长进行调研发现，家长面临的家庭教育压力原因中，欠缺养育方法占比第二。94.68% 的家长表现出对家庭教育指导培训有迫切需求，认为"有必要培训"；43.6%的家长认为对自己最有帮助的家庭教育指导信息来自于学校的老师。在对家长的个别访谈中，家长也谈到：老师对孩子各个方面更熟悉和了解，对孩子的成长指导更能结合孩子的实际。学校由此意识到，家长获得专业家庭教育指导服务的渠道主要还是依赖于学校，教师群体是家庭教育指导的主力军，于是将教师家教指导能力建设列入了教师专业发展规划，几年的努力，这所名不见经传的农村学校"逆袭"成为上海市家庭教育示范学校。

肇文学校只是奉贤区学校的一个缩影。一系列扎实的调研，一个个鲜活的案例，让奉贤区明确了教师、家长的需求和推进方向，从专业培训入手，逐渐建立了"常态培训—示范引领—项目驱动"教师培训机制，采取一系列专业学习培训提升教师队伍家教指导力。

一、构建"双金字塔"型教师培训体系

奉贤区教师培训以一线教师和学校管理者培训并重为原则，构建了基础培训为"塔基"、骨干培训为"塔中"、名优培训为"塔尖"的"双金字塔型"培训工作机制，并将家庭教育指导能力培养纳入"双金字塔"型教师培训体系，将家庭教育专业资质的培训和教师专业能力的培训，纳入学校德育管理培训、班主任工作培训、职初教师技能培训计划，由最初的每年培训 100 名家庭教育指导教师，到 2021 年的每年达 1 000 多名，"十四五"将实现全区教师全员实现家庭教育指导能力专题轮训。

首先，夯实基础培训。奉贤区将家校沟通技能作为新教师（包括见习教师）上讲台前必备的基本素养，并开展专兼职优秀指导师进阶培训，择优选拔推荐教师参加国家级指导师培训。其次，加强骨干培养。奉贤区家庭教育骨干教师培养形成了骨干教师培训、骨干班主任培训、校园长培训等制度。推荐骨干教师参加上海市教委举办的"上海市家庭教育指导者培训班""中国家庭教育指导师（高级）"研修班等。主动对接上海开放大学（上海家长学校），争取优质学习资源，按照"上海家庭教育指导师制度"要求，组织专业力量，设计课程模块、授课方式和考核方法，实行教师家教指导能力培训制度化和规范化。

开展教师家教指导专业培训，提供合适的培训内容至关重要。发挥奉贤区教育学院多年来从事教师培训的经验优势，联系新形势下教师对于培训内容、培训方式的需求特点，在培训模块设计和培训方式上进行了针对性设计。将整个培训内容按照必修课与选修课两大部分，按照家庭教育的现状与趋势、家庭教育基础理论(含心理学、伦理学、社会学等专业理论知识)、家庭教育基本方法与家庭教育实操拓展三大模块组成(见图9-2)。

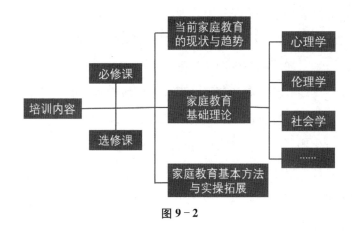

图 9 - 2

培训采取集中与自主学习相结合、线下线上相结合的模式开展。培训包括专家面授、交流研讨、实操演练。培训内容的学时及各模块进行了有针对性地安排，主要是：初级学员，安排46学时，模块(基础理论、基本方法、实操拓展)占比分别为4∶3∶3；中级学员，安排64学时，模块占比为3∶4∶3；高级学员，安排80学时，模块占比为3∶3∶4，学员的学分都纳入区域教师研训学分银行。

几年下来，家庭教育指导专业培训很受一线教师的欢迎，已经成为了每年奉贤区教师培训课程中的"网红课"。从2020年起，奉贤区教育学院主动与上海家长学校对接，依托市级专家和培训资源，将教师家教指导能力培训进一步进行优化设计，形成了课程体系。2021年3月起，市区联动，正式启动了"十四五"期间奉贤区全体班主任(大约1 700多名，2021年完成)、全区8 000多名教师(五年内完成)全员家庭教育指导轮训计划，提升教师家教指导力建设成为奉贤区教师专业建设"堡垒工程"。

二、打造区域家教指导教师团队

教师家教指导能力更多的是一项综合性实践能力，必须是在"游泳中学习游泳"。2018 年 6 月 21 日，在原有市、区两级家教指导专家巡讲团基础上，奉贤区吸纳众多骨干教师、优秀家长和社会志愿者，成立了 150 人的奉贤区家教指导宣讲团，在宣讲团成员中按照学段、专业特长等，聚集区骨干教师和优秀家长志愿者成立区家教指导中心组，协助区家教中心和区家教指导团开展日常运行工作。按学前、小学、初中和高中四个学段分为四个教研组，对各学段家长开展家庭教育指导宣讲活动并开展教学研讨。形成了区域教师家教指导的核心团队，开展"进百校、入千家、惠万民"家庭教育宣讲活动。家教指导宣讲团成员通过开展家庭教育社会化服务工作，定期为家长开设论坛讲座、现场咨询等社会化服务；开展家庭教育教研指导工作，为区域各镇（社区）、学校和教师开展家庭教育指导提供专业培训；定期开展家长亲子育儿指导工作，利用"贤城父母"微信公众平台进行线上答疑，从收集的问题中"提炼重点，挖掘痛点，解决难点"，让这个过程变为组织教师们进行真实场景的教研活动。

依托卓越教师培养工程，在全区范围内推进家庭教育名师工作室建设。名师工作室集专项家庭教育工作研究与队伍培训功能于一体，带头人都是区域名师，具有丰富的教育教学和家庭教育指导工作经验，负责为团队成员制订专业成长计划，依托课题或项目开展专题研究，承担培训与指导工作。这些名师工作室以工作室成员智慧为依托，对接市级名师工作室和上海市学生心理健康指导中心、家庭教育指导服务中心等专业机构，上下衔接，互联互通，形成市、区、校三级教师家教指导共建网络。以问题为切入点，对学员开展针对性培训，整合了研、训教育资源，做到了"研中有训，训中有研，研训合一"，形成了"研训一体"的教师培训组织模式。

目前，奉贤区已成立 5 个区级家庭教育名师工作室，这些区级名师工作室发挥着示范和辐射作用。以区德育名师胡引妹名师工作室为例，2020 年疫情发生后，在家庭教育微信公众号"贤城父母"特别推出"工作室在行动"专栏。其中，工作室成员陆文婷老师适时推出《GET"线上学习"家庭教育新秘籍》，从

"作息习惯""学习监督""家校共育""心理健康""家长焦虑"五个方面专题进行指导，及时为教师提供了家校合作指导，吸引了教师对线上家校沟通的兴趣和行动。工作室成员、西渡学校王艳娥老师，对一些返乡居家防疫的家长进行独具特色的线上指导。面对在大山里延续假期的陈同学一家，王老师指导陈妈妈通过"带领孩子们一起游戏""给抗疫战士画祝福""一起劳动掌握新技能"等形式，让山里人家的孩子们居家生活更具意义，既有效教育孩子和引导家长，更在实践中提升了教师的家教指导能力。

三、系统推进家庭教育示范校建设

上海市教委从2017年起，开展了上海市"家庭教育示范校"评估项目。奉贤区鼓励本区学校积极参与市级评估的同时，因地制宜，出台了《奉贤区家庭教育示范校评选标准》。对标上海市级评估标准，形成了若干条具有区域特色指标，其中对教师家教指导力的培养培训提出了明确的要求，以评促建，起到了导向作用。发挥区家教中心专业优势和资源优势，研制《家庭教育指导手册》，汇集政策制度、评价指标、工作流程、指导要点等应知应会内容；编制研发《家庭教育指导菜单》，开列了中小幼各学段家庭教育指导内容清单，方便学校"按需点菜"；引导各学校依托家庭教育示范学校创建，为推进教师家教指导能力建设营造良好环境。到2020年，全区有33所学校获"上海市家庭教育示范校"荣誉称号，多名教师被评为上海市家庭教育优秀指导者，多名教师受聘为上海家长学校特聘讲师，笔者还被聘为长三角家庭教育智库专家。

这些学校在创建过程中，因校制宜，百花齐放，特色纷呈。笔者选取奉贤区几所有代表性的学校做法向读者略作介绍。

江海一小"百分爸妈和教师共成长"

奉贤区江海第一小学位于南桥镇老城区，有60多年的建校史。伴随着奉贤新城的开发，本地生源大量流入新城学校，外来务工人员随迁子女逐渐成为江海一小的主体生源，占了学生总数的三分之二。在日常家校沟通和调研中，学校发现学生家长普遍受教育程度较低，家庭教育观念陈旧，且一些家长由于生计每天的工作时长，与孩子无法有效沟通，导致问题学生层出不穷；同时，由于缺少专业指导和培训，教师在家校沟通中也显得有心无力。学校从帮助家长寻找正确且适合的家庭教育指导方法入手，提高全校教师的家庭教育指导能力，探索有效的家校合作路径。

首先是抓好教师掌握家校合作育人的专业基础。学校与相关专业机构合作，共建每年50课时的《教师家庭教育指导能力提升专项培训》校本研训课程，观看专家和优秀教师的视频网课；借助每月一次的"博雅讲坛"举办专题讲座和教师沙龙，进行家教理论和经验分享；利用班主任例会，通读、研读和精读《教师家庭教育指导实务》和《又一种教育智慧》等指导用书。同时，组织教师走出校门，参加市级、区级各类家庭教育培训。在此基础上，校长褚红辉领衔的骨干团队于2016年10月启动"百分爸妈"家长学校项目。

"百分爸妈"家长学校以积分管理的方式开展，分为五个学制，分别对应孩子成长的5个学年，每个学制都有20积分。家长通过参与学校各类活动提升自我，并获取积分。过程中，教师既是引导者，又是助推者。由校长主持、骨干教师负责的"百分爸妈"咨询室，在与100多个家庭交流中，孕育出"智慧沟通六部曲"，推广至全校。班主任团队积极创建"温馨教室"，提炼出家校互动十二大"金点子"。

针对教师在与家长的日常沟通中以及指导其参与"家长开放日"、"蓝爸蓝妈"志愿者活动、亲子运动会等家校活动的实践中，发现家长的实际需求和困惑，引导教师积极应对并及时撰写案例，部分内容汇编为《百分爸妈60问》和"百分爸妈"家庭教育系列校本读物，并通过集体教学、培训讲座等方式为家长提供有针对性的帮助与指导。针对共性问题、典型问题，教师分团队、分批次进行梳理与提炼，录制成每节3分钟左右的"百分爸妈60问"微课视频。先后有32名教师参与，研制微课60多节，及时在学校微信公众号发布共享，短小精悍的微课视频受到了家长和同行的欢迎。"实践——反思——实践"的过程增强了学校教师发现问题、分析问题和解决问题的能力，也进一步提升了他们的家庭教育指导能力，让他们在面对问题学生、家长的需求时更有底气了。

无独有偶，姜燕燕老师所在的奉贤区教育学院附属实验小学，也是上海市家庭教育示范学校，2020年被全国妇联、教育部授予"全国家庭教育创新实践基地"称号。姜老师是一位资深班主任，在"父亲教育"方面有许多研究心得。她针对当前家庭教育中"父亲缺位"的现象开展系列"父亲教育"对策和教育实践研究。依托姜燕燕工作室创立了"爸爸学校"，设立了爸爸"充电站"和爸爸"亲子站"，针对不同的教育热点，老师们每月通过"问题沙龙"、策划实际活动等方式开展爸爸家长学校、爸爸沙龙、爸爸阅读活动等，引导奉教院附小教育集团6所学校的广大教师队伍共同成长。既服务了家长需要，也在实践中培养和锻炼了一线老师的家庭教育指导能力，成为名副其实的"助推器"，营造了广大教师培养和提高家教指导力的专业自觉。

不只有小学和初中学校，奉贤区幼儿园家庭教育指导工作也不甘于示弱。上海市级示范幼儿园、奉贤区解放路幼儿园探索了"爸爸俱乐部"工作模式，基于指导"爸爸成长"项目中培养教师家教指导能力。生动有效的实践催生了机制创新，围绕指导家长尤其是普遍存在的"父亲缺位"现象，奉贤区逐步构建覆盖幼儿园、小学、初中学校一体化的"爸爸教育"指导模式。

四、拓展深化跨地域研修合作交流

主动对接上海家长学校资源，系统化开展家庭教育指导师培训。在推进家庭教育指导服务工作中，上海一直在探索更加有效的指导服务路径。2020年1月，在上海市教卫工作党委、市教委的支持下，依托上海市开放大学，吸收各方资源，成立了上海家长学校，开展家庭教育指导服务工作，探索了家庭教育指导师制度，面向各个层面的有志于家庭教育指导服务的专业工作者提供专业化的服务。奉贤区及时吸收上海家长学校资源，成立奉贤区家长学校，依托各学校、各镇（街道、社区）成人学校、社区学校多方协作，开设家庭教育指导师培训班，吸引了广大教师和社区工作者参加培训，提高了家庭教育指导服务质效，也增强了广大教师参与家庭教育指导专业学习研讨和实践的积极性。

承接和筹办上海市家庭教育研究会指导服务中心，让专家资源用社会化服务呈现。在上海市教委、上海市妇联的支持下，2019年9月，奉贤区教育学院承接了上海市家庭教育研究会指导服务中心筹建工作，既接"上"联"下"，又"左顾右盼"，实现社会化专业资源与学校家庭教育指导资源无缝对接。

开放融合，在创新合作中开阔教师视野。随着长三角一体化建设上升为国家战略，推进长三角地区教育一体化发展列入了长三角一体化发展战略层面。奉贤区因势利导，争取上海市教委和江苏、浙江、安徽三省教育厅支持，联合15个地市教育局，牵头创建了长三角地区学校德育联盟（现已发展18个地市教育局为成员单位）。2018年10月，在奉贤正式召开成立大会并举行了首届研讨会，教育部基础教育司副司长俞伟跃亲临大会，对联盟的创建给予了大力支持，推进长三角地区教师育德能力合作交流纳入了三省一市的重要议事日程。2018年12月，笔者参与设计和协调，推动了上海市奉贤区与江苏省苏州市教育局签定学校家庭教育深度合作协议，促成两地24所学校进行长期合作交流，资源共享，让两地广大教师在开放流动的环境中开阔视野，吸收新知，借助外力推动内驱力产生。三年来，两地先后进行了深入地交流研讨，互派教师跟岗锻炼，以多种形式开展研讨、课程资源、活动资源共享，互联互通，给本区域的家庭教育工作注入了新的活力，有效推动了教师家教指导力建设的新格局形成。正如苏州科技城实验小学集团总校校长徐瑛说，"通过双边深度合作交流，让家校合作育人资源空间得到了拓展，让教师们的家校合作育人能力也得到了提升。"

不仅如此，还依托重大活动和节点，创设学习交流环境，让教师家教指导能力在多元的环境中成长。2019年9月4日，由上海市教委、上海市妇联主办，奉贤区教育局承办的以"家校协同，让孩子健康成长"为主题的上海市家庭教育主题宣传周启动仪式在奉贤区古华中学举行。在"让'焦虑'不再是'焦点'"微论坛环节，奉贤区组织专家、校长、教师和家长代表，围绕入学适应、亲子沟通、学业压力等导致的中国式父母焦虑，剖析原因，介绍对策，破解焦虑困局。2019年11月15日，由中国教育学会家庭教育专业委员会、北京师范大学教育学部共同举办，奉贤区教育学院承办的"第一届全国家校社协作与教师发展论坛"在奉贤隆重举办，本次论坛是全国首个聚焦家庭教育指导与教师专业发展的高端论坛，奉贤区教师家教指导力建设经验得到了与会嘉宾的一致好评。通过在"家门口"举办专业论坛，指引广大教师和家教指导团队成员分享经验和经受历练，是又一种更加务实有效的教师专业培训指导。

第三节 课程为基：走向标准化的专业表达

教师专业能力建设有一整套的规范化要求和标准，抓教师家庭教育指导能力建设的重要载体和途径之一就是专业化教程。在现实需求下，奉贤区以课程为载体，系统提升教师家庭教育指导能力。2015 年，笔者和团队成员在调研中发现，现有的林林总总的家庭教育培训教程，主要以家长教育读本为主，某些发达地区甚至建立了完整的全学段家长家庭教育课程体系，但没有直接面向教师提高家教指导力的教程，特别是来自教师亲身经历、经过系统梳理的案例和系统化的指导案例比较欠缺。

从 2016 年起，在奉贤区教育局支持下，经奉贤区教育学院党政集体研究决定，由笔者牵头，相关德研员和部分基层学校骨干教师组成教程研制组，开展教师家教指导教程的研制。该项目被列为奉贤区教育局支持学校自主发展"星光灿烂"计划重点项目，也是上海市教委学校德育工作重点支持项目。笔者与团队成员一道，历时三年多探索，编写出了覆盖中小学幼儿园各学段的家庭教育指导教师教程。其中，《又一种教育智慧——家庭教育指导教师教程（义务教育版）》2018 年 5 月由华东师范大学出版社正式出版；经过试用和调研反馈，积累初步经验后，《智慧开启——家庭教育指导教师教程（学前教育版）》《智慧合作——家庭教育指导教师教程（高中教育版）》于 2019 年 5 月正式出版。研制教程得到了人民教育家、"改革先锋"于漪老师的大力支持，先生不仅对教程内容和写作给予指导，并且亲笔为教程提词，极大地鼓舞着笔者和团队每一位成员。出版后，免费发放给奉贤区每一位教师，列入了教师培训必修内容之一，提供了有效的专业培训和服务载体。事实上，本套教程出版后，也受到了各地教师和家长读者欢迎，不仅在上海市其他区广泛应用，而且在山东、湖北等地成了班主任培训的重要参考书。2021 年，笔者代表奉贤区教育学院将部分教程赠送给西藏、贵州、青海等地部分一线教师，受到了热烈欢迎。

一、家庭教育指导教师教程的研制原则

在筹划编写教程之时，课题组面向全区教师和家长进行了多项调研。这些调

查数据为不同学段的教程厘定了基本内容。如学前教师，应侧重于指导家长关注儿童生活习惯培养的知识与技能、关注幼儿身心发展特点的知识、关注培养幼儿多方面能力的具体方法等；中小学生教师，应侧重于指导家长关注学生学习习惯培养的知识与技能、关注促进学生心理健康的方法、关注开展品行教育的机制和生涯规划指导等。

明确了不同学段教师家庭教育指导内容的重点，经过深入讨论后，研制组达成共识，以"中小幼一体化""教育研究和师资培训一体化""理论引领和案例分享一体化"三大原则为指导，进行课程研发。

中小幼一体化原则。家庭教育是终身教育，伴随孩子的一生。编写组从工作启动之初，便基于区情，确立了中小幼一体化原则，编制《智慧开启——家庭教育指导教师教程(学前教育版)》《又一种教育智慧——家庭教育指导教师教程(义务教育版)》《智慧合作——家庭教育指导教师教程(高中教育版)》三本教程，覆盖全区所有学校。另外，也基于本区特殊的学校构成(奉贤区的九年一贯制学校共有21所，在校生占小学生和初中生总人数的一半左右)，因此，义务教育版教程打破了小学、初中分段编写的传统。

教育研究和师资培训一体化原则。基于家教指导力的重要性以及家庭教育指导从研究到实践尚不成熟的现状，编写组将教程研发与师资培训相结合。课题组的核心成员在研发教程的过程中，不断挖掘，形成多项专业教研成果。同时，编写组招募一线教师参与教程编写，引导教师从熟悉的专题入手，循序渐进，建立"从无到有、从有到专"的家庭教育指导知识体系。编写教程已然成为广大一线教师"在做中学、在学中探索、在探索中提升"的研训之路。

理论引领和案例分享一体化原则。注重实践问题解决，突出理论联系实际，是中小学校教育科研的显著特点之一，本套教程在"家庭教育指导认知"编中对理论知识予以集中呈现。详细梳理了家庭教育指导的概念、性质、对象、内容、途径及现存问题与发展建议，介绍了我国的家庭结构、家庭教养方式、家庭教育、家校合作等知识。

在理论指导下，本套教程将三分之二的篇幅放在家庭教育指导途径和实务编中，突出其"实用性"。这两编内容以教学案例的方式呈现，每篇教案都包括问题聚焦、教师思考、教师策略、行动反思、智慧分享。每个案例都源于教师在教学中遇到的真实问题，形成于教师对问题起因和解决思路的深入思考，落脚于教师系统思考解决这些问题的具体实践，结束于教师对开展家庭教育指导实践的系统反思。最后用智慧分享为读者拓宽思路、拓展视野提供具体的素材或研究成果。

二、家庭教育指导教师教程的内容框架

"家庭教育指导教师教程"系列从整体结构上是一致的，都由编、章、节组成（如表9-1）。"家庭教育指导认知""家庭教育指导途径""家庭教育指导实务"三个篇章遵循了"家庭教育指导是什么""家庭教育指导怎么做""家庭教育指导做什么"的理性思路，从应知应会的学科理论层面到实际的操作层面、再到针对具体问题创造性的运用层面，逻辑清晰，有利于一线教师建构较为系统的知识和行动体系。

表9-1　家庭教育指导教师教程结构

	幼儿教育版	义务教育版	高中教育版
第一编：家庭教育指导认知	第一章　家庭教育指导的概论	第一章　家庭教育的现状	第一章　家庭教育指导概述
	第二章　家庭教育指导新方位	第二章　家校合作概论	第二章　家庭教育指导新方位
	第三章　幼儿家庭教育指导的特殊性	第三章　家庭教育指导新方位	第三章　高中家庭教育指导的特殊性
第二编：家庭教育指导途径	第四章　集体指导	第四章　集体指导	第四章　集体指导
	第五章　个别指导	第五章　个别指导	第五章　个别指导
	第六章　媒介指导	第六章　媒介指导	第六章　媒介指导
	第七章　合作指导	第七章　合作指导	第七章　合作指导
第三编：家庭教育指导实务	第八章　源于问题的家庭教育指导	第八章　源于问题的家庭教育指导	第八章　家庭教育的学业指导
	第九章　分类的家庭教育指导	第九章　特殊的家庭教育指导	第九章　家庭教育的生活指导
	第十章　特殊幼儿的家庭教育指导	第十章　特殊学生的家庭教育指导	第十章　家庭教育的青春期指导
			第十一章　家庭教育的生涯指导

第一编：家庭教育指导认知。本编梳理了家庭教育指导的基本内涵、主要依据和现状，论述了开展家庭教育指导需要具备的教育理念、行动要求及区域教育学院（教师专业发展机构）在家庭教育指导中应该承担的责任。在宏观论述的基础上，本编还着重介绍了不同阶段儿童（学生）的身心发展特点，引导家庭、家长根据儿童（学生）身心发展规律科学、合理地开展家庭教育。本编体现了家庭教育指导作为一门学科的特点，帮助教师建构家庭教育指导的理论知识。

第二编：家庭教育指导途径。本编将家庭教育存在的问题与途径对接起来（这一特点在幼儿教育版和高中教育版更加明显），即家庭教育中的某个（些）问题更加适合用何种途径进行指导，这种途径在家庭教育问题解决的过程中如何进行优化。本编还关注了富有时代感的内容，如幼教版"媒介指导"一章，既关注了普适性媒介如微信群（QQ群）即时指导媒介功能的挖掘，也关注了定制式媒介"家长慕课"专业指导媒介的运用，关注到了未来已来媒介"AI+家教指导媒介"，体现了课题组自主创新式编写教程的思路。

第三编：家庭教育指导实务。本编以奉贤区教育学院设计的"奉贤区家庭教育指导需求调查问卷"调查数据为依据，结合对教师的访谈材料，确定了三本教程各自的重点关注问题。这一点在"家庭教育指导实务"中有非常鲜明的体现。如，学前版教程引导教师关注孩子的"入园适应""人际交往""安全教育""亲子陪伴"等话题，并关注"肥胖幼儿""发展迟缓幼儿""自闭症幼儿"等特殊幼儿群体，指导家长开展相应的家庭教育；义务教育版教程突出了家庭教育指导的重点问题，引导教师关注因学业负担引起的家长和学生焦虑，学生的生涯规划，高质量的陪伴，青春期适应等问题；高中版教程则牢牢把握高中生活特点，关注学业、生活、青春期、生涯等主题，引导教师掌握相关的家庭教育指导方法。

教程给全区学校和教师带来了福音。各个学校第一时间组织教师认真研读教程、开展交流分享。奉贤区教师们人手一本教程，成了老师们指导家长进行家庭教育的"案头宝典"。奉贤区实验中学青年教师林紫薇说："一开始我很难从家长的角度出发想问题，有时会抱怨家长不好好管孩子。"学习了教程之后，林老师有了新的感触："学生出状况，千万不要因此得出家长不关心子女的结论，也有可能是家长育儿方法不得当的表现。"现在，她总是和家长一起分析原因，找解决方法，家长们也更加支持林老师的工作。

　　与此同时，课题组开展了多次座谈，多角度进行调研，了解一线教师使用教程效果。2018 年 12 月，区家教中心开展问卷调查，了解教程使用和教师培训情况①。调查显示，超过 90% 的教师表示学校在不同场合组织过关于教师使用教程的相关培训。超过半数的教师向同行推荐过本教程，超过七成的教师向学生家长推荐了本教程。教程发放的第一学期，77.7% 的教师"已经在家庭教育指导工作中有意识使用本书传授的观点或策略"，认为教程能有效帮助他们开展家庭教育指导工作。

　　教师家教指导能力提升的直观表现便是家长满意度。2019 年全区近 8 万家长参与的满意度调研总体均值为 9.4，这一结果便是区域家长对编写组这一勇敢探索的强有力支持。随着形势的变化，特别是经历了疫情考验，2020 年全国中小学德育工作会议和中小学校幼儿园《家庭教育指导手册》发布后，为了将家庭教育指导服务的新精神及时反馈，笔者争取了上级支持，正在组织力量对教程进行修订。

三、家庭教育指导教师教程的线上呈现

　　研制家庭教育指导教师教程是区域教育学院探索提升教师家教指导力的第一步，如何用好教程、让教师达到"处处可学、时时可学、人人可学"的状态，是最直接最艰巨的工作。随着"互联网＋"时代的到来，特别是经历了疫情后，线上教育和线上家访成了家庭教育指导的又一个重要通道，也是广大教师与"85 后""90 后"这些"数字原居民"家长有效对话与合作的通道。

　　2018 年，教程出版后，奉贤区顺势而为，组成网课开发核心团队，并动员全区教师自主参与家庭教育指导网课教案设计，以教师喜闻乐见的方式和易于传播的形式开发与教程配套的网络课程。让教师围绕家校合作育人特别是开展家庭教育指导的主题，讲自己的故事，讲身边的故事，讲经典的故事，讲管用的故事，开启了一条教师家教指导力建设的网络课程大通道，也大大的激活了

---

① 编者注：接受本次调查的老师中，初中老师 710 名，小学教师 1164 名；现任班主任老师 877 名，非班主任老师 997 名。

"流量"。

2020 年初，一场突如其来的新冠疫情爆发，全国亿万学生开启了"居家防疫和停课不停学"的生活模式，在线教学普遍开展。如何应对线上家校沟通，指导家长解决家庭教育问题，是对教师家教指导能力一次巨大挑战。

在此背景下，奉贤区意识到，开发网络课程不仅为教师学习教程提供一种新型途径，更是未来教育发展的重要承载。如果说此前的网课开发是教师教学任务之外的"兴趣所在"，那现在的网课开发已然成为奉贤区培训一线教师"人人具有家教指导力"的重要途径。在这样的认知下，奉贤区建立了"以老带新、全员联动"的网课开发计划，动员全区教师拥抱未来教学。截至 2020 年底，已同步录制 180 多节网课，供区内教师选学，多门家庭教育指导教师网络培训课程已纳入上海市教师培训中心市级共享课程体系，受到一线教师的欢迎。

在实施过程中，网课开发组依托广大一线教师，整合媒体资源，形成了具有专业特色的网课开发"教案设计→设计分析→脚本设计→资源开发→整合测试"五步法。

步骤一：教案设计

这是最能体现教师专业能力的环节，也是网课开发中最为重要的一个环节。教案设计需符合成人学习的特点，使内容贴合教师的教学实践，引发共鸣和思考，并让教师投入知识的自建构中。教案设计包括介绍设计和学习活动设计两部分。

1. 介绍设计

介绍设计（或课程介绍）主要包含课程名称、课程概要、课程目标、适合人群四个部分。课程名称是对网课主题的精准提炼，一般不超过 20 个字；课程概要是对课程内容的简要概述，一般不超过 200 字；课程目标是对学员学习本节课程所能达成目标的描述，常聚焦于一个知识点，或一项微技能的习得；适合人群分为普适性人群及指向性人群。就奉贤区网课来说，普适型人群主要分为幼儿园老师、小学老师、初中老师和高中老师，指向型的适合人群主要划分为职初教师和经验型教师。这里，教案设计者需注意，同一个主题面向职初教师和经验教师，内容上会有较大差别。如，讲述利用家长会开展家庭教育指导，面向职初教师可以适当讲开展流程及流程中的细节和注意事项，面向有经验的教师，内容则需要更加深入。

2. 学习活动设计

学习活动设计，即用怎样的方式支持网课中介绍和陈述的知识和技能。在奉贤区网课开发中，教案以教程框架为主要原型参考，遵循"问题聚焦-教师思考-教师策略-行动反思-智慧分享/思考与讨论"五步框架。

实际操作过程中，采用"教案设计者—专家审核团—开发组"三级审核制度。教师首先将教案发给专家审核团，专家团队就五大环节内容是否科学有效、设计是否合理、逻辑是否清晰三大维度进行评分（评分区间1~5），每项指标平均分≥3分时即表示教案通过。如下表9-2。

表9-2　奉贤区"教师家庭教育指导策略"网络课程教案评价表

	问题聚焦 (1～5)	教师思考 (1～5)	教师策略 (1～5)	行动反思 (1～5)	智慧分享/ 思考与讨论 (1～5)	设计合理 (1～5)	逻辑清晰 (1～5)
专家1							
专家2							
专家3							
专家4							
专家5							
平均分							
完善意见	1. 2. 3. ……						

专家审核团对教案内容进行审核后，开发组开始对教案中可能涉及的媒体形式进行设计分析。

步骤二：设计分析

完成教案设计之后，开发者需对课程设计的活动和资源进行分析，确保学习活动既能达到教案设计者预设的学习效果，又能体现网络课程简洁、实用、有趣的特点。设计分析分为效果分析及成本分析。

效果分析：为了后期呈现的丰富性，网课制作会采用多种媒体表现形式，比如用图文结合型 PPT 增加可视化，用字幕条呈现指导者的"亮点语句"，用动画演绎来增添趣味性，用情境演绎来营造真实的氛围。何时用何种媒体表现形式，开发组都需要进行科学的分析，并确保相关素材到位，确保媒体资源表达准确。

成本分析：网课作为一种"产品"，也涉及成本问题。一般来说，为了吸引学员观看，问题聚焦部分会采用情景演绎或动画演绎的形式。就情境演绎来说，涉及一个场景（如教室）比涉及好几个场景（教室和家里）操作起来要方便，虚拟环境比实景拍摄开发成本高……所以，开发组会对教案进行整体规划，可引用现有资源的就不再重新录制。如义务教育段《给隔代教育搭把手》网课中，开篇引用央视春晚的一个相声片段，既节省了资源开发成本，又以学员喜闻乐见的形式引出了主题。

步骤三：脚本设计

脚本是课程设计人员与资源建设人员之间沟通的桥梁，是保障课程资源建设贴合课程设计需要的重要工具。脚本设计包含以下 6 个要素：

1. 编号：脚本设计中用来规定时序的工具，以编号来确定文本描述画面的先后顺序。2. 画面主题：当前画面描写的主题是什么。3. 画面内容：用文字把当前画面的主要内容描述出来。4. 媒体形式：对该画面设计到哪些媒体要素进行描述，如视频、音频、相关的文字、图片。5. 媒体效果：对媒体需要达到的效果进行描述。6. 备注：将注意事项，如拍摄角度、资源建设等特殊需求进行描述。

步骤四：资源开发

资源开发即录制和呈现的过程。录制过程中需注意以下三点：

1. 注重书面语言到视频语言的转换。网课侧重于授课教师的"讲"，因此，如何把严谨的书面语言转化为通俗自然的视频语言，是授课教师需要掌握的必备技能。

2. 把握节奏，将课"讲出来"。教师需根据讲解的内容变换语速、调整节奏，适当添加口语表达的修饰要素，进行语调、节奏、语速的设计，让课程内容"生动"、"活泼"。

3. 肢体与媒体的配合要自然。很多教师面对镜头会紧张，为了达到更好的录制效果，讲师在录制前可以对着镜子多排练几遍，并提前进行手势、表情等方面的设计，确保录制时神情自然，让课程具有"可读性"。

步骤五：整合测试

最后是整合测试，也就是视频审核和交付的阶段。表9-3为网课审核表。

表9-3　网课审核表

网课名称		章/节	主讲老师	拍摄模式
初审	片头	□优 □良	片尾	□优 □良
	课程标识	□优 □良	声音清晰	□优 □良
	画面清晰	□优 □良	PPT 制作	□优 □良
	动画制作	□优 □良	字幕条制作	□合适 □不合适
	性能	□视频码流（2）M　　□视频帧率（25 帧/秒） □分辨率（1920：1080）		
	视频画面清晰，声音清晰。严格按照视频制作标准进行，老师配合度高。			
	审核员： 　　时　　间：			
终审	意见： 审核员： 　　时　　间：			

四、家庭教育指导网络课程的开发成效

奉贤区"教师家庭教育指导策略"网络课程于2020年12月完成了第二阶段录制，形成了一批主题丰富、表现形式多样、体例完整的教师家教指导力网络课程。这期间，共有8位德研员参与课程策划，有近百名骨干教师参与教案撰写及网课录制，体现了教育研究和师资培训相辅相成，对促进研训员和一线教师能力的提升是全方位的。

第一,提升三种力,建设高质量教研员队伍

从事教师培养培训和专业研究指导的研训员(教研员),人们经常称他们是"教师的教师"。建设好研训员队伍,教师专业发展的土壤才能更丰厚,提高教学质量才能更有保障。

提升课程和德育实践指导力。在网课项目推进前期,开发组与录制团队紧密沟通,了解网课开发的流程及各步骤要点。实际开发过程中,而是根据区域特色及课程呈现效果,不断优化步骤,改进内容。面对"内容密集、观看疲劳"的问题,奉贤区网课开发组召开专家研讨会,邀请市级专家现场把脉,确立了"聚焦一个主题,讲好一个案例"的教案思路;面对"内容衔接不顺、呈现方式僵硬"等问题,开发组又接连召开研讨会及专家会,确立了"形式为内容服务"的呈现思路。在整个过程中,开发组各位研训员不仅了解了网课开发的理论要点,还在实践中提升了自身的课程和德育实践指导力。

提升沟通和组织能力。网络课程开发涉及多个主体,研训员既需要和录制团队沟通场地布置、呈现形式等方面的工作,也需要和一线教师沟通教案写作、镜头表现、录制安排等事宜。如没有较强的沟通能力和亲和力,则无法准确传达主要信息。

提升终身学习和创新能力。在网课项目实施之前,德研员们大多数人不了解网络课程开发的步骤,也没有深入研究过文本内容与媒体内容的转化。但是,大家跳出"舒适区",挑战自我,正是本着这种开拓进取的精神,奉贤区网络课程走上了专业化标准化实施道路。

第二,在做中学,让一线教师从参与走向自觉

奉贤区"教师家庭教育指导策略"网课的开发强调教师的现场参与感,让教师在实践中历练、反思。一线教师从最开始的"完成任务,亦步亦趋"到过程中的"坚定信心,踏步向前",锻炼了自身各项能力,具体体现在:

提升教师的教学设计能力。奉贤区"教师家庭教育指导策略"网课的受众为一线教师,内容为家庭教育指导。整个教案设计过程中,教师首先要对课程的标准，对学员的需求和基础进行分析，然后从实践中抽象为教学案例，运用教育学、心理学知识理性分析现象背后的原因，概括出方法和策略，进行反思和提升。在这个过程中，教师不仅要设计出符合逻辑、贴合实际的教案，还要熟悉不同的媒体呈现形式，并将自己的意图用符合成人教学的语言、符合网络课程的语言表述出来。

提升教师的沟通协作能力。网课开发涉及教师、教学专家团、开发组三方。整个过程中，教师需和教学专家团、开发组保持密切的沟通，确保网课最后的呈现既能达到自身预设的学习效果，又能体现网络课程简洁、实用、丰富的特点。在录制网课的过程中，更需要教师的密切配合，小到服饰颜色、语速调节，大到与媒体的互动，都需要和录制团队提前沟通，现场协作共同完成。

提升教师的教育科研能力。一线教师作为离学生、家长最近，教学实践最丰富的群体，不应将自己定位为"教书匠"，更应成为教育教学的"研究者、实践者和先行者"。奉贤区"教师家庭教育指导策略"网课的设计者和讲解者都为一线教师，整个网课开发过程激励教师反思教学实践中的典型案例，以科研思维选择一个重点，研究一个课题，形成一个系列，使教师向"研究型教师"主动转变。

奉教院附小的王秀明老师是第一批录制网课的先行者，从最初面对镜头时的无所适从，到现在为新来的教师答疑解惑，和录制组一起商讨镜头呈现，并成为上海市十佳家庭教育指导者，成立了区级工作坊，开展信息化背景下家校沟通方式研究。奉教院附中戴军花老师也是其中一员，她称"常年在学校教育的第一线工作，经常和孩子和家长打交道，看到很多孩子由于家庭教育的不恰当，出现了形形色色的问题。作为一名教育工作者，尽自己的能力帮助家长解决一些亲子的教育问题，这是功德无量的事。"这样的典型如今在奉贤区层出不穷。

第四节　平台为翼：对家长有效指导中提升能力

随着实践推进和理论探索，奉贤区教师家教指导力建设体系正在逐渐形成。但在发展的实践中，也出现了一些问题，这些问题也促使笔者和团队成员们不断思索和完善。

问题一：家校共育专业资源碎片化，区教育局、妇联、文明办、关心下一代协会等各自掌握部分家庭教育资源，但未能发挥资源的集聚效应，给教师的专业素养提升造成了一些不便。

问题二：当下的青少年自我适应、调节等抗压抗挫能力较弱，学业压力大、手机网络发达带来的负面影响以及家庭亲子关系比较紧张等多种因素导致心理健康问题比较突出，一些极端情况时有发生。家长们缺乏专业能力，亟需教师进行更多基于心理健康方面的指导与关怀。

问题三：队伍培训在一定程度上提升了教师的家教指导能力，但在深入开展的过程中遇到了瓶颈。首先，队伍培训开展周期长，连续性较弱。往往上一场培训和下一场培训之间间隔了好几周。部分一线教师反映：培训时很有激情，结束后两三天内会复盘培训内容，进行反思总结。但一周过后，时间和精力就被其他事务牵制。等到了下次培训，之前的内容忘记了一大半。另一方面，培训内容偏普适，缺乏个性与务实性。为满足大多数教师的培训需求，家教指导培训课程往往选取专家或名家课程。大部分专家的课程内容采取理论与实践相结合的方式，但讲解内容不够务实，仍停留在方针、原则、建议等层面，没有给出实操性强、贴合一线实际需求的实施策略。

基于以上主要问题分析，课题组找出了主要矛盾和需求点。即教师的专业成长需要专业引领，更需要基于个体特点的浸入式培育、要有反馈与交流的开放平台；家庭教育指导的受体为众多家长，搭建平台，满足家长的实际需求，形成"服务师生、服务家长、服务社会"的家校共育服务机制。从实体空间到虚拟空间两个维度，搭建和完善家庭教育指导服务体系，在服务中培养和提升教师家教指导能力。

一、构建家庭教育指导服务体系

家庭教育具有私密性和公共性的双重特征，家长对于接受家庭教育指导和服务的政策需求、资源需求更加迫切，建立有效的家庭教育指导服务体系十分重要。奉贤区在实践中形成了家校社合力育人"双循环"的服务结构模式，让教师在这种"双循环"教育格局中培养和提升能力。内外结合的"双循环"结构，多元主体协同，实现从外部推动转向走内生发展的道路，从自上而下的行政主导变为上下互动协同的驱动创新的新局面。其中，"内循环"是指以区县教育行政部门为主导、学校为主体，教育专业部门、学校、家长和社会人士合力推进的发展循环；"外循环"，是指以党委政府主导的教育部门、相关职能部门、社区和国际元素于一体的推动家校社合力育人的社会大环境（见图示9-3）。着力构建以治理体系、网络体系、供给体系和人才体系为主体的区域家庭教育指导服务基本框架。

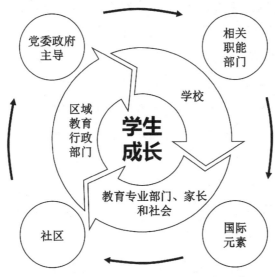

图9-3　基于学生成长的"双循环"结构示意图

　　在具体实施中，首要的是重视和完善各级各类家长学校、家委会建设，从章程修订、人员充实、场地提供、内容设计和服务推进等多途径支持和引导学校为主体进行，鼓励学校创新，充分调动家长的参与感和获得感，探索了"家委会驻校办公值周制"等多个新思路。第二，加强和完善奉贤区家庭教育研究与指导服务中心、学校学生心理健康咨询室和家庭教育指导服务室建设，依托区教育局、区文明办、区妇联的组织和资源优势，以奉贤区教育学院教育发展研究中心为主体，完善"两个中心"建设。"十三五"期间，学校配备专职心理健康教师全覆盖，开展教师心理健康教育专业培训，融专业培训于教育实践中，研训融合，实战提升。实行分工不分家、心理健康教育和家庭教育服务热线"二线合一"的运行模式，在实践中产生了良好的效果。

二、打造家庭教育指导在线平台

进入"互联网+"时代，对于家庭教育指导而言，最显性的变化莫过于当下的家长基本上都是数字原住民，对家校沟通合作的方式方法带来了新的挑战，要求广大教师习惯于并善于运用网络和数字平台与家长对话。自 2018 年 12 月，奉贤区受上海市教委推荐，被国家教育行政学院列为全国家校共育数字化试验区以来，目前有 21 所学校(幼儿园)成为项目试验校(园)，从组织、实施、评价开展实践探索。为了更好地发挥试验区的研究实效和引领作用，提升广大教师"互联网+"背景下家庭教育指导能力，2019 年 3 月 19—21 日奉贤区邀请了国家教育行政学院培训部主任兼家庭教育研究中心主任许玉乾、项目办负责人刘强等专家来奉实地指导。利用数字化"全国家校共育"项目网络平台，每周定期组织家长参与到"中国家庭报家长学校专家直播课程"学习，让家长在家也能接受到来自全国各地的优秀专家课程资源。

引进"家长慕课"专业学习平台，引导家长在学习中提升指导力。家长慕课平台的微视频课程以《全国家庭教育指导大纲》和《上海市 0—18 岁家庭教育指导内容大纲(试行)》为蓝本进行开发。每个微视频课程为 3—5 分钟，通过动画演绎、PPT 课件、讲师讲解等多种形式呈现，增加课程的趣味性。平台的年级课程覆盖幼儿小班到高三共 15 个年级，每个年级的课程又分为习惯培育、智力培育、亲子沟通、健康教育等多个专题，家长可通过有计划地学习平台课程，逐步提升自身的家教素养。平台同时研制出超过 3 万分钟的专题课程，包含考前辅导、青春期教育、财商教育、假期学习、情商课堂等多个维度；平台还根据家长的反馈意见和家教需求，推出名师直播课程，全方位、多维度满足家长的个性化需求。对于教师而言，家长慕课网页端开发有管理后台，教师可登陆管理员账号，实现"大数据分析+多层级管理"。通过对数据的准确分析，可查看本班家长的课程完成率、家庭参与情况、学习时段、学习成绩等情况，教师即可对家长的学习效果进行评估，给出针对性的指导建议；教师还可结合家长的学习规律，反思自身的沟通行为，改进沟通策略，成了名副其实的学习平台、互动平台和指导服务平台。

奉贤区明德外国语小学，创建于 2014 年，是随着奉贤新城开发应运而生的一所新学校。创办之初，校长胡爱花通过对入学生源和学生家庭情况的深入了解，就清醒地意识到，这所位于传统意义上的城郊结合部的新学校，市区和本区中心城区因拆迁而来的移民、外来务工人员随迁子女较多，家长普遍存在家庭教育能力不足，生存压力大而对家庭教育重视不够等问题；同时，学校除了班子几位成员外，几乎是清一色的新教师，要带领这支年轻且缺乏教育教学经验、家长也基本上是对所在的环境不了解的老师和学生家长两个陌生队伍进行成长，难度可想而知。经过深入调研，胡爱花与团队成员确定了教师教学能力与家庭教育指导能力"双轮驱动"培养策略，对家长和家庭成员进行菜单式服务策略，找准了信息化背景下的家校沟通与合作课题项目，进行"嵌入式"同步发展策略。率先引入智慧家长慕课系统，因校制宜形成了良好的使用机制，使家校互动和家长的需求得到了最大化的满足，促进了青年教师们主动学习掌握家庭教育指导能力的专业自觉。

几年下来，这所年轻的学校不仅以其"大拇指教育"特色声名鹊起，而且以和谐的家校关系，用出色的教师家教指导能力在内的教育教学成果，回答了"思想有多远、行动就有多远"的教育哲学命题。

三、整合家庭教育指导服务平台

实践反映，青少年学生心理健康问题是家庭教育指导中遇到的最大化的问题之一。基于此，奉贤区开通未成年人心理健康辅导中心热线和家庭教育心理咨询热线（4009208761），两线融合，24 小时为家长提供全天候服务。自热线开通以来，至今累计服务区域中小学生、家长 3 000 余人。2020 年新冠疫情发生后，24 小时服务热线首创"预约委派制"，根据个案的类型委派合适的咨询师，负责个案跟进直至结案，通过分析电诉内容，主动调整工作策略，提高服务效能。2020 年，就学业问题、行为问题、情绪问题、青春期同伴交往问题、师生关系问题、手机和网络依赖问题等十多种心理健康问题接受个案咨询达 300 多人次。

创建"贤城父母"微网站，为家长"微时代"学习需求提供专业内容。"贤城父母"是一个致力于家庭教育服务的微信公众号，分为"话题讨论""家长课堂""家校互动"三个栏目。"话题讨论"栏目（分为专家论坛、幼教专场、热门话题三个主题）定期筛选并汇总点读率高、受欢迎的推文，以满足不同家长的需求，其部分精华内容选编进奉贤区家庭教育教材；"家长课堂"栏目（分为家长心声、教师心语、学生心愿三个主题）分享家长在学习指导、习惯培养、亲子艺术、文化修养、为人处世等方面的课程内容；"家校互动"（分为活动报名、给我留言、活动咨询三个主题）发布专家团、志愿者及优秀家长的指导、服务、咨询活动，让每一户家庭都能获取优质前沿的教育资讯。

在"贤城父母"平台，有些教师探索幼小衔接中家长担任的重要角色，指导家长调节幼儿心理、调整其生活规律，培养幼儿的自理能力和自我保护意识；有些教师充分发挥家长会、家长教育论坛、家庭教育沙龙等活动，启发教师运用好此类平台，用优质的内容吸引家长，传达科学的家教理念和方法。2020 年疫情期间，组织区家教中心和心理健康教育中心的专职教师和来自一线的骨干教师，围绕疫情期间的家庭教育问题和需求，编制指导方案，提供解决方案和路径，研制疫情间家长须知和教师线上家校沟通"十个必知"等应知应会和管用的解决方案，及时为家长和教师提供专业支撑，既解决了家长和教师的需求，更培养提升了教师的专业获得感。

在 0—3 岁婴幼儿早期教养中，家庭对婴幼儿的发展有着直接、深厚而且久远的影响。为满足家长们对早期教育指导的需求，奉贤区成立早教指导中心，开启"03 早教"①指导活动，在上海最早开通了"早教指导服务流动车"，每年至少组织六次早教指导活动，研制《奉贤区 0—3 岁早教指导服务手册》，家有 1—3 周岁的家庭人手一本，为孩子的健康成长保驾护航，也为家长开启持久、科学的家庭教育打下了坚实的基础。成为活跃在奉贤社区的一道流动家教指导服务风景线，早教中心的教师们也成了老百姓"家门口"的贴心指导师。

---

① "03 早教"专指对 0~3 岁婴幼儿进行的早期教养。

第十章　未来之问：奉贤何去

伟大的科学家达尔文说过，"幸存的生物不是最强大的，也不是最聪明的，而是适应能力最强的！"物竞天择，适者生存。这个规律同样适合于我们今天的教育事业。每一次时代变革，都会在教育大海中激荡起澎湃的浪花。

党的十九届四中全会提出要"建立覆盖城乡的家庭教育指导服务体系"，家庭教育指导服务纳入了国家治理体系和治理能力现代化建设大格局中，国家从政策制度层面提供了最鲜活的制度供给。十九届五中全会再次强调指出，要贯彻新发展理念，推进教育事业高质量发展，必须"构建家校社协作的教育服务体系"。2021年3月召开的十三届全国人大和全国政协四次会议上，对于新时代家校社协作育人有着许多新思想，深刻反映着人民群众对高质量教育的新期待。

如何有效推进教师家教指导力建设？是时代给每位教育人发出的"未来之问"，需要在理论和实践的艰苦探索中回答。

笔者以为，首先是要认识教育创新与变革的时代趋势。唯变不变，是新时代的主题。在这样一个大背景下，正如2020中国未来教育高峰论坛发布的研究报告《面向智能时代：教育、技术与社会发展》中所提出的，智能时代教育创新与变革呈现"十大趋势"，构建中国教育新生态必须要实行"技术创新、范式创新、供给创新和治理创新"等四大实现路径。特别强调指出，新治理鼓励多元协同。经济学者何帆在《变量3——本土时代》中写道："现在，你会看到，遇到了新问题，谁都没有标准答案。你只能自己寻找解决方法。从今往后，你的最大动力不是要从外边借，而是要从自我的深处找。你要发动自己的原生力。"[1]这段话的本意是讲对于当下的时代尤其是经济社会发展提出的思想对策。笔者看来，

---

① 何帆. 变量3—本土时代[M]. 郑州：大象出版社，2020：12.

用到教育发展包括教师家教指导力建设这样的新事物或者老事物在新环境下的新行动方向，十分贴切。

这些新理念再次彰显，即使是在进入"互联网+"和人工智能时代，看似传统的家校社协作育人需要用新技术、新制度赋予新治理。从教育供给端的高质量服务目标出发，推进家教指导能力建设在内的教师素养提升是一个持久而永恒的话题，奉贤区也不例外。

第一节　问　题　与　挑　战

笔者和团队在这些年来推动教师家教指导能力建设实践和研究过程中，欣喜地看到从党中央、国务院到各级地方党委政府、教育行政部门和学校层面，对于教师家教指导能力建设为主体的家校合作育人能力这一"古老而新鲜"的命题日益重视的同时，深感还存在不少亟待解决的问题，主要集中在几个方面：

一是思想观念层面，对于教师家教指导能力建设上升到教师专业的理解和认识还存在较大的落差，有一段漫长的统一思想提高认识的过程。"有力无心""有心无力""无心无力"，远比"有心有力"要多。教师家校合作育人能力是一种软实力，是散落在教师教育教学的日常琐碎的实践中，是一个需要日积月累的过程，是一项"植树造林"工作，无法有"立竿见影"的显性功效，更多的是一种"为其他能力建设作嫁衣"的配角，是改善教育生态环境的基础工作，缺乏功利性的吸引力，这种无形的实力更需要政策制度和行政推动，需要各级领导尤其是学校校长书记队伍的重视和支持，"散养""自发"是无法实现这种能力建设的。从调研、实践推进和研究中都或多或少的遇到这样的问题，解决认识和提升理念还有一段漫长的路要走，需要有非常之举，要集中力量推进这项工作深入人心，成为全社会的共识。

二是政策设计层面，需要有效的制度供给，而现行的制度明显不能适应发展的需要。习近平总书记"三个注重"建设和关于教师队伍建设的一系列重要讲话精神，为推进教师家校合作育人能力建设指明了新方向和基本遵循，教育部、全国妇联等部门出台的《指导纲要》和相关文件，为教师家教指导能力建设提供了政策依据和路径。2019 年中共中央文件首次将教师家教指导能力纳入教师专业能力写进党中央的文件，这些都是标志性的信号，起到了"风向标"作用。但实事求是讲，这些还只是宏观指导性概念，当下还欠缺相应的配套制度和操作性机制，缺乏系统的支撑，认识上的不一致和制度上的不统一，使得执行难度大，难以落地。制度带有根本性、全局性、稳定性，推进教育高质量发展，最重要的是靠制度，落实到教师家校合作育人能力建设，亟需系统的顶层设计和政策制度一揽子文本出台。比如，家庭教育指导常态工作和培训经费就没有纳入地方财政预算，基本上是看地方和领导"爱好""心情"，随意性和可变性大，不具有刚性约束，难以形成"一任接着一任干""一张蓝图画到底"的常态长效机制。要尽快出台《家庭教育法》，修订《教师法》和相关配套规章制度，将教师家校合作育人上升到国家法律法规层面。探索家庭教育指导服务经费保障制度，有效提供家庭教育财政资源供给。对家庭、学校、社会的职责义务更加清晰地界定，形成具体化的操作指导路径。

三是制度落实层面，作为一种教师的专业能力，无论是从教师入口的专业素养基础，还是职后培训，还是职中的专业评价，都缺乏有效系统的制度和机制保障。从师范大学的专业课程、基础课程开设，包括课程的内容设计，都基本上停留在传统的心理学、教育学或者社会学范畴，没有独立的课程体系。师范生的课程设置、新教师入职、职中考核和各阶段教师的专业培训，对于这项工作还没有刚性的考核指标和有效的考核方法，基本上是纳入班主任和德育干部的常规工作考核中，湮没在整体中，难以体现独特的专业要求。对于一般任课教师就基本上没有这方面的考核要求，教育教学和教师建设的评价，对于推进这项工作具有十分重要而现实的导向作用。而这一块连同整个育人建设都还是比较"虚"，难以落地。当下要借助中共中央国务院《深化新时代教育评价改革总体方案》的契机，将教育评价这个看似非常专业的问题放到家校合作育人大系统中加以体现和解决。从家长和社会的视角看，教师家教指导能力建设看似主要落到教师身上，但实质是一个系统工程。这是一项社会性和实践性强的工作，不同于传统的教学能力建设，可以靠教师独立和学校的组织完成，它更看重的是实操，也只有在实践中才能练就。需要家长支持配合，社会支持保障。而这一块缺乏刚性制度和有效的支撑。育人工作是一项灵魂的工作，更需要各方协作，形成良好的社会氛围，需要政府引导、全社会关注。2020年成立的上海家长学校牵头形成了《上海家庭教育指导师制度》，就是一个很好地探索。

四是实践推进层面，由于基层学校和一线教师工作繁忙和各项任务千头万绪，加之当下家校关系尽管整体上处于良性状态，但事实上存在各种"易爆点"。比如，近年来居高不下的"家庭作业"舆情，加之对学校、对教师各种"减负"要求也比较高，以致于推进这项工作时有顾虑。"吃力不讨好""别无事生非"的理念仍大有市场，人与人之间的信任危机和各种情绪放大化的环境，不利于教师主动参与和开展家校合作育人。一些老师甚至产生了"不如在课堂里安心专心教好课，既单纯又有成就感；至于社会责任，那是遥不可及""讲讲可以，做到很难"……凡此种种，无不成为教师家校合作育人的"拦路虎""绊脚石"。在认识不足的情况下，若让一位未受过家教指导力专业培训的教师直接面对不同文化背景、不同价值取向的家长，势必会引发不同程度的沟通摩擦，引起家校对立。正是基于这样的考虑，一些学校认为，推进家教指导力建设是一件"吃力不讨好"的事，行动消极。加之教师家教指导力建设是一件新兴事物，仍处于初探阶段，没有形成完备的理论和实践体系，更没有完善的保障激励机制。在这种情况下，想让专业建设压力本就不小的教师投身其中是比较难的，很多教师将其看作"负担"，而不是一项必备素养和一条育人途径。比如，在奉贤区开展家教指导力网课建设的过程中，笔者和制作小组的同事得以和众多一线教师直接接触。录制网课需占用教师的工作时间或周末休息时间，也需要教师协调家长和学生参加情景案例的录制。一些教师非常积极，另一些则表示找家长帮忙比较"麻烦"。有些年轻老师来参加录制，只知道是"上级和学校安排的任务"，并不了解为什么要录制网课，录制出来下一步要做什么。即使是一些教龄较大的老师，也私下表示：最近学校教学任务繁重，还要抽空写网课教案、反复修改，制作PPT课件，感到心累。必须要从政策制度设计、操作路径安排、社会文化氛围等一揽子的配套，形成一种鼓励、引导、保障和督促的综合施策与系统集成，而不是一时、一地、一校、一人的权宜之计，更不是唐吉诃德式的孤独的悲情英雄。

五是理论研究层面，一个时代不能没有理论的引领，一项重大的全局性决策必须有一个系统而科学的思想理论支撑。客观地讲，教师教育研究、家庭教育研究和社会研究领域，对于家庭教育本身的研究比较热，但由于多种原因，对于

"教师指导家校合作育人能力建设"还是处于一个起步阶段，关注度和研究力都还不够。各个层次的家庭教育研究院和德育研究机构，基本上对于"如何开展家庭教育的具体化策略"和"如何提升家长的家庭教育胜任力"这一方面聚焦得多，而聚焦教师这一主体的少，基本上处于一种后发状态，亟需跟进。高校学科建设还比较薄弱，基本上处于一种摸索阶段，缺乏有力的研究支持。纵观国际上发达国家和地区的家校合作实践，都是以专业研究力量支撑和引领政策的持续改善，指导社会和学校实践。以美国为例，著名的《科尔曼报告》对《初等和中等教育法案》的制定产生了巨大的影响，报告中倡导的"家长参与"至今仍是政策重点。后来，哈佛大学家庭研究项目（2017年起升级为"全球家庭研究项目"）通过专业研究，将《初等和中等教育法案》中的"家长参与"更改为"家长和家庭参与"。而在英国，《泰勒报告》中提出的关于家长参与学校教育的建议，在英国的《1980年教育法案》中被采纳，并在现行的《2011年教育法案》中得到强化。

相比于西方发达国家，当前我国针对家庭教育及家校合作中的专业力量有待加强，针对家教指导力建设的研究正处于探索阶段，理论相对薄弱，研究力量分散。如何进一步提升专业研究和指导服务，为教师家教指导力建设提升和深化提供保障，是教育研究工作者必须面对的紧迫课题。

此外，还需关注教师家教指导力建设过程中的阻力问题。首先，来自育人系统的阻力。教师家庭教育指导能力是较新的教育概念，在整个育人系统内部，是否能够被理解、被接受、被转化、被吸收，给教师家庭教育指导能力建设带来不可预知的教育困阻。其次，来自学校及教师的阻力。一线学校教师和家长事实上存在的功利主义的改革观，对于这种表面上看，与"应试""分数"有距离的教师能力范畴保持一定的谨慎态度。一些教师也认为，家教指导力增加除了专业教学任务之外的额外负担。再次，来自家长的阻力。一些家长因对其认识不足或对自身专业能力不自信等因素不接受教师的家庭教育指导。最后，来自学生的阻力。当教师站在教育者的"上位"指导家长如何开展家庭教育的时候，学生会因家校交流过于聚焦学生"成绩"而产生心理抗拒和抵触心理，甚至拒绝教师介入家庭教育工作。

教师家教指导力建设研究是一项专业工作，需要整合教育学、心理学、社会学、管理学等多学科力量，需要考量不同区域、不同家庭的多元化特色，在大量的实践基础上构建理论体系和策略框架；家教指导力建设研究也是一件需要教育政策、科学研究及学校实践多维推动下的产物。专业部门的教育学院和研究机构要重视家教指导力建设的内容研究，重视发达地区与欠发达地区、城市与农村、不同学区、不同家庭之间的共性和差异，重视来自一线的实际需求，使研究内容更加贴近时代，更加直面矛盾；学校德育机构应意识到教师家教指导力建设的重要性，将其融入学校教学管理常规，挖掘学校特色，面向真实需求，利用好家长资源，探索适合本校的家教指导力专业范式；教师作为家庭教育指导的专业主体，直接接触众多来自不同阶层、不同性格的家长，直接面对众多来自不同家庭的学生，更需要将所在班级作为"研究基地"，以研究者思维在这方教育热土上深耕细作，找到适合自己的实践指导策略。

第二节　蓝图与行动

进入"十四五"，伴随新时代新发展步伐，置身迈向建设"五个中心"上海大格局的奉贤迎来了新的战略机遇期，奉贤新城列为上海重点建设的"五大新城"之一。在"独立、无边界、遇见未见"和新发展理念指导下，正在向"新片区西部门户，南上海城市中心，长三角活力新城"战略目标迈进。基于"教育现代化""高质量发展"和"办人民群众满意的教育"主题，确立了"制度更完善，政策更精准，思想更解放，操作更系统，服务更有效，研究更专业"的总体方向和行动纲领，进一步整合社会资源，精心谋划家校合作育人工作，建立联动机制，构建学校、家庭与社会"三位一体"教育体系。

一、出台"行动计划"引领

《上海教育现代化 2035》提出：上海在国家教育现代化和上海高质量发展的全局中，要承担起教育改革示范区、教育开放引领区、区域教育发展先行区、教育支撑创新发展新高地的重大使命。奉贤教育作为上海教育的有机组成部分，要主动融入上海教育现代化、高质量发展进程，为上海建成与时代发展相适应、同具有世界影响力的社会主义现代化国际大都市相匹配的一流教育作出应有的贡献。

《奉贤区教育事业发展"十四五"规划（2021—2025）》从"加强家长学校规范化、标准化建设""着眼家长多元需求和教师专业提升，建设幼、小、初、高一体化的家庭教育指导课程体系""提升区家庭教育指导团的整体水平，更好发挥指导作用""完善区校两级家委会和学校社区教育委员会机制"等多个方面为家庭教育建设指明了方向。

在认清教育发展形势的前提下，如何进一步完善和提升服务的载体、内容，寻找更有效的解决问题的途径和方法，为教师家教指导力建设提供支撑。立足现有基础，奉贤区出台了《奉贤区推进家校社合力育人行动计划》（以下简称"行动计划"，全文见附件），以此为引领，推动教师在家校合作育人的实践中提升能力。

"行动计划"以习近平新时代中国特色社会主义思想、十九届五中全会和全国中小学德育工作会议精神为指导，全面贯彻党的教育方针，落实立德树人的根本任务，按照《中小学德育工作指南》《全国家庭教育指导大纲（修订）》《上海教育现代化2035》等文件要求，践行新成长教育理念，加强学校教育与家庭教育、社会教育的沟通融合，弘扬贤美文化，动员社会各方力量为全区青少年学生创造良好的成长环境，促进青少年学生全面健康发展。

"行动计划"的目标是：遵循教育规律，在新成长教育理念引领下，整合社会资源，建立联动机制，构建学校、家庭与社会"三位一体"教育体系，创新合力育人机制，提升合力育人质效，为破解教育中的焦点、难点问题提供有效的行动策略，形成全员育人、全程育人、全方位育人的德育工作新格局，促进全区青少年学生健康成长，促进区域教育高品质发展，进一步办好人民满意的教育。

"行动计划"出台了九大推进项目和推进机制。主要是：区校两级家委会建设、学校社区教育委员会建设、"贤文化、新成长"百个青少年校外教育基地建设、家庭教育指导"三校"（示范校、优秀校、合格校）评估及新成长家长学校标准化建设、区家庭教育指导团和百门家庭教育指导精品课建设、社区家庭教育指导促进项目、区校两级"家长沙龙"和"学生成长营"项目、德育干部和班主任家庭教育指导和心理辅导能力提升、家长满意度调研提升项目等。

"行动计划"将教师家教指导能力作为重中之重，强调，要优化区家庭教育指导团队伍，持续吸引专家、一线教师、优秀家长等开展家庭教育指导活动。按照基础指导全覆盖，专项指导针对性，围绕幼儿园小班、小学一年级、初中六年级、高中一年级等重要入学节点，幼儿园大班、小学三年级、小学五年级、初中八年级、初中九年级和高三年级等重要教育节点，聚焦青春期教育、学生逆反、游戏网瘾等突出专项问题，按学段研制百门家庭教育指导精品课程。开列家庭教育指导宣讲菜单，供基层学校、社区、家长和一线教师选择，实现对基层学校家庭教育基础指导的全序列、全覆盖，提高专项指导的针对性、有效性。定期对宣讲的内容和成效进行考核评价，及时将相关意见进行反馈。提供各级各类培训平台，每年开展不低于 10 课时的家庭教育和心理健康教育专题培训。进一步深入组织学习《家庭教育指导教师教程》，参与网络课程开发。开展家教指导慕课区级教学评比，打造一批精品课程。开展区校两级"家庭教育宣传月"和"心理健康教育活动月"活动，每学期至少开设 1 节以生命教育为主的心理健康教育课或主题班队会和 1 次有针对性的心理健康教育和生命教育专题活动。加强对特殊家庭和特殊学生的跟踪调研和个案研究，形成研究报告和教育案例。

人民群众的满意是最高的评价。"行动计划"指出，要把家长满意度调研结果作为家庭教育指导"三校"评估的重要指标之一，树立教育评估"风向标"，以评促建，提升学校家庭教育指导工作实效。

二、建构"三全育人+"格局

有了"行动计划"，关键是抓落实。对于奉贤而言，既清醒看到家校合作育人和教师专业能力提升的艰巨性，又深感要承担全国家庭教育创新实践基地的创新探路作用，任重而道远，努力将这种压力化为责任行动。一个重要的举措就是完善家委会组织，建设好家长学校，最大限度地调动家长和社会参与教育的积极性，这也是提高教师家教指导力建设的重要保障。2021 年 2 月，在奉贤区委区政府的支持下，奉贤区教育局、区文明办、区妇联共同举办的了奉贤区家校社合力育人工作推进大会。发布了"行动计划"，完善了家校社合力育人组织，选举产生了新一届奉贤区家长委员会，分学段组建了学前教育、小学、初中和高中（含职业中学）家庭教育专业委员会，公布了新修订的《奉贤区家长委员会章程》（简称《章程》）。

《章程》明确指出，奉贤区学校家委会由区委区府领导，奉贤区教育局、区文明办、区妇联指导，分为区、学段、学校三个层级。区级家委员会设主任1名，副主任若干名，秘书长1名，副秘书长若干名，其中秘书长、副秘书长由奉贤区教育学院教育发展研究中心、奉贤区家庭教育研究与指导服务中心的德研员担任，承担区家委会日常协调和专业建设工作。学前、小学、初中和高中（含中职）四个学段，分设家庭教育专业委员会，各专业委员会设主任1名，秘书长1名，组员若干名，其中秘书长由奉贤区教育发展研究中心、家庭教育研究与指导服务中心和奉贤区未成年人心理健康指导中心的专职教研员担任，承担专委会日常协调和专业建设工作。学校层面分设学校、年级、班级三级家委会。具体结构如图所示：

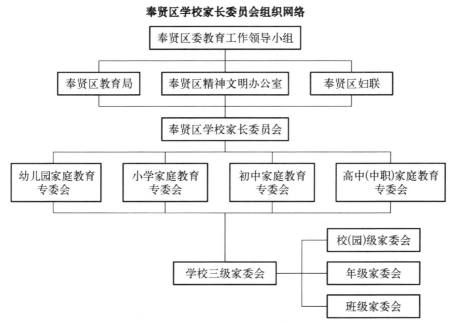

图 10-1 奉贤区学校家长委员会结构图

修订后的奉贤区家长委员会章程（全文见附件）共七章，由"总则、性质、宗旨、组织、职能、权利、义务、附则"组成。

《章程》明确了奉贤区学校家长委员会工作的指导思想、目的、意义、性质和宗旨。强调在习近平总书记"三个注重"建设重要思想和中共中央国务院相关文件精神的指导下，结合上海和奉贤的实际情况，在奉贤区委教育工作领导小组领导下的群众性自治组织，通过学习、宣传、贯彻党和国家有关教育的法律法规、方针政策，为家长参与学校管理、教育教学改革等重要事项提供组织和制度保障，共同协作，不断完善现代学校制度，推进家校社合力育人，促进学生健康成长。

《章程》规范了奉贤区学校家委会的组织与职能。对家委会成员、主任、秘书长以及各级专委会应有的资格条件、任期年限，联席会议办公室所在场地和运行方式等作了规定。明确了"参与学校管理""参与教育工作""沟通学校与家庭""引导家长自我教育""支持教师正确履职"等五大职能。

《章程》凸显了奉贤区学校家委会成员的权利与义务。根据家委会参与现代学校管理制度应发挥的作用，从参谋咨询、桥梁纽带、示范引领、监督管理等方面，规定了区家委会成员在保障教师、家长和学生权益等方面的权利和义务。

有了家长和社会的积极参与，为教师家教指导能力建设提供了更广阔的空间。推进家长家庭教育胜任力和教师家教指导力是一对"孪生兄弟"，列入了奉贤区家校共育工作的重要内容。2021年3月，新学期伊始，奉贤区家校社合力育人推进大会召开的第二天，一则"征集令"（全文见附件）引起了社会关注。奉贤区面向全社会征集家庭教育精品课程，围绕家长胜任力和教师指导力的提升，向广大家长、教师和社会各界，征集基础类、专题类和特色类课程，进一步畅通渠道，引导家校社合力关注家庭教育能力提升，产生了良好反响。

引导家长参与固然重要，但家校合作育人能力尤其是教师家教指导能力，从根本上还是要求教师在教育教学实践中磨炼和提升。2021年3月，上海市教委出台了《关于推进中小学全员导师制的试点工作方案》（简称《全员导师制方案》），选择了多个区进行试点，奉贤区也是先行先试区之一。全员导师制是中小学校教师按照一定机制与每一位学生匹配，通过与学生建立良师益友的师生关系、与家长建立协同合作的家校关系，对学生进行全面发展指导和开展有效家校沟通，促进每一个学生健康快乐成长的基础教育现代学校治理制度。

全员导师制的设立为教师提高家教指导能力提供了新的通道和机制。总体目标就是要通过建立"学生人人有导师，教师人人当导师，家长人人联导师"，重构更加和谐的师生关系、家校关系、亲子关系，打造家校社合力育人的保障机制。作为试点区的奉贤区，结合已有的家校合作机制，形成了具有区域特点的奉贤工作方案（见附件）。2021 年 3 月 11 日，在奉贤区教育学院开展了试点学校校长、德育干部和德研员培训大会，系统学习方案，研讨推进举措，目前这项工作已经有条不紊地开展，呈现了"三全育人+"的教师家教指导力提升新格局。

三、树立"第一行动"标杆

千计划万行动，这组织那制度，归根到底是靠"人"来实现。家校社合作育人，一线教师起着"关键中的关键"作用，这也是笔者和团队成员关注和推进教师家教指导能力建设的初心所在。2021 年新年伊始，奉贤区人民政府副区长袁园专程到奉贤区教育学院进行提升区域教育教学质量和教育现代化专题调研。调研过程中，她指出，家校社合力育人是实现高质量教育和教育现代化的重要途径，经过全区上下齐努力和德育团队的艰苦探索，奉贤区家校社合力育人工作已经成为上海的教育品牌，如何在新的起点上更加体现实效，力争在"十四五"成为全国知名品牌，应该成为奉贤教育人的目标。特别指出，不仅是提出这样一个目标，关键是要通过培养和提升广大教师的家庭教育指导能力，让生活在奉贤新城的 8 万多（"十四五"会更多）的家庭遇到家庭教育的问题和困难后，可以"第一时间"找到指导的"门路"。

这样一个"第一"的要求，在笔者和团队成员深刻理解为，奉贤区家庭教育工作，要努力做到，当众多家庭和广大家长也包括青年教师本人，在遇到家校合作育人过程中出现的困难和问题时，在奉贤，能够第一时间找到机构，第一时间找到指导者，第一时间找到解决方案，第一时间获得有效帮助，这应当成为奉贤区家庭教育指导服务工作的目标方向，也是推进教师家教指导力建设的标杆高地。如果做到这样，实现以教师家教指导力建设为主导的家校社合力育人工作成为名副其实的"第一方阵"也有可能。

目标驱动行动。2021 年 4 月 11 日，由奉贤区教育局与上海市教委 7 家直属单位共同"推动奉贤新城教育高品质发展"为主题的合作签约仪式隆重举行。其中一项重要内容就是与上海市师资培训中心、上海市学生德育发展中心共同推进教师家庭教育指导能力建设为特色的"育人能力提升"项目，市区联动，为教师家教指导能力建设提供了有效资源供给。

征途漫漫，唯有奋斗。"十四五"时期，是我国开启全面建设社会主义现代化国家新征程、向第二个百年奋斗目标进军的新起点。十九届五中全会审议通过的《建议》对"十四五"时期和面向 2035"建设高质量教育体系"提出多方位要求，对于"构建家校社协作的教育服务体系"也提出了新要求。如何进一步发挥教育在新发展格局中的战略作用，是教育的时代命题。提高和推动教师家校社合力育人的能力建设，是体现人民为中心、实现高质量发展的重要保障，也是各级党委政府、教育领域和全社会必须协作攻关的重要任务。为此，不管是教育研究者，还是一线教师，除了不断提升自身的专业能力和创新能力，还必须具备服务意识、奉献意识，要有教育责任和教育情怀，同时具备"板凳要坐十年冷"的精神，"为人作嫁衣、甘为人梯"的气度。唯有如此，以能力提升实现合作育人的目标就一定会实现，这也是笔者和团队成员研究本课题的初心所在！

附件

附件1：奉贤区创新推进家校社合力育人行动计划

以习近平新时代中国特色社会主义思想、十九届五中全会和全国中小学德育工作会议精神为指导，全面贯彻党的教育方针，落实立德树人根本任务，按照《中小学德育工作指南》《全国家庭指导大纲(修订)》《上海教育现代化2035》等文件要求，践行新成长教育理念，加强学校教育与家庭教育、社会教育的沟通融合，弘扬贤美文化，动员社会各方力量为全区青少年学生创造良好的成长环境，促进青少年学生全面健康发展。

一、工作目标

遵循教育规律，在新成长教育理念引领下，整合社会资源，建立联动机制，构建学校、家庭与社会"三位一体"教育体系，创新合力育人机制，提升合力育人质效，为破解教育中的焦点、难点问题提供有效的行动策略，形成全员育人、全程育人、全方位育人的德育工作新格局，促进全区青少年学生健康成长，促进区域教育高品质发展，进一步办好人民满意的教育。

二、推进机制

(一) 区校两级家委会建设项目

制定《奉贤区关于区校两级家委会建设项目的实施方案》。成立"班级-年级-校级"三级家委会，九年一贯制学校可设初中部、小学部两个家委会并形成协同。家长定期参与学校管理，参加校园文化活动、交流展示、家长志愿服务等，形成常态化工作机制。把家委会工作纳入学校综合办学水平督导评估和家长学校达标验收体系，保障家委会可持续发展。成立区级家委会，主要成员由学校家委会主任组成，并分设幼儿园、小学、初中、高中专委会。建立区级家委会参与区域教育治理的机制，每年评选表彰区校两级好家长。

(二) 学校社区教育委员会建设项目

学校立足教育教学工作需求，成立学校社区教育委员会。社区教育委员会是由政府、村(居委)、企事业单位或个人等关心、支持教育工作的各界代表组成的群众性教育组织机构，也是协助学校社区教育活动和社会实践活动的监督机构。

制定学校社区委员会规章制度，建立社会参与学校管理机制，实现家校社教育一体化。委员会定期召开会议，听取学校有关工作汇报，对学校工作提出意见和建议，促进学校教育改革。定期向学校提供教育动态信息与各类资源，商讨委员会工作。定期总结委员会工作，表彰对推动学校教育教学工作卓有成效的成员单位。

（三）"贤文化、新成长"百个青少年校外教育基地建设项目

制定《"贤文化、新成长"校外教育基地建设项目实施方案》。组建导师团队，建立"学校+基地"的共建共享模式，共同开发体验课程。编印指导手册，为学生提供社会实践指南。加强市区两级学生社区实践指导站建设，有计划地推进校外教育基地建设，计划三年内完成100个基地建设。建立符合教育规律，切合奉贤实际，体现奉贤特色的校外研学实践教育的有效落实机制。建立校外教育基地评价机制，定期评选精品特色课程和星级基地，对优秀基地和个人进行表彰，以评促建。

（四）家庭教育指导"三校"评估及新成长家长学校标准化建设项目

制定家庭教育指导"合格校、优秀校和示范校"三校评估实施方案和指标，明确评估刚性要求，将家长学校建设作为家庭教育指导三校评估重要内容。研制家长学校建设标准，明确工作宗旨，优化课程内容，完善组织管理，提供支持保障。搭建区域家长学校网络平台，研制区级家庭教育指导手册和家长读本，开发校本家长学校课程。评选表彰优秀家长学校课程实施方案，宣传推广典型经验做法。每三年组织一次学校家庭教育指导工作和家长学校建设区级评估，评估结果纳入学校办学工作考核和督导体系。

（五）区家庭教育指导团和百门家庭教育指导精品课建设项目

优化区家庭教育指导团队伍，持续吸引专家、一线教师、优秀家长等开展家庭教育指导活动。按照基础指导全覆盖，专项指导针对性，围绕幼儿园小班、小学一年级、初中六年级、高中一年级等重要入学节点，幼儿园大班、小学三年级、小学五年级、初中八年级、初中九年级和高三年级等重要教育节点聚焦青春期教育、学生逆反、游戏网瘾等突出专项问题，按学段研制百门家庭教育指导精品课程。开列家庭教育指导宣讲菜单，供基层学校和社区选择，实现对基层学校家庭教育基础指导的全序列、全覆盖，提高专项指导的针对性、有效性。定期对宣讲的内容和成效进行考核评价，及时将相关意见进行反馈。

（六）社区家庭教育指导促进项目

区教育局、区文明办、区妇联联合推动社区家长学校建设，每年召开一次年会，打通社区家庭教育指导"最后一公里"。开设"贤城家教"大讲堂，借助区家庭教育指导团及区"贤美职培"讲师团资源，定期开展主题讲座，助力科学育儿，打造智慧父母。建强社区家庭教育指导线上平台，优化"贤城父母"微信公众号，广泛传播科学家庭育人理念。

（七）区校两级"家长沙龙"和"学生成长营"项目

遴选项目试点学校，辐射教育集团、联盟体学校，三年内达到区域家长沙龙和学生成长营项目全覆盖。搭建区域中小学生涯教育信息化平台，提供各种网络课程资源。开发项目区本课程，建立"区域+学校"的课程资源共享模式。建立生涯发展体验基地库，组织学生参与不同基地开展的生涯发展成长营活动，在信息化平台上记录学生活动过程，并纳入社会实践评价。开展区校两级家长沙龙和学生成长营展示活动，进行优秀经验交流分享。

（八）德育干部和班主任家庭教育指导和心理辅导能力提升项目

提供各级各类培训平台，每年开展不低于 10 课时的家庭教育和心理健康教育专题培训。组织学习《家庭教育指导教师教程》，参与网络课程开发。开展家教指导慕课区级教学评比，打造一批精品课程。开展区校两级"家庭教育宣传月"和"心理健康教育活动月"活动，每学期至少开设 1 节以生命教育为主的心理健康教育课或主题班队会和 1 次有针对性的心理健康教育和生命教育专题活动。加强对特殊家庭和特殊学生的跟踪调研和个案研究，形成研究报告和教育案例。

（九）家长满意度调研提升项目

围绕"办家长满意的学校，创人民满意的教育"目标，完善科学规范的家长满意度评价指标体系，优化家长满意度调查问卷。组织开展家长满意度调研，形成调研报告，调研结果及时向学校反馈，指导学校根据调研报告制定"一校一策"。把家长满意度调研结果作为家庭教育指导"三校"评估的重要指标之一，树立教育评估"风向标"，以评促建，提升学校家庭教育指导工作实效。

三、组织保障（略）

附件2：上海市奉贤区学校家长委员会章程（试行）

第一章　总则

第一条　根据习近平总书记"三个注重"的重要讲话、党的十九届五中全会和全国中小学德育工作会议精神，按照上海市《关于进一步加强家庭教育工作的实施意见》和奉贤区《关于进一步加强学校家长委员会建设的实施意见》等文件要求，围绕"让每一个孩子健康成长"的教育目标，着力推进奉贤区学校家长委员会建设（以下简称"奉贤区学校家委会"），完善现代学校制度，促进家庭、学校和社会协同育人，推动区域教育高质量发展。特制定本章程。

第二章　性质

第二条　奉贤区学校家委会在区委区府领导下，由奉贤区教育局、区文明办、区妇联指导，是代表全区学生家长参与区域教育改革、学校教育教学以及民主管理的群众性自治组织，以奉贤区学校家委会联席会议的形式依法依规开展相关活动。

第三章　宗旨

第三条　奉贤区学校家委会的宗旨是学习、宣传、贯彻党和国家有关教育的法律法规、方针政策，充分发挥广大家长的支持、参谋和监督作用，为家长参与学校管理、教育教学改革等重要事项提供组织和制度保障，使家长成为学校教育的合作者和推进者，共同协作，办好人民满意的教育。

第四章　组织

第四条　奉贤区学校家委会应坚持党的领导，拥护党和国家的教育方针政策，热心学校教育，关心师生发展，熟悉教育政策法规，有较强的组织协调能力，乐于为教育发展奉献智慧。

第五条　奉贤区学校家长委员会设主任1名，副主任若干名，秘书长1名，副秘书长若干名。根据学前、小学、初中和高中（含中职）四个学段，分设家庭教育专业委员会。各家庭教育专业委员会主任原则上由区家委会副主任兼任。秘书长原则上由教育发展研究中心主任担任；副秘书长由教育发展研究中心副主任、区家庭教育研究与指导服务中心负责人和相关德研员担任。

第六条 奉贤区学校家委会每届任期三年，委员可以连任，原则上不超过两届。

第七条 奉贤区各学段家庭教育专业委员会（简称"专委会"）由奉贤区学校家委会指导，各家庭教育专委会设若干名副主任，协助主任开展日常工作。

第八条 奉贤区学校家委会联席会议实行集体议事制度，每年至少召开一次全体会议。联席会议实行"集体领导、民主集中、科学决策、有序运行"的工作原则。

第九条 奉贤区学校家委会联席会议办公室设在奉贤区教育学院教育发展研究中心，负责日常工作的运行。

第五章 职能

第十条 奉贤区学校家委会通过区内各级家委会及家长代表发挥以下作用：

1. 密切家校社联系。畅通沟通渠道，及时了解和反馈家长、社区对学校教育问题的建议和诉求，听取并转达学校对家长的需求，化解家校矛盾，营造良好关系。

2. 参与学校民主管理。支持各学校家委会对学校工作计划和重大决策提出意见和建议，督促学校全面落实国家教育方针和重大教育事项，帮助学校改进工作。

3. 支持教育改革创新。支持各学校家委会发挥家长的专业优势、资源优势和组织优势，为教育教学改革和学生活动提供支持服务，推进素质教育和教育综合改革。

4. 引导家长自我教育。组织开展学习、交流和研讨活动，倡导科学的教育理念，保障家长对学校工作的知情权、参与权、建议权和监督权。

5. 支持教师正确履职。支持教师教育教学创新，配合教师开展校内外实践活动，促进教师和家长有效合作。

第六章 权利与义务

第十一条 奉贤区学校家委会成员的权利与义务：

1. 发挥参谋咨询作用。了解和熟悉区域教育发展规划、工作计划的制定与实施情况，提出意见和合理化建议。

2. 发挥桥梁纽带作用。整合社会资源，争取广泛支持，共同关心和服务学生健康成长。

3. 发挥示范引领作用。组织开展内容丰富、形式多样的家庭教育活动，贡献自身家庭教育经验。

4. 发挥监督管理作用。参与学校民主管理、开展民主评议和决策咨询，维护学生、教师和家长的合法权益。

5. 其他涉及家校社合力育人的重要事项。

第七章 附则

第十二条 本章程的解释权属于奉贤区学校家长委员会联席会议。

附件3：关于征集奉贤区百门家庭教育指导精品课程的通知

为贯彻落实习近平总书记关于教育的重要论述和全国中小学德育工作会议精神，有效实施"奉贤区创新推进家校社合力育人行动计划"，坚持立德树人、五育并举、融合发展，发挥课程育人和协同育人作用，特向全社会征集家庭教育指导精品课程。

一、征集时间

2021年2月—3月

二、征集对象

有家庭教育经验并乐于为教育事业贡献力量的一线教师、广大家长、社会人士

三、课程类型与要求

本次征集的课程主要是面向家长提升育儿能力和面向教师提高家教指导力的家庭教育指导课程，主要分为以下三类。

1. 基础课程类

基础课程是指通识性的家庭教育指导课程，针对学生成长中的重要年段和校园生活中的关键节点，重点帮助幼儿园小班、小学一年级和三年级、初中六年级和八年级、高中一年级的家长掌握该年龄段家庭教育中的应知应会。要求通俗易懂，管用实用。

2. 专题课程类

专题课程主要是帮助家长解决学生成长过程中一些热点和难点问题。如入学适应、厌学、异性交往、青春期、情绪障碍、沉迷网络或手游等问题。要求聚焦问题，案例典型，解决精准。

3. 特色课程类

特色课程主要是指课程开发者自身在家庭教育或指导实践中积累的具有独到见解的特色经验和化解矛盾的"独门秘笈"。要求具有针对性、创造性和可推广性。

四、课程基本要素

1. 课程主题：具体，宜小不宜大。

2. 课程目标：明确、有具体的操作办法，达成度高。

3. 课程内容：能体现课程目标要求，满足培训对象的需求，具有可操作性。

4. 课程实施：尽量避免"一言堂"，尽可能形式多样，注重体验性、互动性。

5. 其他说明：对本课程的授课时长、适合对象、场地要求等作出清晰说明。

五、实施保障（略）

附件：奉贤区百门家庭教育指导精品课程申报表（略）

奉贤区教育局

奉贤区教育学院

二〇二一年一月

附件 4：奉贤区中小学全员导师制培训方案

为深入贯彻中共中央、国务院《关于全面深化新时代教师队伍建设改革的意见》《关于深化教育教学改革全面提高义务教育质量的意见》、国务院办公厅《关于新时代推进普通高中育人方式改革的指导意见》等文件精神，全面落实中共上海市委市政府《关于全面深化新时代教师队伍建设改革的实施意见》《关于贯彻〈中共中央国务院关于深化教育教学改革全面提高义务教育质量的意见〉的实施意见》、上海市教委《关于推行中小学全员导师制的试点工作方案(讨论稿)》等文件要求，进一步加强学生发展指导，发挥教师队伍基础作用，提高全体教师的育德能力和家庭教育指导能力，推动教师人人成为学生健康成长指导者，根据《奉贤区中小学全员导师制试点工作实施方案(征求意见稿)》，特制定本培训方案。

一、指导思想

坚持以习近平新时代中国特色社会主义思想为指导，全面贯彻党的教育方针，落实立德树人根本任务，构建全员、全程、全方位的育人工作体系，遵循教育规律和学生身心发展规律，促进每一个学生的新时代新成长，培养担当民族复兴大任的时代新人和德智体美劳全面发展的社会主义建设者和接班人。

二、培训目标

1. 通过培训让每一所试点校明确全员导师制的工作目标和导师职责，合理进行师生配比，贯彻落实"每一个学生都拥有导师""每一位教师都成为导师"的理念。

2. 通过培训切实增强全体中小学教师的育人意识和育人能力，显著提高学校育人工作针对性和实效性，有效推进区域全员导师制工作。

3. 通过培训梳理总结本区全员导师制培训的经验，建立区级导师团，结合百门家庭教育精品课程的开发，为本区推广全员导师制开发一批培训课程，培育一支培训者队伍，进一步提升导师的专业能力及指导能力。

三、培训对象

试点阶段，以 10 所试点校教师为主，逐渐以点带面在全区内开展培训。

四、培训内容与形式

结合上海市教委相关培训要求，以线上与线下相结合、理论与实践相结合的形式，针对教育行政干部、教育学院培训者、学校管理者、班主任、学科教师等教师群体；面向职初教师、一般教师、骨干教师、学科带头人以上名师等教师群体，组织开展分层分类专题培训。（具体内容见附表）

五、推进措施

1. 制定《奉贤区中小学全员导师制培训方案》，以全员导师制工作小组负责专项推进。

2. 推动各校按培训课程要求开展学习，聚焦教考一致、生命教育、心理健康教育、家庭教育等专题。

3. 通过"奉贤教育"、"贤城父母"微信公众号等多种途径，宣传推动培训工作。

4. 区教育督导室组织开展专项督导，保障有序、有效落实。

5. 本次培训为16—20课时，1学分，将培训学分计入区级或校级教师培训学分。

六、保障机制（略）

附表

培训模块	主题内容	参训对象	形式	学时
理念普及模块（导师的价值与意义，必修）	上海市推进全员导师制试点方案解读	试点校全体教师	讲座（线上培训）	3
	教书育人是教师天然的义务			3
	导师的资质和职责			1
	导师制实施过程中的法律问题			1
	导师的权利、义务和免责			1
通识培训模块（导师的"三项规定动作"，必修）	如何与被导学生进行谈心谈话			3
	如何进行被导学生的家访			3
	如何撰写被导学生的学期书面反馈			2
	导师开展工作的策略与注意事项			3
专项提升模块（导师的"十八般自选动作"，选修，至少选三项）	思想引导：如何引导学生坚定理想信念；如何对学生进行爱国主义教育；如何引导学生梳理正确的人生观和世界观	试点校教师（可根据不同发展阶段、不同年级、不同岗位，进行组合）	讲座（线上线下结合）	3
	学习辅导：如何引导学生认识学习的意义和价值；如何引导学生获得学习的成就感和幸福感；如何引导学生应对学习的压力和挫折			3

续　表

培训模块	主 题 内 容	参训对象	形式	学时
专项提升模块（导师的"十八般自选动作"，选修，至少选三项）	家庭教育指导：如何指导家长进行家庭教育；家校沟通工具的规范化使用；家校沟通的"归口管理"等	试点校教师（可根据不同发展阶段、不同年级、不同岗位，进行组合）	讲座（线上线下结合）	3
	心理疏导：如何识别有心理问题或危机的学生；如何与学生建立积极关系；如何建立心理援助网络；如何用积极心理影响学生；特殊案例分析等			3
	生涯指引：如何引导学生客观的认识自己；如何引导学生发现自己的潜能与职业兴趣；如何指导学生进行升学规划等			3
	生活指导：如何帮助学生养成良好的生活方式和生活态度；如何引导学生养成良好的兴趣爱好；如何帮助学生走出不良习惯等			3
实践操作模块（导师的"实战演练"）	录像分析及解读；情景模拟及现场剖析；测验及问卷；个案会诊；课程研发；课题研究；案例反思撰写；学分认定及赋分；追踪及反馈；	试点区教育学院师训部门负责人、师训员；试点校校级领导、中层干部、师训员、骨干教师（培训者培训）	工作坊（线下）	16
		试点校全体教师（校本培训）		
成果推广模块（导师的"榜样示范"）	导师基本功大赛；优秀导师评选；优秀成果集编撰出版；论坛展示；试点成果推介会或表彰会	中小学优秀导师	比赛论坛评选表彰（线下）	

附件5：上海市奉贤区家庭教育示范校评估参考指标(试行稿)

一级指标	二级指标	评 估 重 点	分值
A1 保障条件 (15)	B1 统筹规划 (3)	1. 学校章程中有保障家长对学校办学活动和管理行为的知情权、参与权和监督权的相关内容。	1
		2. 学校发展规划中凸显家庭教育的重要性，有实施家校合作的目标、任务和具体措施等。	1
		3. 学校年度工作计划将家庭教育列为重点工作内容。	1
	B2 工作机制 (5)	1. 建立由校(园)长负责、分管校长牵头的领导小组，能定期总结、反思、推进校(园)家庭教育工作。	2
		2. 有家庭教育实施骨干团队，工作机制健全，岗位职责分工明确，工作效能明显。	1
		3. 将学校安排的家庭教育指导服务计入教师工作量，并纳入年度考核，给予相应激励。	1
		4. 充分整合家庭、社区资源，建立"家-校-社"家庭教育协调共建机制。	1
	▲B3 师资队伍 (5)	1. 面向全体教师开展家庭教育指导方法和技能的培训，提高教师家庭教育指导能力。	2
		2. 形成一定数量具有家庭教育指导资质的稳定教师核心团队(团队领衔人必须拥有家庭教育指导师证书)，定期开展分学段、分年级、分层次的家庭教育指导和研修活动。	2
		3. 聘请优秀的学生家长及社会上有专业特长的人员组成家庭教育指导的兼职队伍。	1
	B4 经费保障 (2)	4. 有充分保障家庭教育活动、家庭教育指导以及家庭教育教师培训等的专门经费，并逐年增加。	2
A2 家校合作 (30)	▲B5 家长委员会 (10)	1. 建立学校(幼儿园)-年级-班级三级家长委员会网络。	2
		2. 家长委员会产生程序规范、架构合理、权责相当，是相对自治的组织。	2
		3. 家长委员会能主动通过微信等新媒体、讲座等多种途径为家长提供形式多样的家庭教育指导服务，面向家长定期宣传科学的家庭教育理念、知识和方法。	3

续　表

一级指标	二级指标	评　估　重　点	分值
A2 家校合作（30）	▲B5 家长委员会（10）	4. 学校为家长委员会的建立与运转提供必要条件和有力保障，确保家长委员会依法、规范、有序、有效地对学校、教师的教育教学、管理活动实施监督，提出意见、建议。	3
	▲B6 家长学校（8）	1. 家长学校有师资队伍、有教学计划、有教材、有主题、有活动开展和成效评估。	3
		2. 每学期能针对不同年段家长的需求、热点和难点问题举办 1—2 次专题培训或讲座，家长参与度高，有记录、有反馈。并能对有特殊需求的家庭开展有针对性的团体辅导。	3
		3. 家长学校每学年至少组织 6 次家庭教育指导和实践活动，家长参与率达 90%，有记录、有反馈。	2
	▲B7 家校互动（12）	1. 精心策划组织校园开放日、接待日、家长会等，依托重大纪念日、民族传统节日等活动平台，让家长走进学校，了解学校，增进亲子沟通和交流。	2
		2. 充分发挥学校教育优势，多途径开展个性化指导；建立完善的家访制度，了解学生家庭生活状况，及时提供有针对性的指导。	2
		3. 充分运用"家长慕课"和学校微信等新媒体，建立家校互动、信息沟通服务平台，有家庭教育指导相关内容，且内容及时更新，并建有班级微信群公约等相应的管理制度。	4
		4. 学校关注家长意见和建议，并建有多种家长提出诉求的渠道。学校能及时处理家长诉求，并反馈、存档。	2
		5. 积极参与社区家庭教育指导工作，给社区以专业支持。	2
A3 教育成效（25）	B8 科学研究（10）	1. 积极开展家庭教育研究，每学年至少开展 1 次家庭教育指导需求专题调研，并能用于指导家庭教育中的热点和难点问题。	3
		2. 有家庭教育相关的研究课题引领学校家庭教育工作的开展，近三年内至少有 1 项区级及以上课题结题。	4
		3. 有公开发表或出版的家庭教育研究成果（著作、论文等），积累一定的资料库或数据库。	3

续　表

一级指标	二级指标	评　估　重　点	分值
A3 教育成效 （25）	B9 课程建设 （8）	丰富家庭教育的内容、形式和载体，建有符合学校实际、家长实情的家庭教育指导校本课程，积极开展区、校家庭教育指导课程的开发实施，有相配套的教材、讲义、指导手册或视频等课程资源。	8
	B10 家长满意度 （4）	家长对校（园）提供的家庭教育指导服务满意度达90%左右。	4
	B11 社会评价 （3）	惠及周边社区及学校，社区及学校对校（园）提供的家庭教育指导服务满意。	3
A4 特色示范 （30）	▲B12 特色品牌 （15）	1. 围绕校（园）情，结合家长和学生的特点，形成值得推广的典型经验。	6
		2. 特色经验有提炼，有总结，有机制，有平台，有成果，有认可度。	9
	▲B13 示范辐射 （15）	1. 校（园）家庭教育的经验和特色在全国、市、区等层面进行展示或主题研讨，或获得区、市级及以上表彰。	7
		2. 校（园）家庭教育的经验和特色可复制和推广，并在"贤城父母"微信公众号、《奉贤教育》及市级以上刊物或宣传媒体报道、发表。	8

备注一：

　　1. 按二级指标评分,精确到 0.1 分;2. 示范标准为:总分为 90 分以上，每项二级指标得分率不低于90%，且带"▲"的重点指标得分率不低于 90%;3. 如经核实，家校沟通中存在不当行为，并造成严重后果的，取消本年度评选。

备注二：

　　具有家庭教育指导资质是指:1. 由中国就业培训技术指导中心或国家教育行政学院家庭教育研究中心或中国青少年研究中心颁证的家庭教育指导师均认可;2. 由上海市教育人才交流服务中心颁证的学校初级或中级心理咨询师、上海市人力资源和社会保障局颁发的国二或国三心理咨询师均认可。

参 考 文 献

一、专著

[1] 杨雄. 让家庭教育回归生活，新时代家庭教育研究[M]. 上海：上海社会科学出版社，2020.

[2] 张中行. 顺生论[M]. 北京：中华书局，2006.

[3] 陈桂生. 学校教育原理(增订版)[M]. 上海：华东师范大学出版社，2012.

[4] 洪明. 合育论——学校家庭社会合作共育的理论与实践[M]. 合肥：安徽教育出版社，2017.

[5] 教育部师范司. 教师专业化的理论与实践(第2版)[M]. 北京：人民教育出版社，2003.

[6] 陈鹤琴. 家庭教育[M]. 上海：华东师范大学出版社，2013.

[7] 吴康宁. 重新发现教师[M]. 南京：南京师范大学出版社，2017.

[8] 于漪. 于漪全集·教师成长卷[M]. 上海：上海教育出版社，2018.

[9] 于漪. 于漪全集·基础教育卷[M]. 上海：上海教育出版社，2018.

[10] 刘彭芝. 教育书育人100句[M]. 北京：人民出版社，2020.

[11] 许建国. 家庭教育的十大原则：家长学校建设理论与实践[M]. 北京：学苑出版社. 2013.

[12] [德] 雅斯贝尔斯. 什么是教育[M]. 邹进，译. 上海：生活·读书·新知三联书店，1991.

[13] [英] 怀特海. 教育的目的[M]. 庄莲平，王立中，译. 上海：文汇出版社，2012.

[14] 彭聃龄. 普通心理学[M]. 北京：北京大学出版社，2019.

[15] 陈建伟. 沟通的艺术[M]. 北京：中华工商联合出版社，2017.

[16] 张志勇. 情感教育论[M]. 北京：北京师范大学出版社，1994.

[17] 周宗奎. 儿童社会化[M]. 武汉：湖北少年儿童出版社，1995.

[18] 关颖. 晏红. 家庭教育指导者培训教程[M]. 天津社会科学院出版社，2017.

[19] [日] 仓桥物三. 育儿之心[M]. 李季湄，译. 上海：华东师范大学出版社，2014.

[20] 梅仲孙. 教育中的情和爱——儿童、青少年情感发展与教育研究40年[M]. 上海：上海教育出版社，2018.

[21] 魏书生. 班主任工作漫谈-献给青年班主任[M]. 桂林：漓江出版社，1993.

[22] 朱小蔓. 情感教育论纲[M]. 南京：南京师范大学出版社，2019.

［23］　朱小蔓，梅仲孙. 儿童情感发展与教育［M］. 南京：江苏教育出版社，2003.

［24］　陈永明. 教师教育学［M］. 北京：北京大学出版社，2012.

［25］　徐瑛，陈妍. 家庭教育培育师——父母成长新课堂［M］. 南京：江苏凤凰科学技术出版社，2020.

［26］　华怡佼. 社会组织服务上海困境儿童的现状与成效，新时代家庭教育研究［M］. 上海：上海社会科学出版社，2020.

［27］　何帆. 变量3—本土时代［M］. 上海：上海交大出版社，2020.

［28］　Peters, R. S.. Ethics and Educaton［M］. London：George Allen&Unvin Ltd, 1966.

［29］　罗树庚. 教师如何快速成长专业发展必备的六大素养［M］. 华东师范大学出版社，2018.

［30］　罗肇鸿，王怀宁，刘庆芳. 资本主义大辞典［M］. 人民出版社，1995.

［31］　张仁贤. 教师专业发展导引［M］. 天津：天津教育出版社，2010.

二、论文

［1］　张竹林. 教师家庭教育指导能力的结构要素［J］. 江苏教育研究，2020（Z1）：38-42.

［2］　张竹林. 家庭教育指导力应成为新时代教师的必备素养［J］. 上海教育，2018（9）：1.

［3］　张竹林. 教师家教指导力建设正当时［J］. 上海教育，2018（10）：28.

［4］　张竹林. 教师家教指导力建设导论［J］. 上海教育，2019（10B）：28.

［5］　檀传宝. 教师德育专业化：一个时代的新命题［J］. 中国德育，2021（1）：44-48.

［6］　余咏梅. 古希腊教育思想简论［J］. 琼州学院学报，2007（4）：92-94.

［7］　冯晓莉. 论"轴心时代"中西方教育的异同——以孔子和三杰为例［J］. 飞天，2012（2）：11-13.

［8］　张光陆. 教师核心素养内涵与框架的比较研究［J］. 宁波大学学报（教育科学版），2018（5）：101-106.

［9］　孙珂，马健生. 促进教师的专业发展：英国教师教育标准述评［J］. 比较教育研究，2011（8）：30-34.

［10］　祁营. 教师专业素养：日本的经验及对我国的启示［J］. 现代教育科学，2011（11）：63-66.

［11］　周哲光. 简论孔子的教育教学思想［J］. 吉首大学学报（社会科学版），2015（S1）：209-210.

［12］　刘萍. 试比较孔子与柏拉图的教育观［J］. 解放军外语学院学报，1998（6）：88-92.

［13］　孙德玉. "无私""无隐"师之道［J］. 人民教育，2015（17）：75.

［14］　施克灿. 传统教师观的历史沿变及意义［J］. 教师发展研究，2018（2）：88-92.

［15］　曹迎春，董丽君. 论董仲舒的教师观［J］. 衡水学院学报，2007（3）：36-38.

［16］柳倩. 重温古典教育思想——朱熹的家庭教育思想及其启示［J］. 小说评论，2013（S2）：265－267.

［17］刘黎明. 论蔡元培的研究型教师观［J］. 教师教育研究，2006（1）：55－59.

［18］任苏民. 叶圣陶教育思想的文化底蕴和当代价值［J］. 教育研究，2012（3）：130－134.

［19］任苏民. 叶圣陶教育思想与当代中国教师发展［J］. 人民教育，2014（19）：59－61.

［20］严碧芳. 陈鹤琴幼儿教师教育思想述略［J］. 中华女子学院学报，2009（6）：86－90.

［21］涂怀京. 论胡适的教师观［J］. 山西大同大学学报（社会科学版），2013（1）：95－99.

［22］叶澜. 新世纪教师专业素养初探［J］. 教育研究与实验，1998（1）：41－46，72.

［23］陈柏华，徐冰鸥. 发展性教师评价体系的构建——教师专业素养的视角［J］. 教育理论与实践，2006（9）：50－53.

［24］张敬培. 历史视角中家庭教育指导的变革［J］. 辽宁教育行政学院学报，2010（5）：42－45.

［25］胡白云. 让教师成为家庭教育的指导者——家校共育的突破口［J］. 中国德育，2018（23）：21－25.

［26］王金素，魏晨明.“立体多维”家庭教育指导服务体系模型构建［J］. 潍坊学院学报，2019（4）：86－89.

［27］梁雅，张静宜. 探索家庭教育指导的实效策略与长效机制［J］. 教育导刊，2007（5）：60－61.

［28］马爱兵. 中小学家庭教育指导存在的问题及改进策略［J］. 教育理论与实践，2019（5）：21－23.

［29］新灵. 积极探索多元化家庭教育指导和服务方式［J］. 北京教育（普教版），2018：79.

［30］倪闽景. 构建新时代家庭教育工作大格局的四个建议［J］. 中国教师，2019（6）：5－6.

［31］黄娅. 家庭教育指导服务体系的立体化构建［J］. 教育理论与实践，2018（14）：18－21.

［32］高书国. 覆盖城乡的家庭教育指导服务体系构建策略［J］. 教育研究，2021（1）：19－22.

［33］何绍芬，钱波. 习近平教师观及其实践路径研究［J］. 曲靖师范学院学报，2019（1）：31－36.

［34］王慧，朱小蔓. 论当下教师情感表达的三个主要误区［J］. 教育科学研究，2018（1）：50－52.

［35］朱小蔓，丁锦宏. 情感教育的理论发展与实践历程——朱小蔓教授专访［J］. 苏州大学学报（教育科学版），2015（4）：70－80.

［36］ 王坤，朱小蔓. 情感文明：教师育人素养的关键价值尺度［J］. 中国教育学刊，2019(5)：75－79.

［37］ 翟博. 树立新时代的家庭教育价值观［J］. 教育研究，2016(3)：92－98.

［38］ 程香晖. 我国社区家庭教育指导研究述评［J］. 江苏教育研究，2018(25)：12－16.

［39］ 张良才. 中国家庭教育的传统、现实与对策［J］. 中国教育学刊，2006(6)：36－39.

［40］ 谢东晴. 学校如何引领家庭教育［J］. 中国德育，2019(1)：10－11.

［41］ 厉育纲，赵忠心. "加强家庭教育学科建设"学术研讨会综述［J］. 教育研究，2001(7)：80.

［42］ 石中英. "培养什么人"问题的 70 年探索［J］. 中国教育学刊，2019(1)：51－57.

［43］ 王光明，张永健，吴立宝. 教师核心能力的内涵、构成要素及其培养［J］. 教育科学，2018(4)：47－54.

［44］ 霍力岩. 教育的转型与教师角色的转换［J］. 教育研究，2001(3)：70－71.

［45］ 陈永平. 新时代需要什么样的教师［J］. 人民教育，2018(5)：39－41.

［46］ 顾明远. 教师的职业特点与教师专业化［J］. 教师教育研究，2004(6)：3－6.

［47］ 冯建军. 论学校教育作为公共生活［J］. 华东师范大学学报(教育科学版)，2014(3)：38－48.

［48］ 刘学惠，申继亮. 教师认知研究回溯与思考：对教师教育之意涵［J］. 教育理论与实践，2006(11)：46－49.

［49］ 陈振华. 教师情感管理的意义与方式［J］. 教育科学，2013(4)：76－81.

［50］ 郑杭生. 走向有序与活力兼具的社会——现阶段社会管理面临的挑战及应对［J］. 西北师大学报(社会科学版)，2013(1)：1－11.

［51］ 王光明，卫倩平，张永健，吴立宝. 教师核心素养和能力结构体系再探［J］. 中国教育科学(中英文)，2019(4)：59－73.

［52］ 徐章韬，王光明. 教育实践活动对教师核心素养与能力作用机理研究［J］. 基础教育，2019(4)：5－12.

［53］ 杨倩. 围绕"家长主体"进行家庭教育指导的实践探索［J］. 辽宁教育，2019(6)：81－83.

［54］ 晏红. 家庭教育指导不仅仅是教育工作［J］. 人民教育，2017(Z2)：103－106.

［55］ 晏红. "家庭教育指导"概念辨析［J］. 江苏教育，2018(72)：50－51.

［56］ 陈桂生. "教师专业化"面面观［J］. 全球教育展望，2017(1)：90－99.

［57］ 刘璇. "个性学生"的家庭教育指导实践与思考［J］. 江苏教育，2018(87)：51－53.

［58］ 钱洁，陈汉民. 家庭教育指导：急需个性化和科学化［J］. 教育科学研究，2018(5)：18－20.

［59］ 马君谦. 复杂系统观下幼小衔接问题的本质探究——以一个澳大利亚华人孩子

的游戏活动变化为例［J］. 学前教育研究，2019(7)：3 - 20.

[60] 李洪曾，黄鹤，李杨. 新时期家庭教育指导服务对象的变化及其影响——"80后"与"80前"父母群体比较的实证研究［J］. 上海教育科研，2014(5)：46 - 48.

[61] 李洪曾. 我国家庭教育指导对象群体的新特点——来自六省市家庭教育指导的现状调查［J］. 江苏教育研究，2017(16)：16 - 21.

[62] 张璐斐，黄勉芝，刘欢. 父母控制与亲子关系的研究综述［J］. 广西民族师范学院学报，2013(5)：141 - 144.

[63] 赵德成，梁永正，朱玉玲. 教师培训需求分析研究的回顾与思考［J］. 教育科学，2010(5)：64 - 68.

[64] 周坤亮. 指向教师专业发展的学校组织变革［J］. 教育理论与实践，2013(19)：28 - 31.

[65] 焦昆，岳丹丹. 家校沟通的有效性研究［J］. 内蒙古师范大学学报(教育科学版)，2015(5)：14 - 16.

[66] 陈丽萍. 谈教师沟通能力的培养［J］. 新课程(小学版)，2009(11)：52.

[67] 徐平. 如何提升教师和家长的沟通能力［J］. 教书育人，2017(5)：64.

[68] 杨桂青，赖配根. 朱小蔓和情感教育［J］. 人民教育. 2020(17)：70 - 74.

[69] 刘胡权. 关注教师情感人文素质，提升教师教育质量——北京师范大学朱小蔓教授专访［J］. 中国教师，2015(1)：85 - 88.

[70] 李小红，刘嫄嫄. 学校家长会：问题与改进策略［J］. 中国教育学刊，2011(12)：80 - 82.

[71] 朱小蔓. 育德是教育的灵魂　动情是德育的关键［J］. 教育研究，2000(4)：7 - 8.

[72] 满建宇. 论现代学校治理体系中的家委会建设［J］. 中国教育学刊，2014(9)：44 - 47.

[73] 邓李梅，曹中保. 家访："家校"合作的最佳切入点［J］. 湖北师范学院学报(哲学社会科学版)，2004(1)：151 - 153.

[74] 马荣. "教师情态"在教育教学中的作用［J］. 大语文论坛. 教学一线，2015(12)：9 - 10.

[75] 赵玉英，论课堂教学中教师情感的构成及其培养［J］. 教育艺术，2006(9)：42 - 44.

[76] 徐丽华，吴文胜. 教师的专业成长组织：教师协作学习共同体［J］. 教师教育研究，2005(5)：41 - 44+15.

[77] 杨婧玉. 以教师情绪管理促进中小学和谐师生关系［J］. 长江丛刊，2020(21)：150 - 151.

[78] 王蔚. 运用时间管理理论　促进教师可持续发展［J］. 基础教育参考，2009(8)：55 - 58.

[79] 封勇. 建立信息化沟通平台　实现家校共育［J］. 课程教育研究，2013(34)：

14－15.

[80] 江平，李春玲. 教育治理体系现代化视角下家校合作创新实践[J]. 上海教育科研，2020(2)：58－62.

[81] 何克抗. 现代教育技术和优质网络课程的设计与开发[J]. 中国电化教育，2004(6)：5－11.

[82] 赵冬冬，曾杰. "互联网+"视域下跨区域教学共同体建设研究——兼议"三个课堂"应用[J]. 中国电化教育，2021(2)：97－104.

[83] 赵冬冬. "真需求"还是"假精致"？——对青少年非理性消费的辨识与矫正[J]. 中国德育，2019(20)：30－33+38.

[84] 赵冬冬. 论教师的教育自觉及其养成[J]. 当代教育科学，2016(24)：25－28.

[85] 黄乃祝. 家校合作实践中教师家教指导力提升研究[A]. Science and Engineering Research Center. Proceedings of 2018 3rd International Conference on Education, Management and Systems Engineering(EMSE 2018)[C]. Science and Engineering Research Center：Science and Engineering Research Center, 2018：6.

[86] Newman, L.. Making the hard decisions：Student teachers moving towards ethical judgment[J]. Journal of Early Childhood Teacher Education, 2002, 23(1)：19－26.

[87] Stanley, S. F.. Family education to enhance the moral atmosphere of the family and the moral development of adolescents[J]. Journal of Counseling Psychology, 1978, 25(2)：110－118.

[88] Deavyrunner, I., Decelles, R.. Family Education Model：Meeting the Student Retention Challenge[J]. Journal of American Indian Education, 2002, 41(2)：29－37.

[89] Dixon, L., Lucksted, A., Stewart, B, et al. Outcomes of the peer-taught 12-week family-to-family education program for severe mental illness[J]. Acta Psychiatr Scand, 2010, 109(3)：207－215.

[90] Heavyrunner, I., Decelles, R.. Family Education Model：Meeting the Student Retention Challenge[J]. Journal of American Indian Education, 2002, 41(2)：29－37.

[91] Fuller, F.. Information and communication technologies in teacher education：a planning guide[J]. Technology Pedagogy & Education, 2002, 335(335 Suppl)：239－46.

[92] Edling, S., Frelin, A.. Sensing as an ethical dimension of teacher professionality[J]. Journal of Moral Education, 2016, 45(1)：46－58.

[93] Hatton, N., Smith, D.. Reflection in teacher education：Towards definition and implementation. [J]. Teaching & Teacher Education, 1995, 11(1)：33－49.

[94] 胡瑞峰. 中学教师专业素养之探讨[D]. 上海：华东师范大学,2002.

[95] 朱乐怡. 初中学校"家庭教育指导"的现状调查与管理对策思考[D]. 上海：

华东师范大学,2010.

[96] 曹艳彬. 我国家庭教育指导者的专业化及制度实现策略研究[D]. 无锡：江南大学,2017.

[97] 刘娜. 基于教师专业发展阶段的教师培训研究[D]. 石家庄：河北师范大学,2009.

[98] 余庆. 家长教育焦虑的前提性反思及个体应对[J]. 中华家教, 2021（1）：84－85.

[99] 蒋广宇. 从社会阶层的角度透视中产阶层家长的教育焦虑[J]. 中华家教, 2021（1）：86－87.

[100] 左坤，李亚娟. 家校合作：教育时空系统对话互动与联通——以南京市家校合作教育追求与实践探索为例[J]. 上海教育科研, 2019（4）：49－52.

三、报纸

[1] 张竹林. 城乡一体深度融合，人人共享优质教育[N]. 解放日报, 2017－08－15(007).

[2] 张竹林. 家教指导力——教师的必备素养[N]. 中国教育报, 2018－03－08(009).

[3] 杨咏梅，整理. 新中国 70 年家庭教育经验与反思[N]. 中国教育报, 2019－06－27(010).

[4] 鹿永建. 家庭教育岂可扬短弃长[N]. 中国教育报, 2021－02－25(004).

[5] 徐瑾劼. 全球教育如何跨越数字鸿沟[N]. 中国教育报, 2020－05－15(005).

[6] 曹永鸣. 栽培自己是教育的王道[N]. 中国教师报, 2018－07－18(010).

[7] 孙云晓. 家教指导专业化 教师群体需优先[N]. 中国教育报, 2018－03－24(003).

[8] 叶澜. 教师要做"师"不做"匠"[N]. 中国教育报, 2012－02－27(002).

[9] 洪明. 有些父母只是"好像"跟孩子在一起[N]. 中国教育报, 2020－03－05(009).

[10] 侯晶晶. 让关涉劳动的道德情感积极而持久[N]. 中国教育报, 2021－03－11(008).

[11] 郭春华. 穿越情感与精神的复杂地貌[N]. 中国教育报, 2021－03－03(10).

[12] 王占郡. 情感匮乏是家庭关系的隐形杀手[N]. 中国教育报, 2020－05－07(009).

[13] 朱永新. 重构新时代语境下的家国情怀[N]. 中国教育报, 2019－11－28(009).

[14] 习近平. 共同构建人类命运共同体[N]. 人民日报, 2017－01－20(002).

[15] 习近平. 在北京大学师生座谈会上的讲话[N]. 人民日报, 2018－05－03(002).

[16] 罗爽. 识别家校危机，掌握、化解策略[N]. 中国教育报, 2019－06－13(009).

［17］ 袁德润. 要警惕家校沟通中过度使用便捷技术［N］. 中国教育报，2019 - 12 - 19（009）.

［18］ 郁琴芳. "非常态"家校合作第一要义是情感关怀［N］. 中国教育报，2020 - 03 - 19（009）.

［19］ 殷飞. 像尊重儿童那样善待家长［N］. 中国教育报，2019 - 05 - 30（009）.

四、其他

［1］ 赵冬冬，张竹林. 疫情考验后的暑假，学生家长再次进入居家模式，教师家教指导力需把握四重点［EB/OL］.（2020 - 08 - 12）. https：//www. shobserver. com/news/detail? id = 278855.

［2］ 全国家庭教育工作"十五"计划［EB/OL］.（2002 - 05 - 20）. http：//www. moe. gov. cn/s78/A06/jcys_left/moe_705/s3326/201001/t20100128_82003. html.

［3］ 全国家庭教育工作"十一五"计划［EB/OL］.（2002 - 05 - 04）. http：//www. wenming. cn/ziliao/wenjian/jigou/qita/201205/t20120504_642046_1. shtml.

［4］ 中共中央 国务院. 关于深化教育教学改革全面提高义务教育质量的意见［EB/OL］.（2019 - 06 - 23）. http：//www. gov. cn/xinwen/2019 - 07/08/content_5407361. htm.

［5］ 全国妇联，等. 全国家庭教育指导大纲（修订）［Z］. 2019 - 05 - 14.

后记　我为何关注教师家庭教育指导能力建设

2018 年 12 月 23 日，冬至第二天。我赴京参加全国家庭教育数字化示范区项目启动会议。乘坐的航班，飞行在万米高空中，窗外洁白的云朵和魔幻般的景象，让我的思绪也变得无拘无束，一个灵感突然跳出，应该动手实施"教师家教指导力建设"深度研究了。

老实说，这个念头已经酝酿很久了。但正式动手，还是感到有点底气不足。一是翻阅资料，这是一个涉猎不多的专业领域，担心自己的学术底蕴和管理经验不足，觉得有一种"无知者无畏"的莽撞感。无数的事实告诉我，学术领域不是你想进就能进的，知易行难，是需要有"童子功"的，而我对于这个领域只能算是"半桶水"。二是即使动手了，对能否让社会和专业领域接受，能否达到实效，还真的没有把握。记得 2018 年 2 月份，还是春节期间，我与《中国教育报·家庭教育周刊》主编杨咏梅老师交流过这个话题，她以报人和专家的敏锐，让我关注这个话题并鼓励我形成一篇评论文章。文章形成后经她修改，在"两会"期间刊发，时间正好是 3 月 8 日，题目是"家教指导力是教师的必备素养"。应该讲，这篇文章的影响是比较大的，至今好像同类题材的专论还是不多。或者斗胆讲，鲜明地提出并公开发表"家教指导力是教师的必备素养"这个观点的，我好像是第一人。其实第几个发表并不重要，重要的是这个理念和观点的提出。作为一名基层的教育管理者，这是我多年来对于教育改革观察与思考后的一点建议。有时我还会问自己，是不是一不小心进入了一个"无人区"？且慢为"开创"而高兴。事实上走不出"无人区"的案例屡见不鲜。而且即便是有出路的"无人区"，其过程充满着挑战和艰辛，真的不是用语言能够表述的。没有过人的实力、耐力和定力，走出"无人区"，基本没有可能。事实上，很长一段时间，我和课题组的同仁，就处在这样一种徘徊中。还好，犹豫归犹豫，但一直没有停步，事实上这样一种不停步的实践积累，让犹豫和困惑逐渐得以化解，这样的实践探索和"想到就干"的行动力，使我们不断取得自信。

与此同时，更多的是有一种被神秘的专业"金矿"诱惑，如同当年发现敦煌壁画般的兴奋，或者讲，很难说这不是一个"芝麻开门"的故事。其实，我和同仁们知道，更多的是被一种面对现实的教育需求和专业职责所吸引。几年的区域教育学院工作经历，让我从一个机关管理者向专业领导者角色转换的实践中，形成了这样一个理念：当下的教师尤其是中小幼青年教师，太需要也太缺乏系统的家教指导力专业培训。再将目光投放到更宽的视域，我有幸参加教育部规划司2018 年委托的重大项目研究，在一次内部讨论会上我就大胆地讲到，"四十年教育改革成就斐然，但也存在很多深层次的问题，其中基础教育改革不能再是单纯地围绕学校、教育教学等本身的'刀刃'向内，而是要推进教育改革与社会变革同步进行，这是解决中国式教育难题的'王道'"。

依笔者之见，教育教学领域在现实的环境中，能改的基本都进行了，尽管还有不少问题，但成绩是主流。再套用一句话"好吃的肉和好啃的骨头都吃了，留下来的都是难啃的"。这个"骨头"更多的是触及根本利益和教育部门一家之力无法解决的问题。比如，一个老生常谈的"中小学生减负"问题，喊了几十年，也拿出了一些过硬的举措，但还是难遂人愿。既然不是无解的数学题，那为什么还是这般难？笔者在 2018 年"两会"期间围绕此问题也写了一篇评论《实现中小学生减负必须全社会集体减负》，引起了一定的反响。文章的核心观点就是：面对这样一个表现在教育和学生身上，但根子在社会的问题，必须用社会化思维和行动来解决，而不是学校一家更不是教育内部的事。笔者特意指出，这不是为教育推脱责任。

同样，笔者以为，教育大计，教师为本。作为以育人为天职的人民教师，教师的素养提升是关键要素，事实上也是区分学校优质与否的核心要素，"择校"的实质就是"择老师"。其实这也是最难的要素。提升教师的素养是多方面的甚至是全方位的，首要的当然是教学能力，教授学生知识和技能是基础。我们在坚持师德为先的同时，基本上都是不遗余力地开展教学能力和艺术的培训培养，"能力导向"加上"分数导向"，让广大教师在上课之余或者在上课之中，无不是力争提升教学技能。但必须承认，我们太讲究教学"技术"层面，而忽略了甚至是基本不关注"道"——育人能力中非常重要的家教指导力。这样一个看不见但感受得到的专业能力远远没有回归到它本来的位置。

正是基于这样一种认识和现实驱动，在领导和同事支持下，笔者推动了奉贤区家庭教育研究和指导服务中心建设，组建队伍，开发网课，搭建平台，研究课题，编著教程，几年下来，从一个"门外汉"逐渐向"圈内人"转型。经历这样一个从感性到理性的过程，萌生了从理论层面提炼，逐渐形成教师家教指导力建设论的基本框架。且行且思，始终以一种向前方行走的精神，不断向专业深处开掘。于是也就有了这个专论的雏形。

斗转星移。从酝酿动笔到付梓，时光跨过了 6 年，从"十三五"跨入"十四五"。6 年的时光是历史长河一瞬，但对我而言，正是从人生的黄金期步入天命之年的节点，在探索这个课题的过程中，我既经历过寒来暑往中苦思冥想的孤独和无奈，也见证了火热的教育实践带来的收获和快乐。

这个过程也是一个朝圣之旅，是在与自己的内心对话，是在与教育的责任和现实对话，也是与历史和时代对话。

船到中流浪更急。当置身于专业之海时，凭着一股热情很快驶出了风平浪静的港湾，走过了最初的新鲜感后，进入到一望无垠的大洋深处，不时遇到扑面而来的巨浪，有时还防不胜防，有时也会有一种手足无措的惶恐感和无助感。因为已经没有了"回头路"，只有横下一条心，向前冲。多少个凌晨和夜静时分，每每行文和思考到碰壁时，离开键盘，凝望书房窗外的上海中环高架路，灯光下的中环路如同一条飘逸的金色玉带，夜幕下的车流没有白天那么多，让人联想到了马拉松比赛，比的就是意志和耐力，拼的是毅力和实力。我们固然需要抱团取暖和结伴同行，但探索的过程注定了绝大多数时间是与孤独为友。

我一直比较欣赏著名的财经作家吴晓波先生的学识和文风，他的许多著作不仅是我的专业学习参考书，也是我的研究与写作中的励志符号。记得他在《浩荡两千年》一书中比喻中国企业发展史是穿行在"历史的三峡"，用到这本书也比较恰当。幸好，在穿行于教师育德能力建设的专业峡谷中，我并不孤独，因为有众多的支持和外援力量。这本书也有我的团队成员们的心血和付出，他们分别是胡引妹、赵冬冬、朱赛红、沈淑群、谢怀萍、戴宏娟、宋华、孙盛夏、顾婧、余安勤、范倩。朱赛红、沈淑群、谢怀萍分别贡献了"策略篇"中的部分案例和写作素材；华东师范大学教育学系博士生赵冬冬同学，因为机缘，他与我一起合作相关研究项目，协助我承担了一些具体专题研究、资料收集和写作，对本课题研究和本书作出了贡献。研究和写作过程，对于一些当时还不十分清晰的问题，大家有过困惑和纠结，甚至有过激烈的争论，但大家一如古代希腊神话中的"亚尔古船的英雄们"般齐心协力，走过了崎岖的山路，帮助我这个"工头"走出矿井，进入阳光地带，体会到了豁然开朗的境界。在这里，要对他们的贡献表达真诚的谢意！正是因为有一群志同道合的合作伙伴，无论是团队还是个人，大家都在各自的专业发展道路上走得更实，走向了职业生涯的诗和远方。

这本书凝聚着许多专家学者的关怀和支持。特别感谢中国教育学会副会长、上海教育学会会长尹后庆，他一直关心和支持笔者写作本书，亲自为本书作序，用一种无私和宽容之心来扶持后辈。感谢上海市教委副主任倪闽景，他多年来一直跟踪支持教师家教指导能力建设这个专业话题的深度研究和实践，亲自出题目，指导本课题的深入研究，并且以全国政协委员的责任感和使命感提出政协议案，为这项专业建设提升到国家战略层面鼓与呼。湖北省人大常委会副主任、中国教育学会副会长、华中师范大学国家教育治理研究院院长周洪宇教授，教育部基础教育教学指导委员会副主任、家庭教育专业委员会主任、北京师范大学中国教育政策研究院执行院长张志勇教授，中国书法家协会分党组书记、副主席李昕教授，上海科技大学党委副书记、纪委书记吴强，上海市家庭教育研究会副会长、上海市教委德育处调研员江伟鸣，华东师范大学教育部中学校长培训中心主任、博士生导师代蕊华教授，上海社会科学院杨雄教授，上海市妇联二级巡视员、家儿部部长顾秀娟和朱亮佳老师，上海市教育科学研究院方建锋研究员、汤林春研究员、熊立敏老师和王枫老师，上海市特级教师、闵行区浦江一小校长张蕊博士，苏州科技城实验小学教育集团总校长徐瑛等专家学者对本书的完善提出了很多好的建议和指导。

在研究和写作中，上海市静安区政协原主席、上海国有资本运营研究院特聘专家韩强教授，鼓励和指导我从教育哲学的视角关注家庭教育的深度研究，打开了我的研究视野。为了弥补有关情感教育知识，笔者专程拜访了著名情感教育专家、上海市教育科学研究院心理学特级教师梅仲孙老师。已入耄耋之年的梅老在他的寓所热情地接待了笔者，围绕家庭教育特别是情感教育进行悉心指导。仲春时节的阳光透过先生那间简陋陈旧但充满着文化气息的书房，那种老一辈教育人对后辈的无私帮助和对学术的求真追索精神，让笔者的内心洋溢着温暖、充满了景仰。此情此景，终生难忘。

家人的支持是本书写作的力量之源。女儿张静如经常与我探讨相关教育专题，她的成长历程给了我许多有益的启发和灵感，转化为对家庭教育的种种思考和实践。

奉贤区教育学院党总支书记徐莉浩、院长蒋东标、上海家培教育科技中心金德江、杨奇琴、华东师范大学出版社教育心理分社社长彭呈军、编辑孙娟等给予了真诚的支持，使得本书得以顺利出版，在此一并致谢！

笔者在研究写作中引用了大量文献资料，参阅了奉贤区教育局相关工作报告和内部专题资料，尽可能地标注参考文献来源，力求客观翔实。由于学识有限和时间仓促，肯定还有疏漏之处。也真诚地希望得到广大读者的批评指正，以便在今后的研究和写作中进一步完善和提高，共同为家校合作育人和教师专业能力建设这个大课堂尽绵薄之力。是为记。

张竹林

2021 年 7 月于上海浦东万科河滨苑